文学で読む日本の歴史

近世社会篇

五味文彦

山川出版社

はじめに

本書は『文学で読む日本の歴史』の古典文学篇、中世社会篇、戦国社会篇に続く第四冊であり、対象となるのは元和偃武《げんなえんぶ》から宝暦《ほうれき》年間に至る約百五十年である。古典文学篇が対象とした古代には、日本列島の骨格が形成され古典文化が整えられ、これに続く中世社会篇の対象とした中世では、日本人の社会的基盤が整えられた。そして前冊の戦国社会篇の対象とした戦国期には、近代社会に繋がる社会の仕組みが形成されたことから、本書はそれに続く近世社会について見てゆこう。

その始まりは一六一五年の大坂夏の陣を経て、『武家諸法度《ぶけしょはっと》』と『禁中《きんちゅう》幷《ならびに》公家《くげ》中諸法度《ちゅうしょはっと》』の二つの法度の布告により、徳川武家政権が大公儀《おおこうぎ》として諸公儀や公家を包摂した体制、すなわち幕藩体制を成立させた時期である。この年は「元和偃武」と称されたように、応仁の乱から百五十年にわたって続いた大規模な軍事衝突がようやく終了した年である。

そこで織田・豊臣・徳川政権が紆余曲折を経ながら到達した幕藩制がいかに展開したのかをみてゆくのが、本書の最初の課題となる。この点を考えるためには政治史を単に追うだけでは済まされない。広く社会・文化・思想の動きに目配りをしてゆかねばならない。これまでの研究は、各分野をばらばらに並列的に叙述してきたが、これでは時代の動きがよく捉えきれない。時代の動きや流れを広く探るためには、近世に即していえば前期・中期・後期といった曖昧な時代区分ではなく、前冊で行ったように百五十年を五十年刻みで捉え、各時期における物の見方や考え方に注目して考察を進めてゆく必要がある。

そうすることによって、政治・社会・経済・文化など諸分野の横の連関が見えてくるのであり、所謂「全体史」を描くことが可能になる。また、現代社会とのつながりが鮮明になってくる。この作業をすすめるにあたっては、歴史学上の「幕藩体制」「享保の改革」などの概念から自由になる必要があろう。これまでの研究はこれらの造語にあまりによりかかり過ぎていたように見受けられるからである。

なお、巻末に『文学で読む日本の歴史』の全篇の目次を掲げたので、本書の直接の前提になる戦国社会篇については、その目次を参照し、参考にしていただきたい。

文学で読む日本の歴史　近世社会篇——目次

はじめに……1
1　士民の所帯と秀忠政権……9
一　秀忠上洛と京の町人文化……11
二　町人と百姓の所帯……24
三　武家と公家衆の所帯……37
四　対外政策と公儀秩序……46
2　家光政権の天下仕置……59
一　家光政権と島原の乱……61
二　牢人と寛永の大飢饉……73
三　農村と城下町……84
四　幕府統制の浸透……98

3 寛文・元禄期の民間社会……113
一 幕府統制下の職業人……115
二 四民の職業……127
三 浪人と道の巧者たち……146
四 元禄文化の精神……156
4 公儀政治と大衆社会……171
一 徳川綱吉の政治……173
二 元禄の政治と大衆社会……186
三 元禄政治への失望……205
四 正徳の治と新井白石……214
5 幕藩制と吉宗政権……231
一 吉宗政権の制度設計……233
二 士農工商の身分と制度……250
三 多様な身分編成……261

四　物流と交通の経済システム……268

6　徳川日本の国家制度……283

一　財政再建の道筋……285
二　享保の大飢饉とその影響……294
三　制度整備の総仕上げ……303
四　吉宗政権の遺産と新たな動き……315

史料と参考文献……329
おわりに……337
既刊書目次……339
人名索引……350

装丁・山﨑　登
編集協力・角谷　剛
図版作成・曽根田栄夫

【徳川氏略系図】

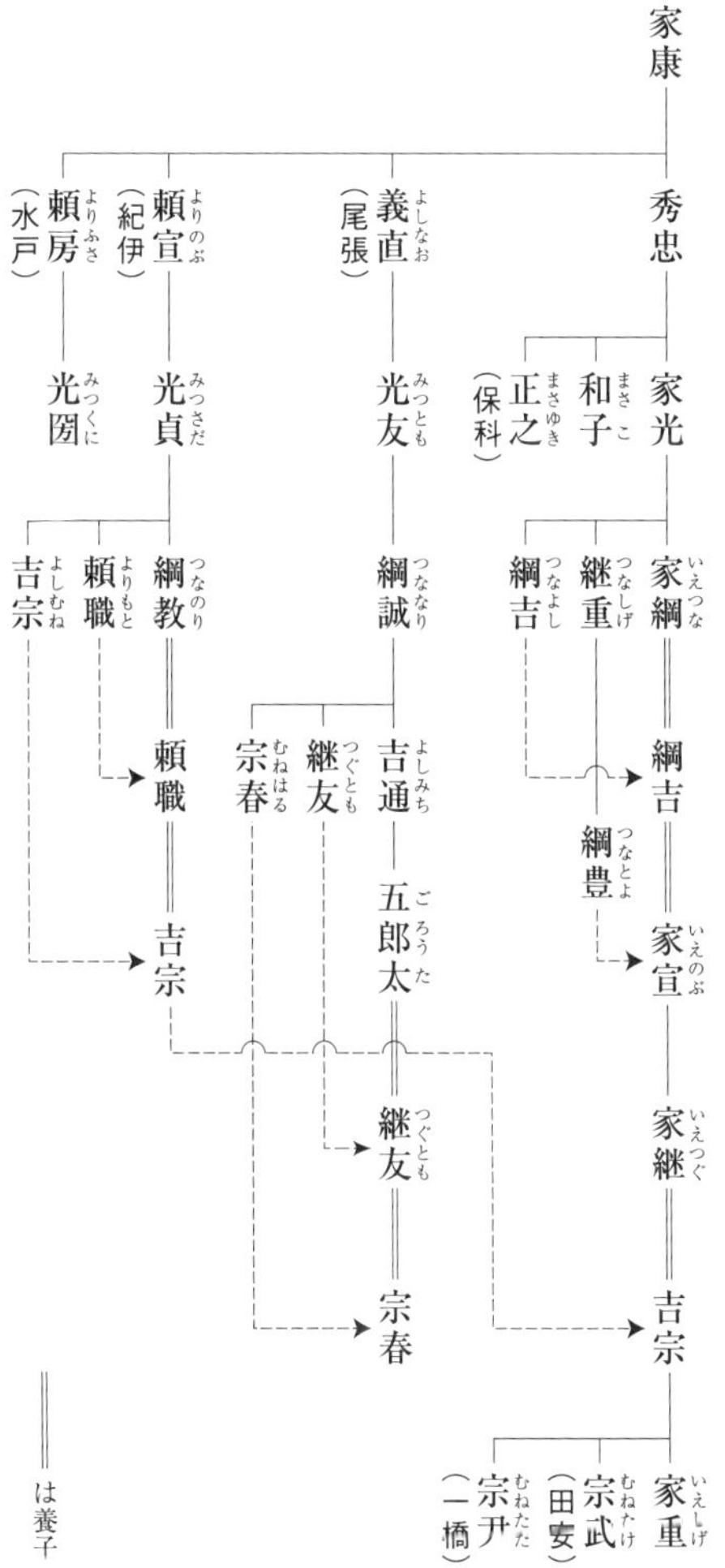
家康
秀忠
義直《よしなお》（尾張）
頼宣《よりのぶ》（紀伊）
頼房《よりふさ》（水戸）
家光
和子《まさこ》
正之《まさゆき》（保科）
光友《みつとも》
光貞《みつさだ》
光圀《みつくに》
家綱《いえつな》
継重《つなしげ》
綱吉《つなよし》
綱誠《つななり》
綱教《つなのり》
頼職《よりもと》
吉宗《よしむね》
綱吉
綱豊《つなとよ》
家宣《いえのぶ》
家継《いえつぐ》
吉宗
吉通《よしみち》
継友《つぐとも》
宗春《むねはる》
頼職
五郎太《ごろうた》
吉宗
継友《つぐとも》
宗春
家重《いえしげ》
宗武《むねたけ》（田安）
宗尹《むねただ》（一橋）
‖は養子

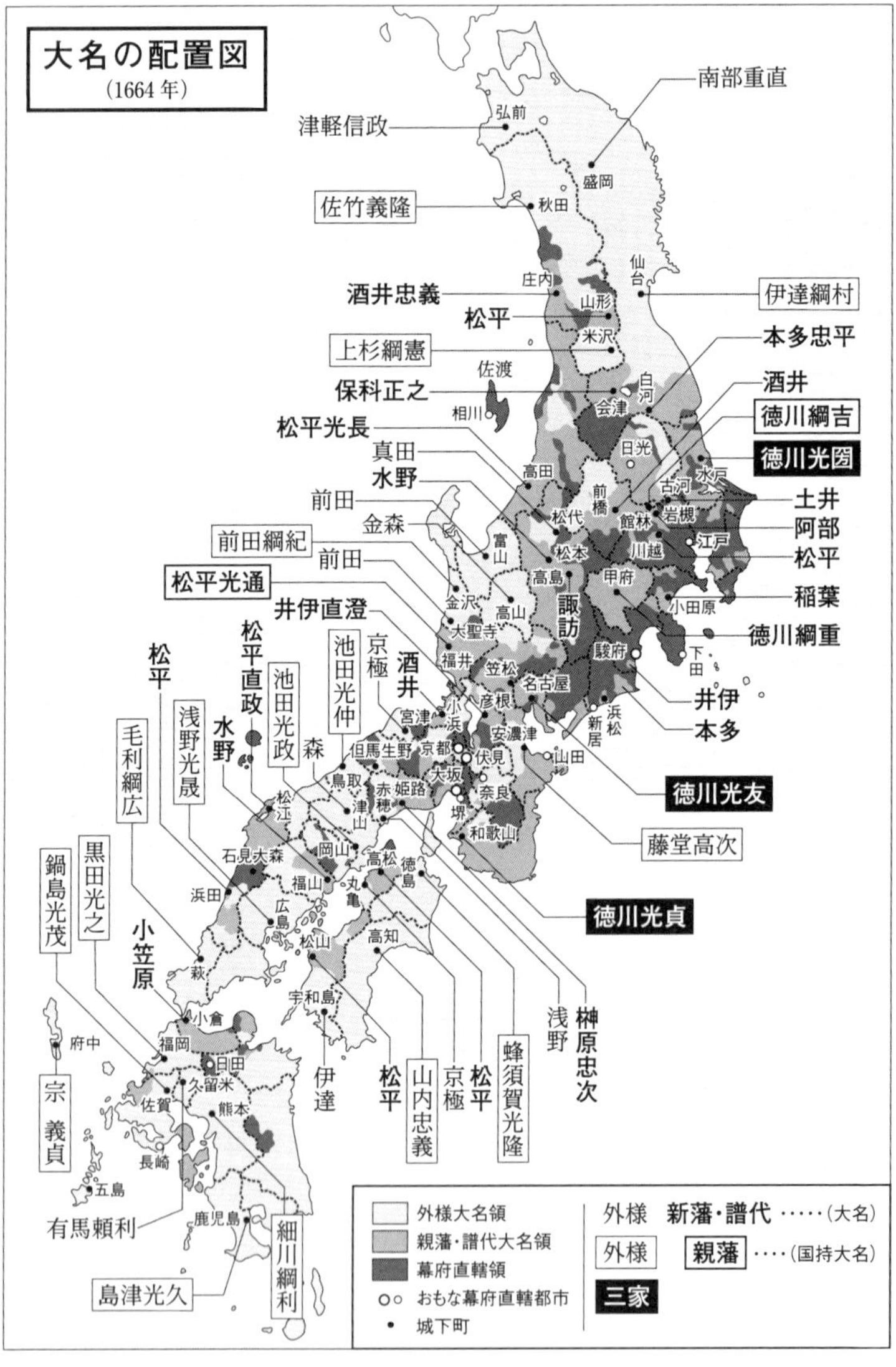
大名の配置図
(1664年)
南部重直
津軽信政
弘前
盛岡
佐竹義隆
秋田
仙台
伊達綱村
酒井忠義
庄内
山形
松平
米沢
上杉綱憲
本多忠平
佐渡
保科正之
会津
白河
酒井
相川
徳川綱吉
松平光長
日光
徳川光圀
真田
高田
水戸
水野
前橋
古河
土井
前田
松代
館林
岩槻
阿部
金森
富山
川越
江戸
松平
前田綱紀
松本
前田
高島
甲府
稲葉
松平光通
諏訪
小田原
井伊直澄
金沢
高山
徳川綱重
松平直政
池田光仲
京極
大聖寺
松平
池田光政
酒井
福井
駿府
下田
笠松
名古屋
井伊
彦根
浜松
新居
本多
浅野光晟
水野
宮津
小浜
森
但馬生野
京都
伏見
安濃津
山田
毛利綱広
鳥取
大坂
徳川光友
松江
赤穂
姫路
奈良
津山
堺
和歌山
藤堂高次
石見大森
岡山
黒田光之
鍋島光茂
高松
徳島
浜田
福山
丸亀
徳川光貞
広島
小笠原
松山
高知
萩
宇和島
浅野
榊原忠次
小倉
府中
福岡
伊達
日田
松平
山内忠義
京極
松平
蜂須賀光隆
宗義貞
久留米
佐賀
熊本
長崎
五島
有馬頼利
鹿児島
細川綱利
島津光久
外様大名領
親藩・譜代大名領
幕府直轄領
おもな幕府直轄都市
城下町
外様　新藩・譜代……(大名)
外様　親藩……(国持大名)
三家

1　土民の所帯と秀忠政権

一　秀忠上洛と京の町人文化

家康から秀忠へ

元和《げんな》二年（一六一六）四月に徳川家康が亡くなると、その跡を継いだのは江戸城にあって東国中心に大名の統率にあたっていた秀忠であり、秀忠は家康の大御所政治を継承しつつもその転換をはかってゆく。八月、薩摩の島津家久《しまづいえひさ》に宛てた老中奉書《ろうじゅうほうしょ》は、「相国《しょうこく》（家康）様」の仰せと称し、「伴天連《バテレン》門徒」の停止を、「下々百姓」に至るまで念を入れて実行するように命じ、「黒船（ポルトガル船）・イギリス船」が渡来しても領内から長崎・平戸に廻航させ、領内での取引を禁止している。

家康時代のキリシタン禁令を継承して徹底させるとともに、新たにポルトガル船とイギリス船の長崎・平戸廻航の措置をとったもので、ここには鎖国政策の端緒が認められる。続いてイギリス商館長のリチャード・コックスからの渡航朱印状更新の要請については、イギリス人とイエズス会士との違いの説明を受け入れて渡航朱印状を交付し、日本国内での商売を平戸に限定させた。

こうして対外関係で新たな動きに向かうなか、早くから秀忠に仕えていた酒井忠世《さかいただよ》・土井利勝《どいとしかつ》・安藤重信《あんどうしげのぶ》らの年寄衆や、井上正就《いのうえまさなり》・永井尚政《ながいなおまさ》・板倉勝重《いたくらかつしげ》ら側近に支えられ、秀忠は親政を進めていった。関東の十六の渡船場《とせんば》の条規を定め、煙草栽培を再度禁じ、一季居《いっきすわり》（一年契約の奉公人）・人身売買を禁じ、伝馬・荷物駄賃の制を定めるなど、矢継ぎ早に法令を出している。

翌元和三年に秀忠は家康の遺体を駿河久能山から日光に移すと、四月に日光の東照社遷宮を行って祭礼を執り行い、いよいよ上洛するところとなった。これに先立って在江戸大名に領知朱印状（継《つぎ》目《め》の朱印状）を交付し、六月十四日に数万の軍勢を率いて江戸を出立したのだが、その一番の伊達政宗《だてまさむね》から十二番の蒲生秀行《がもうひでゆき》までは東国大名が中心で（西国大名は蜂須賀至鎮《はちすかよししげ》のみ）、酒井・安藤などの年寄を従えての上洛であり、島津家久・福島正則《ふくしままさのり》・細川忠興《ほそかわただおき》らも前後して領国から上った。

慶長十年（一六〇五）に続くこの秀忠の上洛は、家康の地位継承を天下に示し、秀忠の軍事指揮権下に諸大名が服従していることを明らかにしたものである。秀忠は七月に大名を従えて参内すると、大量の金や綿を進上、かつ分配し、続いて西国大名や公家・門跡・諸寺社にも領知朱印状（継目の朱印状）を交付した。また播磨《はりま》姫路四十二万石の池田氏を因幡《いなば》鳥取三十二万石に移し、鳥取六万石の池田氏を備中《びっちゅう》松山、伊勢桑名の本多氏を姫路に入れるなど、広く転封《てんぽう》を実施して、徳川の譜代大名を西国に配置した。

八月十六日にはオランダ人に再度渡航朱印状を与え、二十四日にイギリス商館長のリチャード・コックス、二十六日に朝鮮使節に会うなど外交対応もしたが、これは諸大名が外国勢力と結ぶのを牽制する意図もあった。この時、朝鮮使節が国書を奉呈した際の返書をめぐって、対馬の宗氏から返書を執筆する金地院崇伝《こんちいんすうでん》に、「日本国」ではなく「日本国王」と書くようにと依頼があったが、崇伝は「高麗は日本よりは戎国《じゅうこく》にあて申し候」という考えからこれを採用せず、秀忠も了解したのであるが、宗氏は朝鮮を慮《おもんぱか》って返書の字句を改めたので後に問題が起きることになる。

大名統制と和子入内

九月十三日に伏見を出て江戸に戻った秀忠は、翌元和四年（一六一八）に諸大名の家中に立ち入っての大名統制策をとった。四月に越後九万石の村上義明《むらかみよしあきら》（忠勝）を家中騒動で改易《かいえき》して松平康重《まつだいらやすしげ》に預け、七月に伯耆《ほうき》黒坂《くろさか》五万石の関一政《せきかずまさ》も家中騒動により改易し、肥後熊本の加藤忠広の家中騒動では改易にはせず、八月に家老の加藤正次を流刑とするなど、様々な理由で統制にあたった。なかでも特筆すべきは、安芸《あき》広島五十万石の福島正則の広島城無断修理を咎め、信濃高井野に減転封《げんてんぽう》としたことである。

元和五年四月、秀忠は福島正則が居城を許可なく普請したとして糾明に及んで、正則に詫びを入れさせ、五月に再度上洛し伏見城に入ると、姫路城の本多忠政に命じて広島城の破却の実情を調べさせ、二の丸・三の丸が破却されていないのを理由に諸大名に正則の改易を伝え、中四国の大名に広島城請け取りを命じた。これに国元の正則家臣が広島城・三原城に籠城して明け渡しを拒否する姿勢を見せたのだが、正則の子忠勝の指示で開城となり、城は上使《じょうし》に渡された。

それにともなって正則の安芸・備後を没収して、和歌山の浅野長晟《あさのながあきら》を広島に移し、その跡の和歌山には駿府の徳川頼宣《よりのぶ》を入れ、備後福山に大和郡山の水野勝成《みずのかつなり》を移して郡山には大坂の松平忠明を入れ、大坂を幕府直轄地となして伏見城代の内藤信正《ないとうのぶまさ》を大坂城代とした。これらの結果、大坂城周辺には譜代大名が入り、幕府の西国支配は浸透していった。

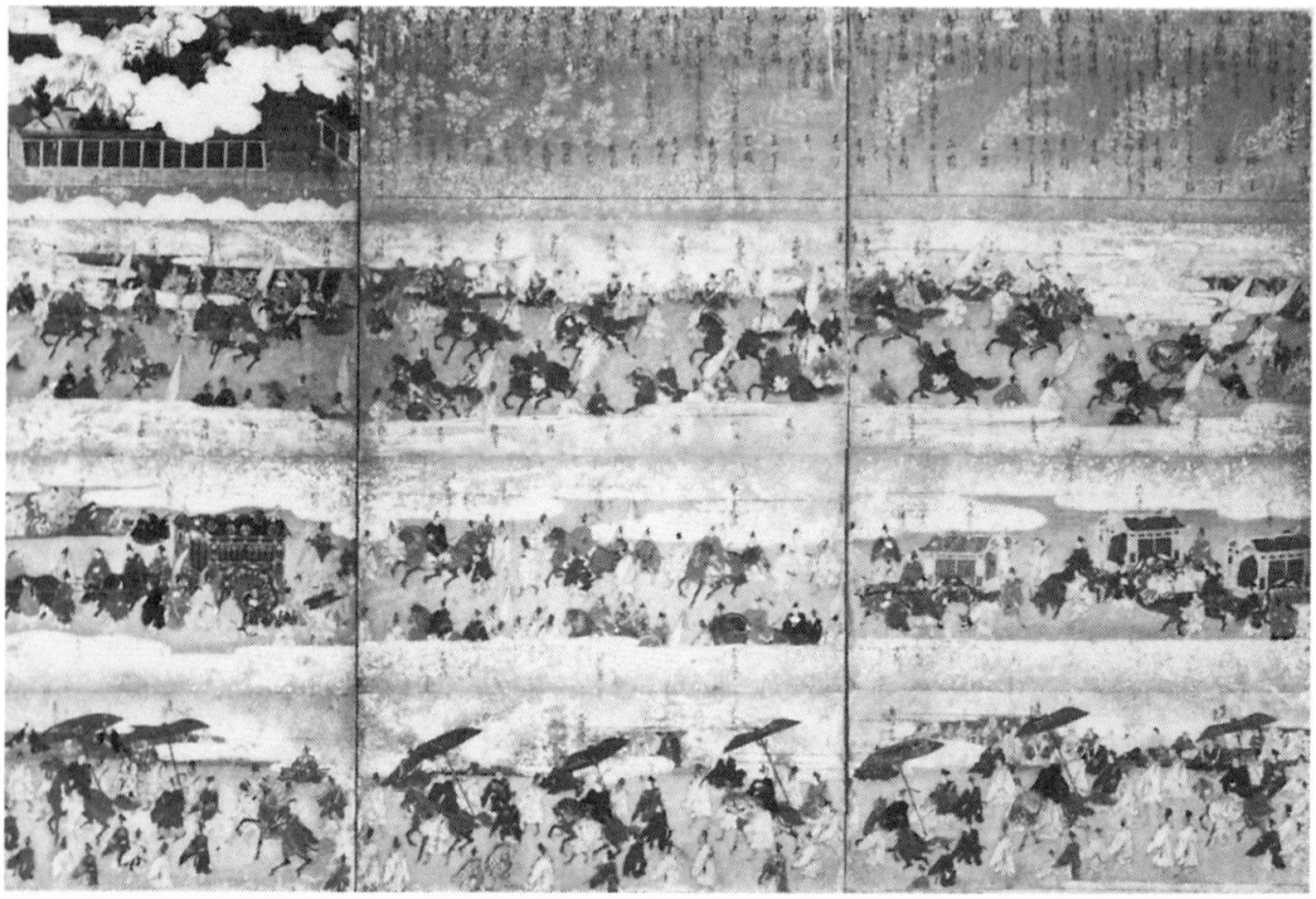

次に秀忠が取り掛かったのは大坂城の普請である。九月に大坂城に入って大改造を西国の大名に命じ、城の設計を藤堂高虎《とうどうたかとら》に担当させた。この天下普請では豊臣期の石垣と堀を破却し、全体に高さ約一メートルから一〇メートルの盛り土を施し、より高く石垣を積んで豊臣大坂城の遺構を地中に埋め、天守など建物・構造も造り替えた。

城郭の広さは四分の一程度に縮小されたが、天守は高さも総床面積も超えた。リチャード・コックスは「太閤様が建設し、大御所様が破棄した旧城は、今やそれ以前より三倍も大きく再建せられた」と記している（『コックス日記』）。

秀忠はさらに懸案であった娘和子《まさこ》の入内《じゅだい》へと進んだ。慶長十六年（一六一一）の後水尾《ごみずのお》天皇即位とともに家康・秀忠は和子の入内を申し入れ、その三年後に入内の宣旨が出されていたが、

東福門院入内図　三井記念美術館所蔵

大坂の陣や家康・後陽成院《ごようぜい》の死去が続いて延期されていた。元和四年、京都所司代の板倉勝重と伝奏の広橋兼勝《ひろはしかねかつ》の間で入内準備の交渉が始まり、女御御殿《にょうごごてん》の造営が開始されたところで、後水尾天皇寵愛の女官・四辻公遠《よつつじきんとお》娘（お与津《よつ》御寮《ごりょう》人《にん》）が皇子に続いて皇女を産んだことが明らかになる問題が浮上した。

そこで翌元和五年に秀忠は参内し、与津子の兄弟四辻季継《すえつぐ》・高倉嗣良《たかくらつぐよし》を含む天皇の近臣らを配流に処したが、これが天皇の逆鱗にふれ入内は暗礁に乗りかけた。そのため板倉勝重に代わって所司代になった子重宗《しげむね》や藤堂高虎、朝廷の近衛信尋《このえのぶひろ》、関白九条忠栄《くじょうただひで》らが動いて、入内後に近臣の赦免を行うという段取りで了解がつき、譲位をほのめかしていた天皇が怒りをおさめ、元和六年六月の入内と決まり、六月十八日に和子は後水尾天皇の女御として入内した。

『東福門院入内図屏風《とうふくもんいんじゅだいずびょうぶ》』は和子の二条城から入内する煌《きら》びやかな行列の様を描いている（東福門院とは和子のこと）。この入内にともなって女御の警固を名目に女御付武士が配され、幕府役人が初めて禁裏に入って朝廷を内部から監視することになった。和子入内後に朝廷から江戸に勅使が派遣されたが、以後、勅使の江戸派遣が定例化した。

『醒睡笑』の世間咄

戦乱がおさまった慶長期から元和期にかけて、京では町人を中心に新たな文化が生まれていた。その文化と世間（社会）の動きとを伝えるのが、誓願寺の安楽庵策伝《あんらくあんさくでん》が著した『醒睡笑《せいすいしょう》』である。京都市政を担当する所司代の板倉勝重に策伝が元和元年（一六一五）頃に話を語ったところ、かたわらで聞いていた勝重の子重宗からその話を纏《まと》めるように薦められ、元和九年に成立している。八巻一〇三九話からなり、序に「小僧の時より、耳にふれておもしろくをかしかりつる事を、反故の端にとめ置きたり」とあって、書名は「眠りを覚まして笑ふ」の意味から付けられたという。

策伝は美濃出身で京の禅林寺に入った後、備前の大雲寺、備中の誓願寺など中国地方の諸寺院を浄土宗寺院として再興し、堺の正法寺、美濃の浄音寺などの住持を経て、慶長十八年（一六一三）に京の町中の誓願寺の住持となった。それだけに『醒睡笑』には都を中心とする社会や文化の動きがよくうかがえる。『洛中洛外図屛風』や狩野吉信筆の『喜多院職人尽絵屛風』から目に見えても、直接に聞こえてこない商人・物売りや職人の掛け声、会話が『醒睡笑』からは聞こえてくる。

巻四には、京の町をゆく大根売りの「大こかう、大こかう」という売り声が、巻八には、足駄を売る商人の「こあしんだ、こあしんだ」という売り声に続いて、菜を売る商人の「な（菜）かう、なかう」の声が続き、夷神《えびすかみ》の刷り物売の町々を行く「若えびす、わかえびす」という声などが。

多くの芸能も認められる。巻七には「禁中に御能あり。狸の腹鼓を狂言にす」という禁中の能の話、「神事能のありけるに、地下《じげ》の庄屋の息子に稽古をさせ」といった神事能や素人能、「鵺《ぬえ》を謡わせ」という『鵺』の謡の話など、能の文化が広がっていた。巻七の舞の部は幸若舞《こうわかまい》の話を集中的に収録し、『烏帽子折』を舞う話や、「舞は舞ひたし、習ふ事はならず」といった舞の失敗談、織田信長が好んで人気の高い『敦盛《あつもり》』や源義経に関わる判官物『堀河夜討』『富樫《とがし》』の話もある。

巻八は茶の湯に関わる話を取り上げ、茶が眠気を醒まして消化をよくすること、「世をおもしろく住む人は茶を愛」することなどを語り、千利休や夢庵・古田織部《ふるたおりべ》らが、茶徳にかかわる歌を吟じた話を載せる。古田織部茶会の濃茶《こいちゃ》は宇治の茶師上林春松《かんばやししゅんしょう》の手になっていたという話や、暑い時期に民家で茶事があり連雀《れんじゃく》商人（行商人）に茶を飲むよう誘った話、清水寺参詣で茶屋に寄って甘茶を望んだ話、数寄の第一の嗜《たしな》みが茶壺と聞き、伊勢の壺を秘蔵していた福人《ふくじん》（金持）の話など、茶の湯の文化も大いに広がりを見せていた。千利休の弟子山上宗二《やまのうえそうじ》『山上宗二記』には、足利義政が村《むら》田珠光《たじゅこう》を師匠として茶の湯に心を入れた頃から、「茶の湯仕らざるものは人非人に等し。諸大名は申すに及ばず、下々洛中洛外、南都・堺町人迄、茶の湯専一とす」というように流行したとある。その珠光や武野《たけの》紹鷗《じょうおう》を経て、利休の名声は諸国に広がっていた。

音芸については、巻六に都の若い商人が東国の宿で「三味線をひき、面白く」興じた話や、堺の森河という「太鼓打ち」の話が見え、琵琶法師の座頭の話ともなれば実に多い。話芸では巻七に「夜《よ》咄《ばなし》する衆」の供をしていた中間《ちゅうげん》が夜の寒さに震え「天下を十日もちたや。十日のうちに夜咄する者どもを皆とらへ成敗して見たい」と言った話、巻三に夜咄のもてなしに小豆餅が出された話などがあって、『醒睡笑』そのものが話芸の夜咄を集めた本である。

町人の生活文化

誓願寺の住持の手になるだけに、『醒睡笑』からは寺に出入りする人々の動きや寺周辺の生活文化の様相がうかがえる。衣食住の衣について見てゆくと、小袖が広く着用されていて、巻五には、比叡山の児《ちご》が年の暮の手紙で母に「小袖一重、料紙十帖、帯一筋」を贈ると書いてきた話、美濃の連歌上手の宗湖が貧しく小袖を質に入れた話があるほか、「縞《しま》の表の小袖」「正月の小袖」「染め小袖の紋」などの着用・贈答の話が多く見える。

食に関しては「振舞」の話として載る。振舞はもともと行動や行為の意であるが、この時代には接待やもてなしの意で使われるようになった。巻二には大名の客への振舞として「湯漬」が出され、「膳を据ゑ」「膳を出せ」など食事が膳に用意された話、「振舞」として海老や「汁に大きに見事な筍」が出された話もある。巻三には「振舞の座にて、今日のもてなしは酒飯」とあり、巻五には、振舞われて酒の諸白《もろはく》を天目茶碗《てんもくちゃわん》で飲み、振舞の素麵が出され、巻七には、菓子を染付で出すべきか、南蛮物で出すべきか、どう振舞うべきかが考えられているなど、振舞の座では汁や菜、飯・酒・素麵が膳に出されていた。和食の型はこの時期に生まれたのである。

住では、町屋が広がっていた。巻五には、町屋の棚に面をかけて置いたところ、「それなる上臈《じょうろう》面を見たき」と望む人がいたので、「暖簾の内」から色黒く逞しい男が手に持って差し出し、「代は五百でおぢやらします」と始まっての、町屋での売買の様子が記されており、巻七には「酒つくる亭主」が町屋は空地がない、広い所に住みたいと、悩んだ話が見える。空地がないほど京の町屋は密集するようになっていて、その密集の様は『洛中洛外図屛風』に描かれている。

風呂の文化も広がっていて、巻一には「常にたくをば風呂といひ、たてあきの戸なきを石榴《ざくろ》風呂」とあり、巻二には「下湯《おりゆ》」に入ったところが、熱くてたまらないと音をあげた話、巻三には「銭湯」「大名の内風呂」の話が見え、巻五には下京の孝行風呂の話など風呂は普及していた。次の巻四の風呂における話からは、子らが何を手習で学んでいたのかがわかる。

風呂に入りて聞き居たれば、一人吟ずるやう、山高き故にたつとからずと。一人、耳をすまして、心がけたる事や、庭訓をよまるるといへば、一人、あれは庭訓ではない、式条といふものぢやと。

風呂で子が吟じていた「山高き故に」とは『実語教《じつごきょう》』の一節、これを「庭訓をよまる」と指摘したのは『庭訓往来《ていきんおうらい》』と勘違いしたもの、「庭訓ではない、式条」と言ったのは『御成敗式目《ごせいばいしきもく》』の一条との思い違い。『実語教』『庭訓往来』『御成敗式目』が手習で読まれていたことがわかる。

その「手習」については、巻五に「人里遠き寺あり、手習ふとて少人《しょうにん》集りゐる」と、人里離れた寺に手習の子が集まって、秋の夕べに雁が渡るのを見て、歌人の子がたそがれ時に雁が渡る風景を詠み、「土民」の子も歌を詠んだという話がある。また、手習の小姓が「中絶えて」という題で腰折れ歌を詠むよう坊主から言われ、歌の道を心掛けていた人の子や、喝食《かっしき》（寺に仕える稚児）、農夫の子も各々歌を詠んだという話も見える。

本阿弥光悦の芸術と町人

京の庶民の生活文化を見てきたが、その文化の裾野の上に裕福な町人文化が展開していた。それを代表するのが刀剣の目利きで、研磨や浄拭《ぬぐい》を家業とする本阿弥《ほんあみ》光二の長男光悦《こうえつ》である。光悦は刀剣鑑定で培われた美意識から、豊かな装飾性を特徴とした、太い線と細い線との変化に持ち味のある書をよくし、近衛信尹《このえのぶただ》・松花堂昭乗《しょうかどうしょうじょう》と並んで「寛永の三筆」と称された。楽《らく》家の常慶《じょうけい》と親交があって楽焼茶碗に新風をもたらし、蒔絵《まきえ》師の五十嵐道甫《いがらしどうほ》、薬屋播磨、釜屋弥右衛門には蒔絵、聞香《ぶんこう》、茶釜で大きな影響をあたえ、漆芸《しつげい》や茶の湯でも名をなした。

光悦は茶匠の古田織部を自刃に追い込んだ徳川家康から、元和元年（一六一五）に江戸で仕えるよう求められたが、六十の年齢を理由に断って、洛北の鷹峯《たかがみね》の地を拝領したことから一族や町人・職人など法華宗仲間を率い移住して芸術村を開いた。呉服商の茶屋四郎次郎、雁金屋《かりがねや》尾形宗柏《おがたそうはく》、筆屋妙喜など法華信徒とともに住みついて、村を経営した。

光悦の書に用いた紙は『鶴下絵三十六歌仙和歌巻』などほとんどが俵屋宗達《たわらやそうたつ》製作の装飾料紙であったが、その宗達は絵画作品の制作・販売を行っていた絵屋《えや》で、掛幅《かけふく》・屏風、書の料紙とその下絵、工芸品の意匠などを手掛け、光悦の影響を受けつつ王朝絵画に学んで絵師として頭角を現した。淡い金泥・銀泥を塗り重ねて濃淡の諧調で図様を描き出し、墨の滲みを生かす「たらしこみ」という技法を考案、『源氏物語関屋澪標《みおつくし》図屏風』『雲龍図屏風』『風神雷神図屏風』などを描いた。

光悦は出版面でも重きをなし、角倉《すみのくら》素庵《そあん》と嵯峨版を共同制作したが、これは家康の伏見版や駿河版、京都の諸寺院の古活字版などに続く出版物で、『伊勢物語』『竹取物語』『枕草子』『古今和歌集』などの古典文学や、観世流謡曲百番などの謡本を刊行した。料紙や活字の書体、挿絵、装幀のすべてに華麗であった。

素庵は光悦から書を習得して嵯峨本を中心になって刊行し、慶長九年（一六〇四）に『史記』、十三年に公家の中院通勝《なかのいんみちかつ》が書いた『伊勢物語』を出版した。そのかたわらで父了以《りょうい》と朱印船貿易を営み、大河川の開削・疎通に取り組み、幕府の命で甲斐や伊豆の鉱山の巡視を行い、元和元年には高瀬船、淀川過所船の支配を命じられるなど、多方面で物流に関わって財をなした。

読者層の広がりとともに廉価な書肆版が刊行されるようになった。古活字版『太平記』を慶長八年に刊行した富春堂は『吾妻鏡』の仮名活字版を刊行し、慶長十四年に室町通近衛町の本屋新七は『古文真宝後集《こぶんしんぽうこうしゅう》』を刊行している。それとともに本屋から書物を買う習慣が生まれ、公家の土御門《つちみかど》泰《やす》重《しげ》は元和三年三月に「本屋」が持参した『太平記』や『拾芥抄《しゅうがいしょう》』を見ており、松江重頼の俳諧撰集『犬子集《えのこしゅう》』に「ここかしこ読みかすめぬる源氏にて」「夜長さに見る伊勢物がたり」「いはけなさ身も読むや庭訓」とあるなど、『源氏物語』『伊勢物語』『庭訓往来』がよく読まれた。

文化サロンの形成

茶の湯の千利休の子宗旦《そうたん》は、文禄三年（一五九四）に千家再興を許され、利休の一畳半茶室の境地を進めて、「一畳台目《いちじょうだいめ》向板向切壁床《むこういたむこうぎりかべどこ》」という極小の茶の湯空間を構想、今日庵《こんにちあん》と命名するなど、独自の茶境を構築した。

古田織部は、利休に学んで利休死後に秀吉の御伽衆になった。利休からの「人と違うことをせよ」という教えから、利休の静謐《せいひつ》さとは対照的な動的で破調の美を確立し、「茶の湯名人」と称されるようになって、秀吉死後には伏見に住んで茶の湯三昧の文化サロンを形成した。徳川秀忠の茶の湯指南を務め、職人や陶工らを多数抱え、創作活動を競わせ、織部焼が造られた。だが大坂の陣で豊臣方に内通したとして罪に問われ、師の利休と同じく自刃して果てた。

その茶の湯の弟子には小堀遠州や上田宗箇《うえだそうこ》などの大名がいた。小堀遠州は作庭と建築に名をなし、禁裏や仙洞《せんとう》、二条城、江戸城山里を作事奉行として担当、大徳寺孤篷庵忘筌席《こほうあんぼうせんせき》や龍光院密庵席《りょうこういんみったんせき》の茶席、遠州庭園を造ったが、その傍らで利休や織部から茶の湯を学び、明るく大らかで軽快な「きれいさび」へと向かった。上田宗箇は織部や遠州に学び、豪放さと漢学の素養に裏打ちされた茶の湯で知られ、遠州同様に庭園にも才を発揮して、徳島城下の千秋閣、紀州粉河寺《こかわでら》庭園を造った。

茶の湯の文化サロンとは別に、歌学のサロンも生まれた。細川幽斎は三条西実隆の孫実枝《さねき》から天正四年（一五七六）に古今伝授《こきんでんじゅ》を受けると、近衛流や肖柏《しょうはく》系の古今伝授関係資料を蒐集し、宗祇から分派していた三流の古今伝授を集大成すると、三条西実枝の死を契機に中院通勝に古今伝授を行い始め、『伊勢物語』を講釈していた八条宮智仁《としひと》親王（後陽成天皇弟）にも慶長五年（一六〇〇）から始め、公家の烏丸光広《からすまるみつひろ》にも伝授した。

和歌や連歌を好んだ智仁親王は、元和元年に下桂《しもかつら》里に別荘を設け、桂川から水を引き入れた苑池を中心に古書院を建て、続けて中書院などを建てた。それは書院造に茶室建築の意匠を取り入れた、丸太や面皮材の柱を長押に利用した簡素な様式美の数寄屋建築で、庭と室内が連続的に繋がる住宅建築の機能をも帯びていた。この別荘は桂宮に継承されて後に桂離宮と称された。

桂離宮古書院　宮内庁京都事務所提供

もう一人忘れてならないのが松永貞徳《まつながていとく》である。その著『戴恩記《たいおんき》』に「師の数五十余人」とあるごとく細川幽斎に歌学を、父永種《ながたね》や九条稙通《くじょうたねみち》に和歌を、里村紹巴《さとむらじょうは》の下で連歌を、藤原惺窩《ふじわらせいか》や林羅《はやしら》山《ざん》に儒学を学ぶなど多くの師に恵まれた。在野で活動し、羅山の古典公開講座において『徒然草』や『百人一首』を講じ、私宅で塾を開き往来物『貞徳文集』を編むなど、秘説とされてきた古典の読解を公開し、歌語辞典『歌林樸樕《かりんぼくそく》』や歌書『慰草《なぐさめぐさ》』を編み在野の文化に大きな影響を与えた。

その門下からは歌学の北村季吟《きたむらきぎん》や加藤盤斎《かとうばんさい》が現れ、その俳諧は貞門俳諧として享受された。破格の和歌である俳諧歌は戦国期に連歌俳諧として広がり、山崎宗鑑《やまざきそうかん》によって『犬筑波集《いぬつくばしゅう》』が編まれるほどに広がっていたが、貞徳は連歌に従属してきた俳諧を「俳言をもって賦物《ふしもの》とする連歌」と定義し、独立した文芸として式目を整え、故事や古典に基く言語遊戯によるその穏やかな笑いにより町人に普及した。

二　町人と百姓の所帯

江戸町の繁昌

武家政権の所在地になった江戸は京文化を取り入れ発展した。元和二年（一六一六）正月の将軍拝賀にあたって、江戸城の礼儀が整っていなかったことから、大名旗本衆・諸大夫に続いて各種の芸能者の席次が定められた。医官・同朋・幸若・観世・後藤・本阿弥・呉服所・官工商・狩野一統・右筆・無官の医員・連歌師・代官・大工・棟梁・諸工人・舞々・猿楽などが、白木書院・黒木書院・大広間の縁に座をしめた。

このうち画工の狩野一統は、永徳《えいとく》の養子山楽《さんらく》が永徳様式を継承し、京にあって狩野家の立て直しにあたっていたのに対し、孝信《たかのぶ》の子守信《もりのぶ》(探幽《たんゆう》)は狩野派直系として慶長十七年(一六一二)に駿府の家康に拝謁、二年後に秀忠に謁見し天賦の才を発揮して、十六歳で幕府の御用絵師となり、江戸の鍛冶橋門外に屋敷を拝領、多くの襖絵を描いて狩野派の隆盛を築くようになった。その他の職能の人々も幕府に仕えて江戸に住み着くようになった。

新興の江戸の町人の動きは、小田原の北条氏政に仕えその滅亡後に江戸の伊勢町に住んで三浦屋と号した三浦浄心《じょうしん》の『慶長見聞集《けいちょうけんもんしゅう》』によく記されている。記事の多くは「見しは今」と始まり、著者の見聞とその注釈を記す体裁をとる作品で、慶長十九年に成立したとあるが、浄心が書いた文章を後に集めており、慶長十九年以後の記事も多くある。

巻一は江戸の環境についての話を収めている。その三話は、江戸が「四神相応《しじんそうおう》の地をしめし、後に浅間山・日光山聳《そび》え、東に筑波山、西に富士山・箱根山、軒端に列《つらな》り」と、山々に囲まれた四神相応の霊地であると記す。十四話は、江戸が相模・安房・上総・下総・武蔵に囲まれた入海《いりうみ》に接し、西国の海士《あま》が来て入海の魚を獲って住むようになったといい、五話は、瀬戸物町の野地豊前が洲崎に航海の目印である「みをじるし」(澪標)を立てたという。

江戸の町は、巻六の八話が「今の江戸町は、十二年以前まで大海原なりしを、当君の御威勢にて南海を埋め陸地となし」と記すように、海の埋立てでつくられたもので、かつての江戸町の跡は大名町になったといい、井戸に潮が入るため、神田明神の山岸と山王権現の山もとの水を町に流して水道としたという。海の埋立ては、巻七の十一話によれば、家康が江戸に入った際に豊島の洲崎に町を立て、慶長八年に神田山を引き崩して海の四方三十四町余埋めて陸となしたので、南の品川から、西は田安の原、北は神田の原、東は浅草までが町が続くようになったという。

巻四の二話は、町人が水源の神田明神と山王権現を祀るようになり、その氏子域は日本橋が架かる大川を境としていたという。巻一の十三話は、川橋の架橋の名称の由来を記し、巻五の一話は、「見しは今、江戸町東西南北に堀川ありて橋も多し」と始まって、城大手の堀を流れて落ちる大川が、町中を流れ南の海に注ぐが、それに架けられた日本橋は慶長八年の町割で造られ、元和四年に石垣を両方から突き出して再興されてから、今に往来が絶えない、という。

本書が記している江戸町とは、江戸の町人地のことで、江戸はこの町人地と大名町（巻六の八話）、江戸寺町（巻四の十一話）、江戸よし原町（巻二の十四話）からなる。大名町の話は巻七の二話に、諸侯大名の屋形が小山を並べたように棟・破風《はふ》が光り輝いていると記され、巻十の七話に、屋形で酒宴を開いていた大名衆が喧嘩刃傷沙汰に及んだと記されているが多くはなく、寺町についても町の内の話はほとんどない。ただ吉原町は詳しく記され、巻七の十五話は、「よし原に傾城町立る事」と題し、海際のよし原に傾城町の町割が行われ、「本町」（本郷町）・京町・江戸町・伏見町・境町・大坂町・墨町・新町と名付けられ、家が板葺で飾られ、その周囲にあげや町が造られ、能舞台が立てられて舞楽・勧進舞・蜘蛛舞《くもまい》・獅子舞・相撲・浄瑠璃の遊びに僧俗老若貴賤が群集したという。

江戸町人の誕生

吉原町の見せ物について、巻五の十一話は、「江戸にてはやり物品々ありといへども、よし原町のかぶき女にしくはなし」と記し、「かぶき女」が流行の最先端であったという。出雲の「くに」が舞った「男舞かぶき」を諸国の遊女が学び、一座に役者をそろえて笛・太鼓・鼓を鳴らし、ねずみ木戸を立て、見物させたもので、佐渡島正吉《さどしましょうきち》、村山左近、幾島丹後守《いくしまたんごのかみ》らが座頭として興行したが、そのうちの幾島が中橋に高札を立てて演じた時の話を載せる。

吉原の傾城町の芸能に群集したのは町人地の町衆であった。巻四の九話「江戸町衆乗物に乗る事」は、十年以前から江戸町に乗物に乗る異様を好んで往来を行く者が現れたので、町の者が腹を立て、乗物には智者《ちしゃ》・上人《しょうにん》・高家《こうけ》の面々以外は乗ってはならぬ、町の者では奈良屋《ならや》・樽屋《たるや》・北村《きたむら》の三人の年寄こそ乗るべきだ、と非難しても一向に止まず、やがて「高きもいやしきも乗輿《じょうよ》する」ようになったので、慶長十九年に法度が出され雑人の乗輿が禁止されたという。

この話に見える奈良屋・樽屋・北村の三人の町年寄は、天正十八年（一五九〇）の家康入部《にゅうぶ》にともない、江戸に入って町年寄となった奈良屋市右衛門、樽屋藤左衛門、喜多村弥兵衛のことで、彼らは町奉行の下で町政を担い、奈良屋は本町一丁目、樽屋は二丁目、喜多村は三丁目に屋敷地を得ていた。江戸ではこの年寄や智者・上人・高家の面々が町の上層をなしていた。

多くの話は江戸が豊かになり繁昌したと語っているが、その理由について、巻七の四話「諸国に金山有る事」は、徳川の代に諸国に金山が出来し、佐渡島からは金銀が十二貫目入れの箱、百箱が五十駄積の船に積まれ、毎年五艘、十艘など越後の湊を経て、江戸城に運ばれたので、「民百姓までも金銀をとり扱ふ」ようになり、「今がみろくの世」になった、と佐渡の金銀産出に求めている。

巻六の十話は、「江戸にて金《かね》の判あらたまる事」と題し、金が貨幣として流通するのに関わったのは四条・佐野・松田の三人で、砂金を吹き丸め一両・一分などとしたが、六年ほどして後藤庄三郎光次が京から招かれて、金の位を定め一両判が作られ、近年は一分判も作られ流通するようになったという。後藤光次は御金改役に任じられて、本町一丁目に役宅を与えられ（江戸金座）、慶長十七年（一六〇二）には銀座も駿河から移されて、大黒屋長左衛門が銀座吹所《ぎんざふきしょ》の支配となり、新両替町二丁目に屋敷を得ている。こうして「今はいか様なる民百姓」までもが金を五両十両持ち、分限者《ぶげんしゃ》の町人は五百両、六百両も持っているのだという。

豊かな江戸には多くの商人や職人が集まり、商人頭や職人頭に屋敷地が与えられ、紺屋町・鉄砲町・鍛治町・畳町・伝馬町など同職が集住する職人町が形成された。慶長十四年に上総岩和田《いわわだ》沖に漂着したスペイン人ロドリゴ・デ・ビベロの記した『ドン・ロドリゴ日本見聞録』には、江戸の町について、住居は職業や階層によって市街が門ではっきり区別されており、ある区画には他の職業や人と混ざることなく大工職人が住み、またある別の区画には履物屋、そして鍛冶屋、商家となっている、と見える。駿河や伊勢・近江からは商人が進出し、近江屋伴伝兵衛《ばんでんべえ》が通一丁目に、西川甚五郎が日本橋に出店し、畳表や蚊帳を販売するようになっていた。

その江戸をしばしば襲ったのが火事である。慶長六年十一月に駿河町の孝之丞《こうのじょう》家が火元となった火事では多くの死者が出た（巻八の十話）ことから、この火事を契機に家が草葺から板葺となってゆき、本町の滝山弥兵衛が家の表半分を瓦葺にしたことから、瓦葺が始まったという（巻一の四話）。『喜多院職人尽絵屛風』に描かれた京の町家の半分は瓦葺であり、江戸は随分と遅れていた。

江戸町衆の文化

江戸町衆が好んだ芸能は音曲であって、座頭の城生の話（巻一の六話）や、城言座頭が平曲を語るなか「山木判官」を「やすぎ判官」と間違った話（巻十の二話）、虚無僧が門に立って尺八を吹いては母を訪ね探した話（巻二の一話）がある。

謡では、名医の延寿院が観世大夫に謡を習って「家職にもなき似合わぬ道をすき、自慢顔してうたいたまひぬ」と噂された話（巻三の七話）、観世左近大夫の謡を聞いた岡崎左兵衛の逸話（巻四の十七話）、江戸町繁昌の故に勧進能が毎日行われていることを春庵と著者とが語り合った話（巻五の八話）、江戸町の幾右衛門が謡に明け暮れていた話（巻九の十話）などがある。

盤上遊戯も流行し、奈切屋治兵衛と著者浄心との将棋の勝負（巻一の六話）、碁をよく打つ伊豆の山田が江戸の石町に来て仙栄と名乗って碁を打つなか、兄の死に目に際し帰るべきか迷った話（巻六の六話）がある。風俗では、喫煙が流行し（巻一の九話）、関西の大坂、堺で流行の頼母子無尽も江戸で流行しており（巻三の八話）、伊勢与市が銭瓶橋辺で銭湯風呂を初めて以来、今では町ごとに風呂があり、湯女《ゆな》が垢を掻いて髪をそそぎ、容色類なく、心様優にやさしい女房が湯・茶の接待をするようになった（巻四の十六話）。江戸町の大谷隼人が水車をつくり「すへ風呂」をつくってから、今は家々に見えるようになったという（巻六の七話）。

鑑賞事では、巻一の十一話に、本両替町の甚兵衛が白花の椿を庭に植えて愛でた話があり、巻五の五話に、湯島の江戸代官の花園の花守の馬場多左衛門と古戸三右衛門が、江戸伊勢町に居住する三浦浄心の童を花盗人として捕まえた話、巻八の十一話に、両替町の理助と武左衛門が「大に書院をたて、畳、屏風美々しく、庭に植木ありて、深山を見るがごとし。さて美膳の次第、料理残る所なし」という豪勢な暮らしをしていたという話が載る。巻九の八話は、江戸の町衆が貧富なく心やさしく庭に花木を植えて花を愛でるようになったといい、巻十の十二話は、安斎なる人物が雪月花を愛で、特に花を愛でていたというなど、花の鑑賞が広く行われるようになった。

衣装着物については、関東での木綿の流行が武蔵熊谷の市で西国の者が木綿種を売ってからであって、今は麻が流行して色々に染めたり、綿を入れ上着にしたりしていて、この頃は絹の裏つき袴が流行るようになったという（巻三の九話）。巻二の二話は、「江戸繁昌にて屋作り家風尋常に、万美々しき事、前代未聞」と始まって、室町の棚の平五三郎が奇妙な風体をして、田舎人が江戸土産を買うのを目当てに「からあやの狂文、唐衣《からころも》、朽葉地《くちばじ》、紫緞子《むらさきどんす》、りんず、金襴、錦」など美麗な物を並べて売ろうとした話であって、華美な家や服装が好まれていた。

巻九の一話は、江戸本町のなまりや六郎左衛門が、はさみ箱を小者に担がせて道を通ったことから大名でもないのにと非難されたが、やがて町衆が広くこれを行うようになったといい、巻一の十二話は、「渡世風流を専らとし」「乗り物に乗り威風をなし」という乗り物に威風をひけらかす風俗が広がるようになったという。大橋辺で刀売りが出てからというもの、近年は刀市が立つようになったという刀好みも威風をひけらかす江戸の風俗の一面を物語っている（巻十の八話）。

他方で、巻四の一話は、国が治まって天下泰平になり、「高きもいやしきも皆、物を書きたまへり」と手習による筆道が盛んになったといい、巻一の十話には、道斎が双紙を読んだ時の話が載り、巻四の八話は、正慶が「近年世間に流布する筆作の新しき抄物」に難癖をつけたという話であって、文の道にも関心が広がっており、巻八の二話は「関東の諸侍、昔が今に至る迄、仁義礼智信を専とし、文武の二道をたしなみ給へり。民百姓にいたるまで筆道を学び」と、文の道が侍から民百姓にまで広がっていたことを記している。

町人の所帯

京や江戸の町人、町人社会の動きを見てきたところで、その動きの背景をなしたこの時代の思潮、精神について考えてみよう。参考になるのは、博多の豪商・島《しま》井《い》宗室《そうしつ》が孫の神屋徳左衛門尉に宛てた慶長十五年（一六一〇）正月十五日の「生中心得身持、分別致すべき事」と題する『遺訓十七ヶ条』である。

その第三条は、博打・双六・賭け事・碁・将棋の勝負事や謡・舞などの芸事、松原遊び・川かり・月見・花見などの遊び事をいましめるもので、第四条でも「物好き、結構好き、茶の湯、綺麗好き、華麗なる事、刀、脇指、衣装」など華美で目立つ遊びや趣味を控えるよう記している。京都や江戸町人が好んでいた芸事を慎むよう記すものだが、その理由について「所帯をつましく、夜昼心掛け、其うえにて商買油断なく仕るべく候。若しふと悪しく銀子もうしない候共、少し成る共、所帯に仕入れ、残たる物に又取り立て候事も成すべく候」と、「所帯」を大事と心掛けるようにすべきであるからという。

この「所帯」については、第九条で「人の所帯は薪・炭・油と申し候へ共、第一薪が専用に候」「いづれの道にも、我と心労候はらずば、所帯は成るまじく候」とあり、現在の所帯の語とほぼ同じ財産や生計の意味で使用されている。十三条でも「何ぞ有る時よりかせぎ商《あきない》、所帯はくるまの両輪のごとくなげき候すること専用候」、十七条でも「所帯をなげき、商売に心がけ、つましく油断無きように仕るべく候」とあって、かせぎ商売とは車の両輪の関係にあるので、所帯を「なげき候」(大事にする)ことが必要としている。

慶長八年成立の日本語辞書『日葡辞書《にっぽじしょ》』は、所帯を説明して「知行と同じ《ちぎょう》」と記し、『貞永式目』第十二条の、悪口を放った御家人について所帯がない時は流罪という規定を引用している。この武士の知行=所帯の観念が町人に及ぼされ、商売を家業とする商人が町に住み、その家を継承してゆくのに足る財産や生計を意味するようになったのである。商人の家は家業としての商売と、その継承のための財産・生計としての所帯からなり、この所帯を大事にするよう遺訓したのであった。

そこで『慶長見聞集』に載る町人の話を見てゆくと、巻十の四話の、上野国岡根の里の貧しい藤次は、江戸の芝の町に草庵を結び、月日を送るうちに豊かになって、家屋敷を求め什物《じゅうもつ》を蓄え「こと人に勝れ」と思われたという。まさに所帯を築いた町人の話である。しかし巻八の十二話に見える雲蔵は、紺掻きの親から「家跡職《あとしき》」を譲られたのに、家業が嫌で心がそまずに遊んでいるうちに家屋敷を売り尽くし、妻も去りひとり身になってしまったという。

この時期、所帯の維持・安定が求められたのには、所帯を失うことが多かったからでもあった。十三話には、江戸の繁昌で栄えて家屋敷財宝を子に譲ったが、その子は家財を受け取っても「いたづらに年月を送」って五年三年のうちに財宝を使い尽くし、分際に過ぎた振舞により借金で家屋敷を売って逐電したという。巻六の二・三話に載る「世に希なる徒《いたずら》もの」大鳥一兵衛（逸平《いっぺい》）は、「士農工商の家にも携らず、当世異様を好む若党と伴ひ、男の健気だて、たのもしごとのみ語り、常に危うきことを好んで、町人にもつかず、侍にもあらず」といった「かぶき者」であった。その一党は慶長十四年頃に荊組や皮袴《かわばかま》組などの組をつくって暴れ、捕えられて獄に投じられた。

町人と百姓の所帯

商業を家業とする商人が町に住んで所帯を形成した町人に対し、農業を家業とする農民は村に住んで所帯を形成した。それが百姓である。天正十九年（一五九一）八月の身分法令の第一条は「新儀に町人・百姓に成る者があれば、その町中・地下人《じげにん》として相改むる」とあり、第二条で「在々百姓」が田畠を捨てて商売や賃仕事を行い奉公しなくなるのを禁じている。この少し前の三月には「家数、人数、男女老若共に一村切に書付」「奉公人は奉公人、町人は町人、百姓は百姓、一所に書き出す」ように命じており、それ以来、町は町人、村は百姓で構成されるところとなった。

秀忠政権を支えた本多正信が著したと伝わる『本佐録《ほんさろく》』（『天下国家之要録』）は、秀忠への上申の体裁をとる政道書であって、「天道を知る事」「身を瑞《ただ》する事」「諸侍の善悪を知る事」「国持の心を知る事」「家を継ぐべき子をえらぶ」「百姓仕置の事」、「異国と日本との事」の七か条からなる。そのうちの「百姓仕置の事」は、「百姓は天下の根本也。是を治むるに法あり。先ず一人一人の田地の境目をよく立て、さて一年の入用作食《さくじき》をつもらせて、其余を年貢に取るべし。百姓は財の余らぬように不足なきように治むること道なり」と、百姓は天下の根本であって困窮させないようにするべしというが、これは百姓の所帯の維持に意を注ぐよう求めた意見である。

同じく正信が将軍に上申したとされる『治国家根元《ちこっかこんげん》』には、「民を憐れむ事」と題し、民を「人間の命を養ふ食物作り出す者」であると規定し、「民食《みんしょく》世に沢山なれば世間豊なり。世間豊なれば国家長久なり」と、民の食物生産により「世間」は豊かになり、国家が長久になると述べ、「民の田地は代々持ち来たりて士の知行の如し」と、百姓の田地は代々継承されてゆくもので、武士の知行のようなものと記している。まさに百姓の所帯の維持が政策の根本にあって、幕府公儀は町・村における町人・百姓の所帯を安定化させ、国役・公役や年貢・労役を課したのである。

豊前小倉藩の細川忠利は、元和八年（一六二二）に人畜改めを行っていたが（『小倉藩人畜改帳』）、寛永九年（一六三二）に肥後に転封となると、その翌年に人数・家数・牛馬数の調査を行って『肥後藩人畜改帳』として伝わっている。百姓各戸の高数や家族構成（家族関係・年齢）・家数（間数・種類・持ち主）・屋敷面積などが記されていて、百姓の所帯を把握したものである。

幕府は慶長八年（一六〇三）に京都・伏見の町中に十人組を設けてから、町方・在方に五人組や十人組などの隣保組織を設けさせて相互の監視を行わせるようになった。寛永十八年十二月十一日の山城国僧坊村の五人組請書には、五人組は法令を遵守して年貢を請負い、年貢未進があった時には残りの組中で請負うとしている。五人組には相互扶助により百姓所帯を安定させる役割があったのである。越後高田藩の慶長十八年九月の法度も「商をも仕らず、家職をも仕らざる輩は、十人として此方へ告げ知らさすべき」と、十人組に百姓の所帯を成り立たせる役割を担わせている。

百姓の所帯維持

所帯の安定に深く関わっていたのが檀那寺《だんなでら》の広範な成立であるが、『醒睡笑』『慶長見聞集』は僧の手になる作品だけにこの点をよく伝えてくれる。『醒睡笑』巻一には、鈍な弟子が檀那のもてなしに出された汁菜をほめずに帰ってきた話や、檀那の集まりに茶請けが出された時の座敷の話がある。巻三には、食事をしていた坊主がやって来た檀那をもてなした話や、僧俗が寄り合い物語をした話などが載る。

檀那の信仰については、巻七に、法華宗の寺に檀那から派遣されて来た男が、朝夕高声に念仏をとなえたので、教化《きょうげ》したにもかかわらず、諸檀那が集まっての御影供《みえいく》においても受法しなかったという話、法華宗の檀那が帰依する寺の普請に赴いて高い所から落ちた際、「南無阿弥陀」と叫んだので、どうして題目を唱えなかったのかと問われ、てっきり死ぬかと思ったから、と答えた話が見える。巻二には、父が浄土宗、母が法華宗であったので、法体になった時に戒名をどうするかと子が聞かれた話も見えるなど、法華宗・浄土宗の信心とは別に檀那寺が定まっていた。

さらに『慶長見聞集』を見ると、巻六の四話には「仏法繁昌故、江戸寺々に説法あり。老若貴賤、参詣の袖つらなり群集せり」と始まって、神田の浄西寺に談義を聴聞した際の話が載り、巻十の十話に、「湯島天神御繁昌の事」という寺社参詣が盛んになった話が見え、巻三の六話には、「諸宗の寺々に高座を飾り、檀那を集めて談義を述べ給へり」と、多くの寺院で説法が行われるようになるなか、法林寺での上人の談義にカラスが鳴き騒いだので、上人が怒った話を載せる。

巻八の三話は、世念なる人物が「其方、後生の道をしり給はぬことのうたてさよ。ちと御寺へ参り、仏の有難き教えを聞き給へ」と著者浄心に語りかけ、無常を知るように著者を諫めた話、同六話は、七月の盆に座を連ねて皆が精霊が来る話をするなか、梅庵一人、地獄を見たことがなく関心がないと言い、皆が納得したという。巻二の七話は、仏法の繁昌で増上寺の「御威光」が「一天四海にあまねくおほひ」、「将軍御信敬浅からず、下万民に至るまで渇仰の頭を傾けずといふことなし」と、多くの信者を獲得したといい、巻二の七話は、増上寺に出された浄土宗の法度三十五か条全文を載せる。こうして江戸でも檀那寺が定まってゆき、町人社会が定着していったのである。

宮本武蔵の『五輪書』は、「人の世を渡る事、士農工商とて四つの道なり」と、世を渡る道として、士農工商の「農の道」「あきなひの道」「士の道」「工の道」の四つの道について記すが、それによれば農の道は農人が「色々の農具をまうけ、四季転変の心得暇なくして、春秋を送る事」、あきなひの道は商人が「その身にあった稼ぎ、利益を得て世を渡る」ことをいうとする。農工商いずれにあっても町や村にあって所帯を大事にしてその家業を営めば、町では町人、村では百姓と捉えられたのである。村に住んでもすべて農業を家業としていたのではなく、漁業・林業、商業を営む者もいて、彼らは村に住む限りでは百姓だった。

三　武家と公家衆の所帯

武士の所帯と分限

では、幕府は武士の所帯＝知行について、どんな政策を展開していたのであろうか。元和元年（一六一五）の『武家諸法度』の第一条は「文武弓馬の道」を嗜むように命じたが、これはいわば家業に関わる命令であり、これに対し、第二条で「群飲佚遊《ぐんいんいつゆう》」（集まって酒を飲み、気ままに遊ぶこと）を制し、十二条で諸国諸侍に倹約を求め、十三条で国主に政務の器用な人材を選ぶよう定めるが、これらは所帯に関わる命令と言えよう。

元和三年に秀忠は領知朱印状を交付しており、幕府は明らかに所帯を安定化させる政策を展開していたのであり、これに応じて諸国の国主（藩主）も武士の所帯安定化を目指していた。福岡藩主黒田長政が元和八年九月に定めた『掟書』は、国主として政治を行う心構えを記しており、第八条で倹約を専らにし、第九条で家中諸士に分限相応の備えをするように命じ、第十条では家中諸士が困窮に及んだ時には準備金を貸すものと定め、さらに次のような指示を与えている。

或は家居之普請を好み、或は婚姻にかざりが間敷《ましき》事を取はからひ、或は常に客を好み、遊興酒宴にふけり、其外さまざまの物好によりて、財宝を費し、自然と貧窮に及びたる者は、吟味曲事《くせごと》申付べし。

島井宗室が所帯を大事にすべしとした遺訓とまさに同内容である。長政はこの掟書に続き、「掟書財宝定則」と題して、「米六拾四万六千弐百五俵壱斗四升三合　春免御所務米高」以下の黒田家の財宝（所帯）を書き上げている。先に見た『治国家根元』でも、「財用を節にするは国家の仕置第一なり」と財用の節約が大事と説いており、所帯の締りをきちんとすることを仕置の第一として掲げ、その上で武の備えの重要性を説いている。

改めて幕府の政策を見てゆくと、寛永九年（一六三二）に「諸侯及び幕下の諸士」に「食邑幷月俸の分限帳」を作成し、分限に見合った所帯を営むよう命じている。分限とは武士の所帯の財務状況であり、分限帳とは知行目録のことである。降って寛永十二年十二月の「諸士法度」では、第三条で「兵具の外、入らざる道具を好み、私の奢致すべからず、万ず倹約を用ふべし。知行水損旱損風損虫つき、或は船破損、或は火事、此外人も存たる大なる失墜は各別、件の子細なくして進退成らざる奉公勤めがたき輩は、曲事たるべき事」と、諸士にも倹約につとめ、知行損亡に至らぬよう、すなわち所帯を大事にするよう命じている。第四条の家の造りでも、所帯の分限に応じて行うべしとしている。

幕府の法令用語には所帯の語がないが、「仕置」の語がそれに対応する。これは後に刑罰とその執行の意味が強くなってしまうが、もともとは所帯の取り締まりを意味していたのである。幕府は不行跡や家騒動を理由にしばしば諸大名を改易処分したが、それがスムースに行いえた背景には、所帯を大事にするのが武家の在り方であるという所帯の思考が働き、それが受け入れられたからであろう。ただ改易されると、国主支配下の武士は所帯を失うことになるから、所帯の安定化は容易ではなかった。

公家衆の所帯

公家衆の所帯について見てゆくと、慶長八年(一六〇三)九月二日に家康は武家伝奏を通じて壁書《かべがき》五ケ条を示し、小番衆の参内の時刻や礼服、所作などについて定めたが、これに応じて公家衆が八ケ条の請書《うけしょ》を提出して、大きな刀をさし異類異形の姿で町歩きをしないことなど、「かぶき者」のごとき行動をしないと誓っている。壁書は「かぶき者」のような公家衆の行動に規制をかけたのである。

家康はさらに慶長十三年七月二十一日に飛鳥井雅庸《あすかいまさつね》の蹴鞠を家業として公認していて、公家衆の家業にも関わってゆき、同十七年六月には公家衆を対象として、「家々の学問行儀の事」を油断なく励み、「昼夜の御番、老若とも懈怠《けたい》無く」勤めることなどを定め、翌十八年には五ケ条の「公家衆法度」において、学問を昼夜油断なく行い、昼夜の御番を懈怠無く勤めるよう、また無用な町小路の徘徊を禁じ、もしこの行儀法度に背けば流罪、勝負事や不行儀の青侍を抱える輩も流罪とすると定めている。公家衆の規律の乱れを糺し家業に専心し朝廷に精勤するよう命じたのである。

しかし公家衆の「かぶき者」的行動がおさまらないため、慶長二十年の『禁中《きんちゅう》并《ならびに》公家中《くげちゅう》諸法度《しょはっと》』では、第一条で天皇の諸芸能について定めた後、第二条以下で、公家衆の座次《ざじ》（二・三条）、器用の選任（四・五条）、養子（六条）について定めている。この家康の公家衆への規制に続いて、秀忠は上洛時の元和三年九月、公家・門跡・諸寺社に次のような領知朱印状を交付した。

山城国東九条の内、三百四拾石、同円明寺村七百三石五斗、都合千四拾三石五斗の事、先々の如く御知行有るべきの状、件の如し

元和三年九月七日　　　　秀忠　判

九条殿

これは摂家九条忠栄に出した朱印状であって、公家衆のみならず門跡や諸寺社をも幕府の統制下に置き、その分限に基づいて所帯を営むように求めていったのである。当時の公家衆は清華《せいが》・大臣《だいじん》家《け》など家格の体系に基づく家業と、和歌や能書などの芸能や神祇伯《じんぎはく》や陰陽道《おんみょうどう》などの世襲化された官職に基づく家業とからなっていて、九条家の場合は、摂家という家格にともなう官職に付随した家業であるのに対し、先の飛鳥井雅庸の蹴鞠は芸能に基づくが、和歌をも家業としていた。

体制整備と家光への継承

諸大名や諸士・公家衆に対して所帯の整備を命じた秀忠にはもう一つ課題があった。幕府体制の整備と、それの次代への継承である。その所帯が大きいだけに公儀の体制整備には課題は多かった。秀忠への上申の形で本多正信が著した『治国家根元』はその課題を記したもので、「国を治め家を整るに其の本あり」と始まって、既に見た「民を憐れむこと」「財用を節にする事」に続いて、「武之備の事」を詳しく記し、さらに「人を択ぶべき心得品々の事」で、家老・用人・元〆《もとじめ》・物頭《ものがしら》・目付・郡《こおり》奉行・町奉行・代官・使番・平士《へいし》・医師・歩行士《かちざむらい》・足軽などの職掌を記して、どんな人物をあてるべきかを述べている。それらは順次整備されてきていたが、いまだ「家老」こと幕府の年寄の職掌は明確ではなかった。

秀忠は、元和二年（一六一六）五月、子の家光（当時、竹千代）に酒井忠利・内藤清次・青山忠俊の三人の年寄を付け、元和六年に家光が権大納言に任官した後の同八年、秀忠付年寄の酒井忠世・本多正純・土井利勝のうちの本多正純を改易した。正純は正信の子で政務を統轄していたのであるが、出羽最上氏の改易による城の請け取りに出向いていた留守中のことである。秀忠は正信の忠告に基づいて、子の正純の任を解き、体制整備に向かったのである。

続いて死去した家光付の内藤清次の代わりに、酒井忠世を家光付へと移し、酒井忠利の嫡男忠勝を家光付年寄となし、秀忠付の年寄には側近の井上正就《いのうえまさなり》、永井尚政を任じた。こうして年寄の体制を整えると、元和九年六月に上洛して二条城に入った。遅れて江戸を出発した家光も七月十三日に入洛したが、その供回りは鉄砲六百丁、弓・鑓・騎馬それぞれ数百を数え、「綺麗出立、諸人耳目を驚かす」ものであったという(『土御門泰重卿記《やすしげきょうき》』)。

家光は伏見城で将軍宣下を受けて内大臣となり、大御所の秀忠は禁裏料所に一万石を進上して二万石へと増やし、朝廷の体制整備を促し、江戸に戻り江戸城本丸に入った。西の丸に入った家光に所領のうち七十万石を残してすべてを譲り、翌年正月に家光付の年寄酒井忠世を通じて、諸大名に「天下の御仕置」を家光に任せたことを伝え、十一月に家光が秀忠に代わって本丸に移った。

しかし秀忠はすべての権限を手放してはおらず、政務については秀忠付年寄の土井利勝と家光付年寄の酒井忠世とが合議して、将軍・大御所に上程して確定するものとなし、それが家光付年寄の酒井忠世・忠勝と、秀忠付年寄の土井利勝・永井尚政らが連署する年寄連署奉書によって諸大名に伝えられることになった。なお家光付年寄は、家光の将軍襲職後に酒井忠利・青山忠俊に代わり内藤忠重と稲葉正勝が任じられた。

寛永二年（一六二五）三月に秀忠は万石以下の大名の江戸屋敷の広さを定め、七月から譜代大名・旗本を対象に領知朱印状を出し、翌寛永三年五月に再び上洛したが、この時の軍勢は先陣の伊達政宗・佐竹義宣ら東国の大名二十一人をはじめ、外様大名・譜代大名・旗本からなり、続いて七月に上洛した家光の軍勢の三倍もの数であった。

秀忠の入った二条城は大改造されており、本丸御殿・行幸御殿・二の丸御殿・庭園などの作事を小堀遠州が担当し、障壁画を狩野探幽以下が描いていた。後水尾天皇の行幸を迎えるためであり、その迎えの家光の行列は所司代板倉重宗を先頭に、江戸警護のための軍勢を除くほぼすべての大名が従っており、ここに秀忠から家光への継承が明示された。

オランダの平戸商館長カロンが著した日本紹介の書『日本大王国志』は、「皇帝の宮殿（二条城）から内裏の宮廷まで」の道は、「頗る平坦で、美しい白砂が敷かれ」、両側には木柵が結ばれており、日本各地から集まった群衆が見守るなかを行幸の行列は二条城に入ったという。その二条城の天皇の膳具《ぜんぐ》はすべて黄金で飾られ、中宮・女院の皆具《かいぐ》も金銀で装飾されていたが、これらは小堀遠州が準備していた。九月六日の祝の膳に始まって、舞楽、和歌・管絃の遊びや能などが日々行われ、家光・秀忠からはおびただしい量の進物が天皇に贈られた。天皇は内裏に戻って秀忠を太政大臣に、家光を左大臣・左近衛大将《さこんえのだいしょう》に任じた。これらの様子は内々に終わるのではなく、『寛永行幸記《かんえいぎょうこうき》』として古活字版で出版され、朝幕関係の融和と諸大名の臣従とが広く世間に伝えられた。

朝廷と寺院の統制

秀忠は江戸に戻ると、朝廷管轄下にある寺院対策にも乗り出した。慶長六年（一六〇一）から寺院法度を大寺院や各宗本山に出し、本寺権限の強化や教学研究の奨励、僧侶教育の徹底などを求めてきていて、慶長十八年には大徳寺と妙心寺に「勅許紫衣竝に山城大徳寺妙心寺等諸寺入院法度」「大徳寺妙心寺等諸寺入院法度」を出し、この二寺と知恩院など浄土宗四ヶ寺、泉涌寺《せんにゅうじ》などには『勅許紫衣之法度』を次のように出していた。

大徳寺、妙心寺、知恩寺、知恩院、浄花院、泉涌寺、粟生光明寺

右、住持職の事勅許なられざる以前に告知せらるべし。仏法相続のため、その器量を撰び、相計ふべし。その上を以て入院の事、申し沙汰あるべきものなり。

慶長十八年六月十六日　　家康　判

広橋大納言殿

宛所の広橋大納言は武家伝奏の広橋兼勝であり、紫衣《しえ》勅許にあたっては幕府に届け出るように命じ、修行年数を積んだ学識の高い僧にのみ紫衣を与えるとした。『禁中幷公家中諸法度』でも朝廷がみだりに紫衣や上人号を授けることを禁じていたのだが、これまで後水尾天皇は幕府に諮《はか》らずに十数人の僧侶に紫衣着用の勅許を与えても幕府は特に問題としなかった。

ところが寛永四年（一六二七）七月に元和元年以降の紫衣と上人号勅許を法度への違反と見なし無効、あるいは保留とし、改めて幕府が審査するものとしたのである。これには天皇は専権事項として強く反発した。多くの寺はやむなく従ったものの、大徳寺の沢庵宗彭《たくあんそうほう》・玉室宗珀《ぎょくしつそうはく》や妙心寺の東源慧等《とうげんえいとう》・単伝士印《たんでんしいん》は、三十年の修行や一七〇〇則の公案では条件が厳しすぎると幕府に抗弁書を提出した。幕府は妥協策で収拾をはかり大勢は収まったのだが、江戸に下って抗議した沢庵らについて、将軍を相手取って訴訟を起こしたとして、寛永六年に沢庵を出羽上山《かみのやま》、玉室宗珀を陸奥棚倉《たなぐら》、東源慧等を陸奥津軽、単伝士印を出羽百利に流した。

事件は幕府が朝廷と結びつきの強い諸寺院への統制を強める意図から起きたもので、幕府の法度が天皇の勅許に優越することを示し、幕府の定める法度の枠内に朝廷の権限を限定しようとしたのである。これに衝撃を受けた天皇は、口宣《くぜん》（綸旨）が破られた上に、何かにつけて幕府の動きに振り回され、思うに任せない鬱屈した気分から、譲位の意思を固めると、寛永六年五月に武家伝奏を江戸に派遣し、中宮の和子との間に生まれた女一宮への譲位、及び沢庵らの赦免を求めた。

秀忠はこれを拒否するが、天皇の意思は固く、とりわけ家光の乳母のふく（春日局）が天皇の病気見舞いと称して上洛し参内を望んだのを認めざるをえなかったという事情も重なり、ついに内密裡に十月二十九日に女一宮の内親王の宣下を行い、十一月八日に譲位を敢行した。秀忠は所司代からの報告に驚いたものの、しばらくしてから「叡慮次第」と容認し、翌年七月に所司代に十五か条の指示を与えた（『教令類纂《きょうれいるいさん》』）。

その条文の多くは、後陽成天皇の譲位の先例によるものとし、第六条で摂家衆に「御幼主と申し、女帝の御事に候あいだ、いよいよもつて有り来るごとく御まつりごと、ただしく御沙汰あるべき」と、天皇の政治がきちんと行われるように沙汰すべしと命じ、第七条で公家衆には学問を励んで不行儀な者を幕府に伝えるよう命じている。前々の法度に基づいて朝廷の秩序を整え守るように指示したのである。

こうして女帝明正《めいしょう》天皇が即位し、九月十二日の即位礼には、秀忠・家光の名代として土井利勝・酒井忠世が上洛して差配を行い、武家伝奏について上皇側近の中院通村《なかのいんみちむら》から幕府昵近衆《じっきんしゅう》の日野資勝《ひのすけかつ》に交替させ、幕府の意思が伝奏・摂家を通じ上皇に届く体制へと改めさせ明確化した。後水尾上皇は少なからぬ思いが受け入れられ、また弟高松宮と秀忠養女の婚姻も整ったことから、朝廷秩序の整備へと自主的に向かうことになり、朝幕関係は融和へと進んだ。

四　対外政策と公儀秩序

キリシタン禁令の強化

秀忠政権は国内の体制整備とともに、対外関係も整えていた。既に見たように、元和二年（一六一六）八月に諸大名にキリシタン禁令の対象を「百姓」に拡大して発し、宣教師の潜入を防ぐためにポルトガル・イギリス・オランダ船の寄港地を長崎と平戸に限定していたが、翌三年に肥前の大村《おおむら》純頼《すみより》に宣教師探索を命じ、四月に純頼が四人を捕えて処刑し、四年に長崎奉行が宣教師摘発のため家宅捜索を行い、五年に宣教師の訴人に褒賞する措置がとられた。

元和五年には京都においても、キリシタン五十二人を火あぶりの刑に処し、禁令の対象をキリシタンへと広げたが、それが秀忠上洛中に行われたことから、上洛に従った大名への影響は大きく、翌年八月二十四日に伊達領でキリシタン禁令が出されている。それはヨーロッパに派遣されていた支倉常長《はせくらつねなが》が帰国する二日前のことであって、常長のその後の消息は知られない。

この頃、東アジアの海をめぐっては、スペイン勢力とオランダ勢力との抗争が激化していた。元和五年にオランダはイギリスと協定を結んで、スペイン勢力の駆逐を目指して防御艦隊を創設したことから、その防御艦隊のイギリス船エリザベス号が翌年七月にマニラから宣教師二人を乗せた平《ひら》山常陳《やまじょうちん》の船を拿捕し、平戸まで曳航して松浦隆信《まつらたかのぶ》に引き渡した。この事件の審議が行われるなか、防御艦隊に不満を抱くポルトガル・スペイン・中国人が、幕府に両勢力の駆逐を求めると、元和七年に幕府はオランダ商館長に日本近海での海賊行為を禁じ、日本人の海外への連れ出しや軍需品の輸出禁止を伝えた。これによりやがてイギリスは平戸から撤退した。

元和八年七月に拷問の末に拿捕船に乗っていたのが宣教師であることが明らかとなり、船頭の平山常陳や同乗者が処刑され、翌八月には他の宣教師ら二十一人と関係者のあわせて五十五人が長崎西坂で処刑された（元和の大殉教）。翌九年に幕府は、ポルトガル人の日本定住、日本船へのポルトガル人の航海士の任用、日本人のフィリッピン渡航、キリシタン出国などをいずれも禁じ、翌年にはスペイン船の日本渡航をも禁止し、ポルトガルに乗船者名簿の提出を命じた。

こうした幕府の政策について、元和七年の『イエズス会日本年報』は、秀忠のキリシタンに対する憎悪が公然と宣言されたもの、と指摘し、宣教師を排除し、「あらゆる宗派の仏僧を長崎に呼び寄せ、僧舎、寺院を建立せしめ」、また「十戸の住人の署名ある連帯責任を規定」する十人組の制を設けた、と記している。これらはこれまで見てきた幕府の政策基調の一環であって、長崎町人に五人組や檀那寺を通じて所帯を安定的に保つよう強制したのである。

この結果、長崎の非キリスト教徒の割合が増えていった。長崎の神社仏閣の創建年代調査によると、その数は一六一〇年代の七から、一六二〇年代には十五と大幅に増えている。寛永七年(一六三〇)以後、「ころんだ者」(転宗者)に一日二回の墓参と檀那寺で説教を聴くのを義務づけ、一六三〇年代には長崎の人口のほとんどは転宗していた。

対外政策の展開と国内政治

キリシタン禁令の強化とともにオランダの台頭が著しくなったので、ここで対外関係の動きを見ておこう。元和元年(一六一五)ころからポルトガル船の平戸入港が増え、長崎に来航するポルトガル船はオランダ船の拿捕を逃れるため、大型のガレオンから船足の速いガレウタに代えて来航船数を増やした。寛永元年(一六二四)にはオランダが台湾を占拠すると、台湾に朱印船を送っていた京都の平野藤次郎、長崎代官末次平蔵《すえつぐへいぞう》、日本華人社会の頭領李旦《りたん》との間で対立がおき、同五年に末次船の船頭浜田弥兵衛と台湾長官の紛争から、幕府はオランダ貿易を一時差し止めた。

寛永元年三月に幕府がフィリッピン総督の使節に帰国を要請し、スペインとの通交関係を断ったので、日本船は東南アジア海域でスペイン艦船の攻撃にあい、寛永五年には高木作右衛門の朱印船などが撃沈された。この報復に幕府が長崎に来航したポルトガル船を抑留し、ポルトガル貿易は二年ほど断絶した。こうしたなか華人が勢力を広げていた。長崎の華人社会に基盤を置く李旦、華宇らは、平戸の松浦氏や長崎奉行の長谷川権六《ごんろく》藤正と親交があって朱印船を何度も派遣しており、李旦の死後にはその配下で通訳の鄭芝竜《ていしりゅう》が台頭し、中国沿岸で掠奪を始めたため明政府の追討を受けたが、容易に屈しなかった。

明との関係では、元和七年、長崎に来た唐商が長崎奉行に提出した中国浙江省都督の書簡が、木版刷りで長崎奉行宛と将軍宛とが同文であったため、幕府年寄衆が外交顧問の金地院崇伝《こんちいんすうでん》に尋ねて、「慮外なる書」であるとの返答から、明と日本の交通は朝鮮・対馬を介して取り結ぶことになっている、と唐人に伝えられた。かつては福建都督との直接交渉や、琉球を介しての交渉があったが、これは大きな政策転換となった。

大陸では北方の女真族が勢力を広げ、ヌルハチが女真族統一へと動いて、一六一六年（元和二）にハンの地位につくと、一八年に明に攻め入り二一年に瀋陽を落として遷都し、全女真族を統一し、二代目のホンタイジが、二七年に朝鮮に侵攻した。この北からの脅威もあって、朝鮮は日本との平和的関係の維持につとめ、国王の使節（通信使）を送り、積極的に鉄砲を買い付けるようになり、第二回目の一七年（元和三）の通信使派遣からは武器売買を禁じられたが、対馬は幕府の意向を無視して鉄砲を輸出した。

貿易関係では、寛永八年に朱印状に加え老中の連署奉書を携行する船（奉書船）にのみ貿易を許し、糸割符《いとわっぷ》に江戸・大坂の町人の加入を認めて五か所となすなど、海外渡航の禁に向かうかたわらで、貿易の広がりを考えていた。

秀忠から家光への継承

秀忠は寛永八年（一六三一）から病に苦しむが、そのなかでの気がかりは子忠長の行状であった。徳川一門の家格秩序は、将軍家親藩のうち家康の九男義直《よしなお》が尾張名古屋、十男頼宣《よりのぶ》が紀伊和歌山、十一男頼房《よりふさ》が常陸水戸に居城を有して、格上の「御三家」とされた。秀忠の兄秀康《ひでやす》は結城氏の養子となった後、越前福井に移され松平姓を与えられていたが、その嫡男忠直《ただなお》の代に家中騒動が起きたことや、大坂夏の陣での活躍後に参府を怠るなど常軌を逸した行動があって、元和九年（一六二三）に「国中政道も穏やかならず」という理由で改易された。秀忠の弟忠輝《ただてる》も越後高田城主となったが、大坂夏の陣への出陣の遅れや秀忠の旗本二人を殺害したことで改易された。

秀忠の子では、末子正之が元和三年に信濃高遠の保科正光の養子となって、寛永八年に高遠三万石を相続し、秀忠夫妻の寵愛を受けた三男忠長は、兄家光が家康の指示で将軍家を継承したため、元和四年に甲斐甲府、寛永元年に駿府領主となったが、翌年から荒れた行動が目立ち始め、家臣の手討ちや辻斬りの噂が広がり、秀忠は寛永八年に甲斐谷村《やむら》に蟄居させていた。

秀忠は翌寛永九年正月に井伊直孝や土井利勝に後事を託して二十四日にその生涯を閉じ、その跡を継いだ家光は、最初に直轄軍の再編を手掛けた。将軍親衛軍は大番・書院番・小姓組番・新番《しんばん》・小十人組番《こじゅうにんぐみばん》の五番方からなるが、家光は秀忠付・家光付の書院番頭をすべて解任して、人数を一・五倍に増強、一組五十名で書院番八組・小姓組番六組に再編、年寄の番頭兼任を順次解いてゆくなど、番方組織を再編し整備していった。

寛永九年五月には、伊達政宗・前田利常・島津家久・上杉定勝らの外様大名を江戸城に集め、肥後熊本藩の加藤忠広を藩の内訌を理由に「御代始めの法度」として改易に処すと伝えた。忠広の子光広がいたずらから年寄土井利勝が将軍に謀叛を企てているという密書を書き送ったことを、この時と素早くとらえたものである。九州には外様大名が広がっており、これを機会に国替え断行を考えての処置であった。「万事、御つよみなる手ばやき仰せつけられ様、言語を絶するまでに候事」と、細川忠興はその措置に驚いている（『細川家史料』）。

六月に加藤改易を諸大名に伝えると、稲葉正勝を熊本城請け取りに一万の軍勢で派遣し、豊前小倉の細川忠利を肥後熊本に転封するなど九州への譜代大名の布石を行い、この段階で全国的な大名配置はほぼ完成をみたことになる。九月には奉行・物頭を対象とする九ケ条の『諸士法度』を定め、十月には秀忠寵愛の徳川忠長の駿河・遠江・甲斐国を没収し上州高崎に移して、自害へと追い込み、さらに御三家の妻子を江戸に移住させるなど、秀忠期からの懸案事項を次々と実行していった。

家光の親政

政務の面では、青山・内藤・永井らの年寄を転封して遠ざけ、酒井忠世・土井利勝・酒井忠勝の年寄のほか、家光の乳母である春日局の子稲葉正勝には相模小田原城を与えて年寄格に引き上げた。寛永十年（一六三三）二月に軍役令を改訂し、二百石から十万石の大名・旗本について、その若党侍、馬の口取り、鑓持ち・甲持ちなどの中間・小者の武家奉公人の人数や、武器の備えを定め、領知高の少ない者の負担減をはかった。

寛永十年八月十三日には町人・百姓の訴訟について二十一ケ条の「公事裁許定」によりその受理法を定めている。同年八月朔日に武蔵橘樹《たちばな》郡王禅寺村と麻生村との秣場《まぐさば》の相論の裁許があって、その裁許絵図が今に伝わっているのは、こうした相論が頻発したので、定が制定されたものと知られる。十月には百姓の苛政の訴えで出羽村山郡白岩郷の領主酒井忠重《さかいただしげ》を改易した（白岩一揆）。

同年十二月一日には諸国巡見のために関東を除いて、全国を六つの地域（九州・中国・五畿内・奥州・北国・東海道）に分け、三人一組の国廻衆《くにまわりしゅう》（巡見使）を派遣し、さらに元和三年（一六一七）に監察を目的に目付を置いていたところに、そのうえに、「総目付」を置いて柳生宗矩《やぎゅうむねのり》や水野守信・秋山正重・井上政重らを任じ、諸大名・旗本の法度違反から庶民の生活困窮や諸人の迷惑行為など多方面にわたる監察体制を整えた。家光は親政開始とともに次々と手を打ったわけで、それが可能だったのは、父が定めた方針に沿い、その意を背景にして動いていたからである。

対外政策では寛永十年二月二十八日に長崎代官末次平蔵の訴えで長崎奉行の豊後府内領主竹中重義を解任し、長崎奉行に旗本の今村正長《いまむらまさなが》・曾我古祐《そがひさすけ》の二人を任命、十七ケ条の法令を長崎に通達した。その第一条は「異国え奉書船の外、船遣すの儀、堅く停止《ちょうじ》の事」、第二条は「奉書船の外、日本人異国へ遣し申す間敷く候」とあって、朱印状に加えて老中の連署奉書を携行する船（奉書船）にのみ貿易を許可し、奉書船以外での日本人の異国渡航を禁じている。第三条は「異国え渡り住宅仕りこれ有る日本人来たり候はば死罪に申し付くべく候」と、異国に渡って住宅のある者、即ち異国に所帯を持つ日本人には帰国を認めないという海外渡航の制限を行った。

貿易については、「白糸」（上質の生糸）の値段を決め、糸割符法で定めていた堺・京都・長崎・江戸・大坂の商人に分配するものとし、薩摩・平戸その他に着岸した船も、長崎での値段に揃えさせ、それ以前に値段を決めないように命じ、以後、貿易港は長崎に限定されていった（『武家厳制録《ぶけげんせいろく》』）。

家光の体制整備と上洛

家光政権の独自性は、寛永十年（一六三三）三月二十三日に小姓組番頭の松平信綱・阿部忠秋・堀田正盛・三浦正次・阿部重次・太田資宗《すけむね》らの「六人衆」に対し、「少々御用の儀」について「相談せしめ相調え申すべき」と命じてから発揮されてゆく。翌年三月三日に幕府年寄衆とその六人衆、町奉行等の職務を定め、三人の年寄衆の職務を、①禁中方・公家門跡衆、②国持衆惣大名一万石以上の御用と訴訟、③奉書への判形、④御蔵入代官方御用、⑤金銀納方、大分の御遣方、⑥大造の普請・作事堂塔建立、⑦知行割、⑧寺社方、⑨異国方、⑩諸国絵図など、広く公儀の諸領域の管掌とした。

さらに三月五日に「御用の当番、非番の御年寄衆、出仕退出の時分の儀、仰せ出さる」と、年寄衆の出仕日を定め、十一日には家光が黒書院で「御用の面々」を召して政務にあたった。この年寄衆がやがて老中と称されるようになる。六人衆の職務については、ⅰ・旗本の御用と訴訟、ⅱ・諸職人、ⅲ・医師方、ⅳ・常々の普請と作事、ⅴ・下行物、ⅵ・京大坂駿河の御番衆・役人御用、ⅶ・一万石以下の御用と訴訟の七項目と定め、将軍の内廷関係の事項を年寄衆から移して管掌させ、その職務を明確化した。町奉行については江戸町方の支配を命じた。

五月に長崎奉行に榊原職直《さかきばらもとなお》と神尾元勝《かんおもとかつ》を任じ、伴天連の日本上陸禁止、武器の海外持ち出し禁止、奉書船制度の確認などの通達を命じたが、二人は途中の京都で島津家久や大村藩大村純信《おおむらすみのぶ》、福江藩五島盛利《ごとうもりとし》らに領内での中国船との交易停止を伝え、これによって中国船入港は長崎に限定された。

幕府の体制を整えた家光は、「御代替の上洛」へと向かった。寛永十一年六月一日の伊達政宗の上洛に続いて、譜代大名、東西の譜代大名などすべて三十万以上の大軍であり、家光は二十日に江戸を出立したが、その三十日間の東海道の行列は、「綺羅天に輝き」「狩衣、綾羅錦繍」で飾られていたという。

七月十八日に参内を終えると、翌日に二条城二の丸で太刀目録持参の御三家・国持大名以下万石以上の大名に謁見し、七月二十三日に京都の町屋敷三万七千軒に銀五千貫を下賜したので、「京人の感悦なのめならず、歓抃《かんべん》」と大いに喜ばれた（『徳川実紀』）。松永貞徳の『戴恩記《たいおんき》』は、「御当家様の御恩こそ、山よりも高く、海よりもふかき事にて侍れ」と記している。

閏七月九日に琉球の中山王尚豊《しょうほう》の使者が家光に謁見した。前年に尚豊は明皇帝の冊封を受けていたので、その謝恩使としてのものであり、以後、国王の代替わりごとの来日、将軍の代替わりごとの慶賀使来日が恒例となった。十六日に家光は五万石以上と城持ち大名に領知朱印状を発給したが、それは北の松前公広《きんひろ》から南は島津家久に及んでいて、そのうち家久への判物《はんもつ》は薩摩・大隅・日向諸県《もろがた》・琉球・道の島（奄美諸島）の領知を命じている。

二十六日には完成したばかりの大坂城を訪れ、大坂・堺・奈良の地子銭《じしせん》を免除し、八月四日に譜代大名の妻子の江戸に在府を命じるなど、上洛して体制整備を天下＝世間に知らしめ、京都を出立し江戸に着くと、九月一日に江戸府内町人を江戸城大手の広庭に集め、江戸に二十年土着の者に銀三枚、二十年以前からの者に五枚、「はしばしの者」に二枚、計銀五千貫を施した。京・江戸の民に将軍の御恩を垂れたわけである。なお上洛中に江戸城西の丸が焼失したことから、留守預の酒井忠世を解任し、松平信綱・阿部忠秋・堀田正盛らを年寄衆に加えた。

翌寛永十二年正月、前年に朱印状と奉書によって海外渡航を許可していた貿易商の出航中止を命令し、五月には目付の仙石久隆《せんごくひさたか》を長崎に派遣、「異国え日本の船遣すの儀、堅く停止」「日本人異国え遣し申す間敷く候」と、すべての日本船・日本人の海外渡航を禁じ、帰国も全面的に禁じた。長崎の糸割符制適用が平戸のみとされ、外国船の入港は長崎（ポルトガル・中国船）、平戸（オランダ船）

とされた（海禁令）。

武家諸法度の改訂

寛永十二年（一六三五）三月には、江戸城の大広間で対馬の宗義成《そうよしなり》と、朝鮮との外交に関わっていた重臣柳川調興《やながわしげおき》との争いを親裁し、主家を訴えた柳川を津軽配流に処した。この柳川一件は幕臣になることをはかった柳川が、義成との主従関係の解消を求めたことに発するもので、それを認めない義成を、柳川が国書を偽造したと主張したことから、江戸で本格的審理がなされ、家光の親裁が仰がれたのである。幕府は宗氏を通じて朝鮮関係の処理を行っていて、今後もその方針に変わりはなかったので、柳川の配流と対馬藩の外交担当者の配流で一件を決着させた。

六月、江戸城大広間に集めた諸大名を前に、改訂された『武家諸法度』が林羅山により読み上げられた。元和の法度（元和令）では金地院崇伝が起草し、各条に立法の趣旨や根拠・解説が付されていたが、寛永十年の崇伝の死によって、今回は羅山が起草することになり、立法の趣旨はほとんど記されていない。

羅山は家康・秀忠に仕え、家康が慶長十六年四月に在京大名に示した三ケ条の法度の起草にあたるなど幕府法令を熟知していた。元和四年（一六一八）からは活動の場を江戸に移し、家光に仕え政治顧問となって、寛永七年に上野忍岡《しのぶがおか》に土地を与えられ、九年には先聖殿《せんせいでん》を完成させた。柳川一件の審理では大広間の家光近くに座があるなど、家光親政への影響は大きかった。

十九ケ条からなる『武家諸法度』は、元和令と違って漢文ではなく仮名交り文で記されているが、これは法令順守を強く求めたことによるのであろう。元和令とほぼ同じ内容は第一条の「文武弓馬ノ道、専ラ相嗜ムベキ事」のみであり、他の多くは、元和令の内容をより詳しく記したものと、新規のものとからなる。

前者に該当するのが第三条の新築城禁止令で、居城の堀や土塁、石塁などが壊れた時は「奉行所」に申し出て指示を受けること、「櫓・塀・門等ノ分」は先々のように修補すべきことを、大きな修理は幕府内の奉行所に届けるよう命じている。第七条の諸国主や領主らの私的紛争の禁止令も前者に相当し、奉行所が紛争の受理機関とされた。

この奉行所とは年寄衆や六人衆による「寄合」のことで、それが評定所として整備されてゆき、十月に松平信綱・阿部忠秋・堀田正盛の小姓組番頭との兼担が免じられ、十一月から土井利勝・酒井忠勝を加えた五人が運営に関わった。それとともに寺社奉行・町奉行の職制も整えられた。なお第十二条から十四条にかけては、元和令の十三条「国主、政務の器用を撰ぶべき事」の法令をより詳しく記したもので、頻発する大名家中の内訌への対応であった。

新たに設けられた条項に、第二条の「大名・小名在江戸交替相定ムル所ナリ。毎歳夏四月中、参勤致スベシ」という、大名・小名の江戸への参勤交代がある。元和令でも参勤の規定はあったが、都で出された京都への参勤であり、今回は江戸で出されていて江戸への参勤の規定である。六月晦日に外様大名の百名が呼び出され、東の三十九人は当年に在国、西の六十一人は在江戸とされており、参勤交替の制が本格的に始まり、続いて譜代大名についても適用されていった。

寛永令は江戸中心の体制として発令されたもので、第四条で「江戸ナラビニ何国ニ於テ、タトへ何篇ノ事コレ有ルトイへドモ、在国ノ輩ハソノ処ヲ守リ、下知相待ツベキ事」と、江戸や国元でいかなる事件が起きても、国の者は国を守り幕府の下知を待つように命じている。十九条は「万事江戸ノ法度ノゴトク、国々所々ニ於テコレヲ遵行スベキ」と、万事につけ江戸の法令に従い、国々ではこれを遵守するように命じている。

江戸への参勤交代、江戸からの指示や法令に従うよう命じたもので、第十五条の道路・駅馬《えきば》・舟梁《ふなばり》等の管理、第十六条の私的関所・新津留《しんつどめ》の制禁も江戸へと向かう道に関わる条項であって、第十七条の五百石以上の船の停止令も江戸との海路に関わっている。

2　家光政権の天下仕置

一　家光政権と島原の乱

首都江戸の屏風図

江戸は事実上の日本の首都となり、以後、幕末まで将軍は上洛しなくなる。家光は寛永十二年（一六三五）十一月九日に寺社奉行を置き、十日には年寄衆が管掌していた職掌を分離して、「国持大名御用幷訴訟」を年寄衆（老中）担当とし、「御旗本諸奉公人御用幷訴訟」を六人衆、「金銀納入方」「証人御用幷訴訟」「寺社方御用幷遠国訴訟人」を寺社奉行、「町方御用幷訴訟人」を町奉行、「関東中御代官等御用訴訟」を勘定奉行に担当させるなど、将軍直轄の体制をしいた。

十二月二日には老中・六人衆・奉行ら評定衆による評定所の規則を制定し、十二日には旗本や御家人以下の諸士に対する『諸士法度』を定め、その第二条で「軍役定の如く、旗、弓、鉄砲、鑓、甲冑、馬皆具《ばかいぐ》、諸色、兵具幷人数積、相違無く相嗜むべき事」と、軍役の勤めを明確化している。同じ頃に描かれた『江戸図屏風』（国立歴史民俗博物館蔵。同館のホームページ「歴博ギャラリー」に詳細部分図があるので参照されたい）は、この家光支配下の首都江戸を描いた作品に他ならない。

左隻と右隻をつなぐ両画面の中央に、五層の天守を有し幾重もの枡形や城門で守られた江戸城本丸があり、その周囲には豪華な唐破風《からはふ》造りの御成門のある駿河大納言忠長邸、西の丸の西にも豪華な門を誇示する尾張・水戸・紀伊の御三家邸、そして桜田の大名屋敷街には鍋島・伊達・毛利・上杉・浅野などの大名邸群が居並び、江戸城には今まさに朝鮮国王の使節の行列が向かっている。

左隻の手前側には、日本橋から品川に続く東海道に沿って町家が軒を並べるなか、山王権現、愛宕《あたご》権現、増上寺などの社寺が大きく描かれ、左下の東京湾に多くの船が浮かべ、左上には雪化粧の富士山が遥か遠くに聳えている。ここには西から江戸城を目指した人々の様子が描かれており、この時期の江戸の首都としての賑わいが端的に示されている。

しかし右隻はやや違う。隅田川の西、神田明神・上野東照宮・浅草寺など御府内の北から近郊に向けてあるが、神社の建物は大きくは描かれておらず賑わいもない。場面の中心は鷹狩や猪狩、鞭打などの狩猟や武技の訓練の風景であり、家光の赴いた「川越御城」「鴻巣御殿」「洲渡谷御猪狩御仮屋」などの施設・建物が描かれ、狩猟や武芸を好んだ「国王」家光の動きが中心となっている。左隻左上の富士山に対応するのは、右隻右上の「洲渡谷御猪狩御仮屋」である。

富士山に対応させるならば、日光東照社を描きたいところだが、日光東照社は寛永十三年に造替されてから今に繋がる建物となるのであって、描かれていない。首都を飾るに相応しい建物といえば寛永寺も考えられるが、描かれていても目立つ存在ではない。寛永寺は天台僧天海《てんかい》が上野に寺地を与えられ、寛永二年に本坊を建立し、「東の比叡山」という意味合いで山号が「東叡山《とうえいざん》」とされ、寛永四年に法華堂、多宝塔、東照宮、寛永八年には清水観音堂、五重塔が建てられた。平安初期の比叡山延暦寺、鎌倉期の建長寺に倣って、建立期の年号により寛永寺と名付けられ、首都江戸を護持する意味合いがあったが、まだ整備中であった。

『江戸図屏風』のテーマは、家光のこれまでの政治活動と今後に進むべき道を描くことにあったと見るべきであろう。そうであれば『江戸図屏風』の制作は、家光側近の松平信綱や林羅山《はやしらざん》、天海らが関わっていた可能性がある。

寛永の武家宮廷

寛永十三年（一六三六）十二月に正式な朝鮮国王使節「通信使」が初来日するが、これは日朝間の国交回復を意味するものであって、これに先立ち幕府は対馬の宗義成《そうよしなり》を通じて、朝鮮国王から日本宛ての国書には「日本国王」ではなく「日本国大君」とするよう要請していた。「大君」は中国では天子を意味するものなので、冊封体制下での「日本国王」では相応しくないとして求めたもので、さらに通信使に日光東照社に参詣するように求めて、これらを実現させた。

寛永十五年の江戸城本丸の改築工事によって江戸城の大工事は完成を見た。江戸幕府大棟梁の甲良《こうら》家旧蔵「江府御天守図百分之一」（江戸城御本丸御天守1／100建地割）は、この時の天守図であって、外観は五重、内部は穴蔵を含めて六階、地上から棟まで六十メートル弱の巨大建造物であったことがわかる。焼失したため、その内部がいかなる装飾だったかは明らかでないが、寛永十三年四月に完成した日光東照社大造替には総工費金五十七万両、銀百貫、米千石を要しており、これが現存する絢爛豪華な建築物であることから見て、その江戸城の豪華さは容易に想像されよう。

江戸城の内部の調度について参考になるのは、寛永初年に大改造された二条城、復原された名古

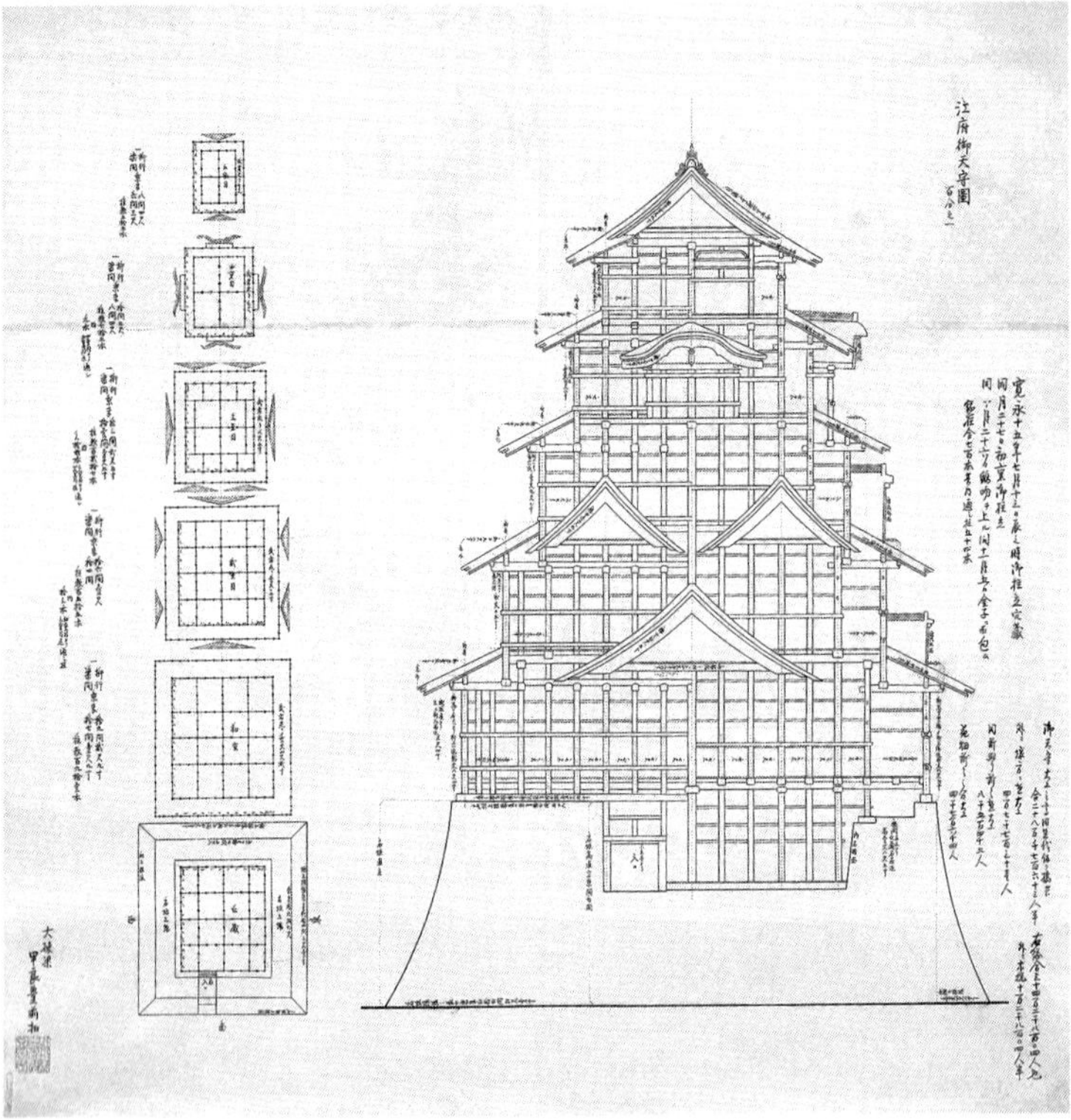

江戸城御本丸御天守1/100建地割　都立中央図書館特別文庫室所蔵

屋城の本丸御殿であり、その紺碧の障壁画を描いた狩野探幽は江戸城でも同様な障壁画を描いたことであろう。また寛永十六年に家光の長女千代姫が尾張徳川家の光友に輿入れした際の婚礼調度も参考になる。将軍家御用の幸阿弥《こうあみ》長重《ちょうじゅう》や岩佐又兵衛が制作しており、徳川美術館が現蔵するが、それからも江戸城内に置かれた豪華な調度品が想像できよう。

『武家諸法度』発令の前後を通じて、江戸城の殿中の儀礼や官位、装束・書札礼が整備されていった。早くは元和九年（一六二三）正月に『大奥法度』を定めて、出入りの町人を後藤源左衛門・幸阿弥の二人とし、寛永十年十二月には書物奉行に関正成《せきまさなり》ら四人を任じ、家康が集めた書物を収める富士見亭文庫の出納・管理を命じ、十六年七月八日に紅葉山《もみじやま》に書庫を建てて書物を移し紅葉山文庫を整備した。

寛永の『武家諸法度』第八条の私的婚姻禁令には「国主・城主・一万石以上ナラビニ近習・物頭ハ、私ニ婚姻ヲ結ブベカラザル事」とあって、国主、城主、一万石以上の領主、近習・物頭の身分が定められ、第十条の衣装令の「衣装ノ品混乱スベカラズ。白綾ハ公卿以上、白小袖ハ諸大夫以上コレヲ聴ス」では、公卿以上と諸大夫とが弁別され、第十一条の乗輿令「一門ノ歴々・国主・城主・一万石以上ナラビニ国大名ノ息、城主オヨビ侍従以上ノ嫡子、或ハ五十以上」では、登城規定が定められた。

こうして江戸城を場とする宮廷文化が展開していった。寛永十二年の江戸城での文化的催事を見ると、家光は正月十一日に徳川義直、伊達政宗、毛利秀元らを招いて茶会を開き、二十八日には伊達政宗が二の丸の数寄屋で茶会を催し、家光も猿楽を催した。四月に家光は馬術上手の朝鮮人を招いて尾張・紀伊・水戸の諸大名と見物し、六月十五日には日吉山王祭を城内から見物、二十五日に猿楽で諸大名を饗応した。ほかにも将棋や碁など盤上遊戯や幸若舞などの芸能を楽しんだ。

この武家宮廷の文化は、諸大名の参加と費用負担、将軍の大名屋敷への御成などを通じて、諸大名邸やその国元の居城での藩主の小武家宮廷へと繋がっていた。仙台の伊達政宗は大工棟梁の梅村家次や「天下無双の匠人」刑部《おさかべ》国次《くにつぐ》、絵師の佐久間狩野左京らを上方から招いて、仙台城を築城したが、慶長十五年に完成したその千畳敷の大広間には「鳳凰図屛風」が飾られ、御座所・懸け造り、能舞台も設けられ「東国の洛陽城と謂ふべきなり」と称された。表高《おもてだか》六十二万石に対し内高《うちだか》七十四万五千石相当（寛永惣検地）の生産力により、大崎八幡宮、瑞巌寺、鹽竈《しおがま》神社、陸奥国分寺薬師堂などを建てていった。

島原・天草一揆

家光の政治は江戸を中心に強力にして華やかに展開したが、各地では多くの問題が生じていて、特に禁教令の影響は大きかった。寛永十二年（一六三五）八月に全国の大名に領内のキリシタン改めを命じ、京都では九月に寺院に寺請証文の発行を義務づけた。キリシタンを檀家として偽りの証文を提出した場合は同罪と触れ、十月には南蛮起請を書かせ町・村単位でキリシタン宗旨ではないことを誓わせ、訴人の褒賞も行った。

寛永十三年五月に家光は長崎奉行に条目を与え、伴天連の訴人に与える褒美の上限を銀三百枚へと増やし、ポルトガル人子孫の国外追放を命じた。これにともなって九月にポルトガル人妻子二八七人がマカオに追放されている。この年には、町年寄や糸割符《いとわっぷ》年寄など二十五人の長崎町人によって二年前から建設されてきた出島が完成し、ポルトガル人が収容された。総坪数は四千坪弱、門・橋・塀などの築造費用は幕府からの出資であったが、それ以外は長崎町人二十五名が出資した。ポルトガル人は町人に土地使用料を毎年銀八十貫を支払うものとされた。

こうした動きはキリシタン大名の領国のあった有明海近海域に大きな影響を与え、潜伏キリシタンへの弾圧が始まった。天草を領した小西行長が関ヶ原合戦後の慶長五年（一六〇〇）に処刑され、島原半島を領した有馬晴信が慶長十七年に配流となって、両キリシタン大名に仕えていた武士には牢人や土着・帰農者がこの地に多く、島原の新領主の松倉重政、天草を加増された唐津藩の寺沢広《てらざわひろ》高《たか》との間には少なからぬ問題が生じており、各地で起きていた牢人の処遇も影を落としていた。

多くの大名は幕府の軍役・普請役を勤め、国元の整備にあたるなかで課役・年貢を領民に課していたが、島原の松倉重政は四万石の石高にもかかわらず、幕府の歓心を買うべく江戸城普請に十万石役を願い、また原城・日野江城を廃し島原城を七年がかりで築くなど、領民には重圧がかかっていた。目ぼしい開発地や産業の少ない島原・天草では領民の負担は過重になっていた。

ただ多くの問題はあっても、松倉重政・寺沢広高の代には一揆は起きなかったが、松倉勝家（寛永七年）、寺沢堅高《かたたか》（寛永十年）の代になると、キリシタン禁令や牢人問題、過重な年貢負担などが重なり、ついに一揆がおきた。

ポルトガル人ドアルテ・コレアの報告書は、領主の「過酷を極めた虐政」に「農民は毎年、一般の貢物として米と小麦と大麦とを納めた」が、その上に二種類を納めねばならず、納められない人々は迫害を加えられ、その妻をとりあげられた、と伝える。牢人を中心とした一揆指導者は島原半島と宇土《うと》半島、天草諸島の間に浮かぶ湯島《ゆしま》（談合島）で会合を開いて決起した。

そして寛永十四年十月二十五日、有馬村のキリシタンを中心に代官所に強談《ごうだん》に赴き代官の林兵左衛門を殺害し、ここに島原一揆が勃発したのである。オランダ人ニコラス・クーケバッケルの報告書は「有馬領の住人、あるいは農民の大部分が叛乱を起こし、彼らの頭人と争い、武器を手にし、貴族、市民の家に火をつけ、貴族数人を殺し、残りを城中に追い込んだ」と伝える（『長崎県史』史料編）。

島原の乱

島原藩は一揆勢と戦うなか、その盛んな勢いから島原城に籠城し防備を固めたところ、一揆勢は十月二十六日に島原城下に押し寄せ、城下の江東寺・桜井寺などを焼き払った。藩はこれを退けると、佐賀藩・熊本藩に救援を要請し、江戸の藩主に報告した。熊本藩以下の九州諸藩では、領内に多くの潜伏キリシタンを抱えていたので、豊後府内の幕府目付に島原救援の指示を仰いだが、目付は『武家諸法度』の規定から、すぐに出兵許可が出せず、幕府の指示を仰いだ。

その間に島原一揆勢に呼応し、十月二十九日に肥後天草でも益田甚兵衛を中心に一揆が蜂起した。この一揆蜂起の報や目付の報告などから、大坂では京都所司代板倉重宗《いたくらしげむね》、大坂城代阿部正次が九州の諸大名に領内の警戒をするよう伝えた。しかし一揆の勢いは盛んで広がっていた。十一月八日に島原の一揆は益田甚兵衛の子天草四郎（益田四郎時貞）を大将となし、天草の一揆は本渡城《ほんど》などを攻撃、十一月十四日から富岡城を攻撃、落城寸前まで追い詰めると、有明海を渡って島原半島に移動して島原と天草の一揆勢が合流した。

十一月九日、島原の一揆蜂起の報が幕府に届いた。九州の諸大名は江戸にあって幕府の指示なくしては動けないでいたので、幕府は九州諸大名に帰国を認め、上使として御書院番頭の板倉重昌《しげまさ》（京都所司代重宗の弟）を任じて九州に派遣した。この動きに対し、肥後の細川忠利は、母が細川ガラシャという関係もあり、支倉常長《はせくらつねなが》をローマへ派遣したことのある仙台の伊達政宗に連絡して注意を促している。潜伏キリシタンや肥後熊本の加藤忠広の改易によって大量に生じていた牢人が一揆に加わっていたことから、同じ悩みを抱えていたからである。

幕府は出羽山形の保科正之《ほしなまさゆき》や伊予松山の松平定行にも帰国命令を出すなど、一揆の伝播を警戒していた。寛永六年（一六二九）頃の陸奥・出羽両国には二万六千人のキリスト教信者がいたといわれ（ディエゴ・デ・サン・フランシスコの報告書）、山形の鳥居忠恒《とりいただつね》の迫害によって同六・七年には四十一人の殉教者が出ている。キリシタンは同十年に出羽の佐竹領に百五十人、陸奥の津軽領に七十人いたという（「土佐山内文書」）。

幕府派遣の板倉重昌は十一月二十六日に小倉に到着するが、翌日に幕府は松平信綱・戸田氏鉄《とだうじかね》をも上使として派遣した。十一月二十八日付の土井・酒井・阿部の老中連署奉書は、備後福山の水野勝成に宛てて、信綱らの派遣を「島原天草きりしたん蜂起の儀、今ほどは相済み申すべく候。然れば彼の跡以下御仕置」と伝えており、一揆鎮圧は容易と見ていてその後の仕置のためであった。

だが、十二月三日に一揆勢は原城を修築して占拠、島原藩の蔵から奪った武器弾薬や米五千石を運び込み、天草四郎の父甚兵衛も原城に入るなどして四万ほどに膨れ上がった。一揆蜂起の呼びかけは「天人天下りなされ、ゼンチョ（異教徒）の分は、デウス様よりゼイチョ（審判）なされ候間、いづれの者なりとも、キリシタンになり候はば、ここもとへ早々お越しあるべく候」というものであって、天草四郎は天から下ってきた天人であり、そのもとに駆けつけるように、「村々の庄屋・乙名」に「お越しある」ようにと廻状で触れていた。本来のキリスト教とは違う考えではあるが、キリシタン一揆に変わりはなかった。

乱の鎮圧

十二月五日に板倉重昌は島原城に入って、十日に島原・佐賀・久留米諸藩あわせて五万の兵で原城を包囲して攻撃したが、前面の断崖と海、後ろを深い湿田で囲まれた城の守りは堅く、城内からの鉄砲攻撃に敗退し、二十日の佐賀・柳川藩による攻撃も失敗した。そこに十二月二十九日に松平信綱が小倉に到着した報が入り、功を焦った重昌が寛永十五年（一六三八）元旦を期し、総攻撃に出

空撮した原城跡　南島原市提供

たところ、四千人の損害を出し、重昌自身も鉄砲の直撃を浴びて戦死した。

この報告を聞くなか、正月四日に原城近くに着陣した松平信綱は、陸と海から原城を完全に包囲し、築山を築き、井楼《せいろう》（櫓）をあげての持久戦をはかるとともに、正月九日にオランダ船に原城の砲撃を依頼した。これに応じてオランダ商館長クーケバッケルは二十六日に原城内に艦砲射撃を行ったが、目立った効果もなく砲撃を中止した。

細川忠利らから異国人の助けを借りるのは恥辱であるという批判もあり、信綱は砲撃を中止したのであるが、ポルトガルからの援軍を期待していた一揆軍に衝撃を与える効果があって、オランダの行為は日本への「忠節」として記憶された。

幕府軍は海陸から砲撃を繰り返し、九州の諸大名の増援によって十二万以上に膨れ上がって、籠城勢三万七千の兵粮・弾薬が尽きるのを待ち、原城の湿田を埋めて防禦柵を次第に寄せ、包囲網を狭めていった。

密かに使者や矢文を原城内に送り、キリシタンではなく強制的に一揆に参加させられた者を助命する旨を伝えるなど投降を呼びかけたが、成功しなかった。二月二十一日、一揆勢三千が黒田・鍋島の陣営を夜襲したのを退けて、一揆勢の死体の胃を検分したところ、胃袋が海藻だけなのを見て食料が尽きかけているのを知り、二十四日に信綱は軍議を開き総攻撃を二月二十八日と決定した。

だがその前日に鍋島勝茂と長崎奉行榊原職直《さかきばらもとなお》が抜け駆けの攻撃を行ったので、他の大名も続々と攻撃を開始し、翌日まで続いた攻撃により原城は落城した。天草四郎は討ち取られ、一揆軍は皆殺しとなって乱は鎮圧された。幕府軍も討死が千数百人、負傷者が一万人にのぼった。三月六日にその勝利の報が江戸に届いた。

信綱は三月一日に原城を破壊し、天草を経て長崎・平戸の地を検分するとともに諸事を沙汰し、四月三日に小倉に到着、島原藩の松倉氏を乱勃発の責任から改易、唐津藩には天草の没収を通告して寺沢氏の閉門を伝えた。一揆は領主の「苛政」への抗議に始まっているので、通常ならば島原藩の松倉氏の改易と一揆勢首謀者の処分で終わるところであった。

しかしキリシタンの潜伏地であり、一揆の動きが島原・唐津両藩にわたって多くの牢人が加わっていたことから、幕府はキリシタン一揆と捉え、公儀への反乱とみなしたのである。そのため反乱への処断は苛烈を極め、乱への参加の強制から逃れて潜伏した者や、反乱に取り込まれなかったため生き残った僅かな領民を除いて、信長が一向一揆に行ったのと同じ「撫《な》で切り」にされた。

二　牢人と寛永の大飢饉

戦後処理の諸政策

乱を鎮圧し公儀としての武威を高めた幕府ではあったが、鎮圧の遅れた経緯から、寛永十五年（一六三八）に『武家諸法度』第四条の諸大名による領外への出兵条項について、幕府の下知を待つことなく近隣大名に協力するようにと運用を改定し、第十七条の五百石以上の大船建造禁止条項も、物資輸送に支障があったため、商船については解禁とした。

その十日後の五月十三日、松平信綱は江戸に戻って戦勝報告を行い、戦後処理の政策を進めた。九月十三日に老中奉書によってキリシタン禁令を再び出し、伴天連の訴人に銀子二百枚以下、イルマン（修道士）、キリシタンの訴人にまで、密告者に褒美を与えるとしたが、これにともなって仙台領で三人の宣教師が捕縛されて江戸に送られ、幕府の評定所で取り調べを受けた。

十一月には幕閣の体制が改まり、土井利勝と酒井忠勝が一線から退いて顧問役の「大老」となり、三月に老中を病で辞めた堀田正盛に代わって阿部重次が老中となり、信綱、阿部忠秋との三人の老中体制がとられ、多くの職制が老中の支配下に置かれた。老中三人のうち信綱は武蔵川越六万石、忠秋は武蔵忍《おし》五万石、重次は武蔵岩槻《いわつき》五万三千石など江戸近郊の要衝に配された。六人衆の多くが老中などに移ったので、残る三浦正次・朽木《くちき》稙綱《たねつな》は書院番・小姓組番など「殿中《でんちゅう》御番《ごばん》」の支配にあたることになった。

幕府は島原の乱の経験から長崎出島に隔離していたポルトガル人の動きに警戒を強めてゆき、潜入を図る宣教師とキリシタンを絶滅させるためもあって国外追放へと進んだ。しかしそれを行えば貿易が断絶し、生糸や絹織物、薬種などを入手できなくなる恐れもあったが、オランダ商館長フランソワ・カロンが老中の質問に、オランダはポルトガルの妨害を受けずに来航でき、中国人も今以上に来航するであろう、朱印船を復活してもポルトガル船からの攻撃は受ける、との答えを得たので、交易ルートの確保に目途がついて、寛永十六年七月四日にポルトガル人追放令を発した。

奏者番の太田資宗は、家光から四通の命令書「御用の覚書」を渡されて長崎に赴いた。四通は「かれうた御仕置の奉書」「浦々御仕置の奉書」「唐船に乗り来る族へ相伝る覚書」「阿蘭陀人相伝覚書」であり、「かれうた御仕置の奉書」では「かれうた」(ポルトガル船ガレオット)の来航を禁止し、渡航すれば破却し、乗船員を斬罪に処すとし、次の「浦々御仕置の奉書」では、諸大名にポルトガル船来航禁止にともなっての領内の警備体制の構築を命じ、残りの二つの覚書では、長崎に来る中国船に伴天連やキリシタンを乗せて来ないよう命じ、オランダ人にも同様な命令を発した。

八月三日に長崎に到着した上使の太田資宗は、上記の命令をポルトガル人、オランダ人、中国人、そして九州諸大名の使者に伝達し、在府の諸大名にも、江戸城の白書院に集めて林羅山が上記の奉書二通を読み聞かせた。さらに八月九日に熊本の細川忠利、福岡の黒田忠之、久留米の有馬豊氏、佐賀の鍋島勝茂、柳川の立花立斎《たちばなりっさい》ら九州の有力大名を江戸城に登城させ、異国船到来の際は長崎・江戸に注進し、長崎奉行と島原藩主高力忠房《こうりきただふさ》に万事相談するよう命じ、監視体制を強化した。

これにともなって海上監視施設「遠見番所《とおみばんしょ》」が九州の各地に置かれていった。寛永十七年九月には平戸のオランダ商館の建物の破却を命じ、翌年四月にはオランダ人の長崎移住を命じ、九月に出島移転が完了した。『崎陽群談《きようぐんだん》』によれば、出島の坪数は四千坪弱、居住するオランダ人は無断で外に出ることを禁じられた。初代のオランダ出島商館長(カピタン)のマクシミリアン・ル・メールの交渉で、長崎町人への借地料は銀五十五貫目に引き下げられた。

牢人問題と『可笑記』

島原の乱で一揆の指導部にあった有馬の旧臣山田右衛門作《やまだえもさく》は、幕府軍に内応して唯一の生き残りとなり、乱の証言を多く残したが、山田のような一揆の指導者には牢人が多かった。島原の乱で戦った熊本藩の武士のなかには、加藤氏の旧臣で細川氏に召し抱えられた人物がいて、寛永十年(一六三三)四月から九月までの熊本藩の記録『御影印写之帳』によれば、召し抱えられた牢人の数は四十石の金瘡医《きんそうい》(外科医)、三十石の鷹師、二十石の徒《かち》の使者以下、七十八名に上っていた。当然、召し抱えられずに一揆側に加わった牢人も多かった。

この牢人問題は大坂夏の陣から政治・社会問題化していた。牢人が豊臣方に多く参加しており、戦後に多くの牢人が生まれたからである。その「大坂牢人」の探索が行われていて、元和八年（一六二二）八月の「京都中触れ知らしむべき条々」により、「武士の牢人隠し置くべからず」と牢人改めが行われ、翌年九月には「重て奉公仕つるべしと存ずる牢人払うべき事」と牢人払いが出された。仕官のできない牢人でも、「年久しく商い致し妻子を持ち、在りつき候牢人、そのまま指し置くべし」と、商人や百姓となって所帯をもって落ち着いた場合には認められたが、出家し寺に住んでも学問を行わない牢人は追い払われた。

島原の乱の頃に最上藩からの牢人である如儡子《にょらいし》（斎藤親盛《さいとうちかもり》）が著わした『可笑記《かしょうき》』全五巻は、人の語りを紹介しつつ著者の考えを記した作品であり、寛永十三年正月の刊記があって、この段階で纏められ、多少の書入れをして寛永十九年に刊行された。その自らの牢人の立場からの発言は、この時代の考えをよく伝えている。

巻五の八十二話は、「世に物うきは牢人となれる侍なるべし」と書き始め、聖主賢君の慈悲がつゆも及ばぬことや、世間が米穀の高騰によって飢餓に苦しむ不憫さをなげき、先年の「牢人払い」の法度が「国々、所々、町々、小路」「村々、里々」にまで厳しく触れられたことから、牢人に一夜の宿を貸すものがなくなり、まことに哀れに痛々しいのが牢人であると歎く。

八十八話では自らの境遇を語る。牢人して生国を離れ、越路をさすらう辛苦の生活を送る中、父に先立たれ母の手ひとつで雪と氷に閉ざされる生活を耐え忍んで、成人して、仕官先を求め諸国を廻って、ようやく江戸を安住の地と定めたが、その牢人である自分に人が勧めたのは右筆《ゆうひつ》であり、隠居であった。筆を生かして「賢者の隠居」となるよう勧められたもので、知行や金を十分に持った隠居ではなく、本懐を遂げる日の到来を待つためのものであった。

巻一の三十二話では、侍の善悪は仕える大名次第であると語る。心善なる主君に仕えた侍は、その主君に心服する家老、近習衆あるいは同僚の感化を受け、知らぬうちに善心になるものと大名に期待し、巻三の二話では、大名の宝は家臣の侍であるという。しかし巻一の二十八話は、大名が善心をもって家老や近習衆・奉行・諸役人を選べば、国がよく治まっても、胴欲非道《どうよくひどう》の悪人を家老・近習に選べば、侍や百姓・町人・出家まで、もがき苦しみ、領国は衰微するといい、牢人を抱える国主に期待するところは大きかった。

巻三の一話は、領国を繁栄する手立てについて、百姓町人が富み栄えるような施策をするのをよいとしつつも、その繁栄させる手順としては第一に侍にこそ恩恵を与えるべきで、侍が富み栄えれば百姓を酷使して迷惑をかけることがなくなるので、その波及効果は高く、世間が豊かになるのだが、侍が困窮すると百姓に皺寄せがゆき、百姓が困窮することになる、と説く。

侍の所帯を安定化させることが、百姓や町人の所帯をも安定させるものであり、ひいては領国が繁栄すると指摘している。著者は不安定な身分であった牢人だからこそ、時代の動きに敏感であり、この書は時代の新たな生き方を示すものとなった。

寛永の大飢饉

島原の乱の大きな原因の一つには寛永十年代の不作があったが、乱が終息した頃から九州では牛疫が蔓延して牛の大量死がおきて、その被害は寛永十七年（一六四〇）には中国・近畿地方へと広がった。牛は耕作の動力であったから生産力の低下は著しかった。また列島の北にあっても、東北地方の伊達領や最上領が大洪水に襲われ、蝦夷駒ケ岳噴火の降灰で津軽地方が大凶作となった。

翌十八年は初夏に畿内、中国、四国で旱魃が起き、秋には大雨が、北陸でも長雨、冷風による被害が出た。大雨、洪水、旱魃、霜、虫害が発生するなどの全国的な異常気象となった。そしてついに十九年には大飢饉となった。武蔵川越の塩商人榎本弥左衛門の覚書は、寛永十九・二十年に「天下大飢饉、日本国中にて人多く死ぬなり」と記し始めており、川越では元旦から大雪に見舞われ、大雪が七度もあったという。水戸では百姓の食べ物がなくなって「走り」（逃亡）が相次いだ。

二月に小浜藩領主で大老の酒井忠勝は、領国の近江高島郡で大雪が降って野菜や馬の飼料の収穫ができずに飢餓に陥ったという報告を受けたことから、急いで救済策を立てるよう指示している。江戸では「二月から五月に至るまで飢饉で餓死する者、府下の市街に満ち満ちたり、依て郷貫を糺してこれをその領主地頭代官に送付し、又は市中に仮屋をたてて粥を食せしむ」と、大量に流入する飢民を郷里に返したり、仮屋を立てて粥を施したりするようになった。

百姓の逃散・身売りなど飢饉の影響が顕在化したことから、家光は二月に諸国への巡見使派遣を中止するが、四月の日光社参には飢饉への祈りもあったので、百姓の負担を考え「荷物軽くもたしむ」形での供奉を命じ、社参を挙行した。そして日光から帰ると、五月二日に参勤交代で在府中の西国大名四十五人に帰国を認め、帰国に際して疲弊している宿駅の人馬を煩わさぬよう、領内の困窮する百姓には「撫育《ぶいく》の計《はからい》」をなし、あわせてキリシタン改めの徹底を命じた。さらに地方知行をする旗本にも同じく命じ、九日には譜代大名に交代で帰国するように命じた。

五月八日、十三日に老中、淀領主、勝龍寺城主、勘定頭、江戸町奉行・目付が集められ、幕領のうち畿内近国の上方に関しては、淀・勝龍寺両城主、京都所司代板倉重宗、上方郡代小堀政一・五味豊直、大坂町奉行、堺奉行ら七人が、関東に関しては、勘定頭、江戸町奉行ら六人が不作を視察する巡察使となって、救済策を上申するよう命じられ、五月十四日に「民間困窮」について、次の高札が知行地に立てられた。

諸国在々所々、田畠荒れざる様に精を入れ耕作すべし。もし立毛損亡これなきところを申し掠め、年貢等難渋せしむる族これ有るにおいては、曲事たるべきもの也。

田植え期の緊急対策であって、五月二十三日には東海道・関東・信濃の九カ国の代官に作柄を聞いて、翌日に五ケ条の法度を出している。祭礼や仏事、庄屋・脇百姓の衣類、嫁取時の乗物停止、質素な家作り、本田畑への煙草の作付禁止を命じ、五月二十六日には、酒造統制、うどん・切麦・そばきり・そうめん・饅頭の販売禁止、豆腐の禁止、百姓の食物は雑穀とし、米は多く食べないようにするなど、衣食住の生活全般にわたる倹約令も発した。

六月二十九日には「諸国人民草臥《くたび》れ候間、百姓等少々用捨《ようしゃ》せしむべし」と、諸国人民が草臥れており、今年も作柄が損亡《そんもう》すれば来年も飢饉が避けられないとして広く倹約を命じ、定まった役儀以外に「百姓むざと遣ひ候はぬやうに」と、百姓使役の抑制を諸大名・旗本に指示し、「当年は諸国人民草臥れ候間、百姓等少々用捨せしむべし」と、田畑耕作奨励の高札を立てさせた。

この「天下の御仕置」によって飢饉対策が本格化した。七月二十九日の三ケ条の触れは、人手がなく耕作に支障があれば、村として相互扶助するよう、用水不足の村には今年を限って水に余裕のある村から分け与えるよう命じ、百姓の所帯維持へと踏み込んでいる。

土民仕置の施策

閏九月になると、全国的凶作がはっきりして、翌年も飢饉は避けがたいことが明らかとなったので、全国の大名・代官に対し、百姓への「非義」を禁じるとともに、損亡と偽って年貢減免を求める百姓には厳罰で臨むよう命じ、大名領内の作柄の報告を求めた。出羽山形藩の年貢の収納量は、寛永十五年に約七万八千石あったのが、十六年に四万二千石、十七年に四万九千石、十八年に三万六千石、そして十九年には三万千石という深刻な状況になっていた。

危惧していたように年末から翌二十年にかけて餓死者が増大し、道に溢れ、江戸をはじめ大都市に飢人《うえびと》が流入した。京都では「洛中洛外乞食充満、これ去年夏頃よりかくのごときなり。古老七十年来かくのごとき飢饉見及ばず」（『九条道房日記』）という状況から、所司代重宗は洛中の飢人二千人と幕府に報告し、元の在所に「人返し」を行った。この時に送り返された彦根の井伊直孝や小浜の酒井忠勝は、領内での「仕置」の不備を痛感し、「迷惑」（面目ない）として対応を約束している。

伏見や大坂でも人返しが行われ、江戸では二月の調査で明らかとなった八百人について、尾張六十人、佐倉三十六人、水戸十六人など領主・代官に引き渡すいっぽう、町奉行所は小屋をつくって収容し、米を施行《せぎょう》した。江戸の馬喰町に二百間余りの小屋をかけ「こもかぶり」を収容したものの、「こもかぶり」は江戸には一万人いて、死人が出れば川へ投げ込んだので「際限なく川に死人あり」の状況となったという（『榎本弥左衛門覚書』）。

もう一つの大きな問題が諸物価の高騰であって、特に江戸詰めの諸藩の家中は飯米を江戸で買うことから、米が不足して高騰したため、諸大名に扶持米を国許から廻漕することを命じ、江戸での買米《かいまい》を禁止した。米価高騰の原因は飢饉だけではなく、前年の城米倉御蔵衆、浅草御蔵衆が町人と結託しての不正にもあった。

沢庵は、秀忠の死後の寛永九年に恩赦で流罪をゆるされ、寛永十四年に家光の招きで品川東海寺にあったが、その書状に「御倉奉行私曲故、米高値に候て万民迷惑に候」と記している。

三月十日に幕府は幕領代官に宛て七ケ条の条目を発した。支配地の治水普請、麦作の善悪の見届け、村々の見回り、田畑の検分、年貢納入などの業務の遂行を命じ、第二条では「身上能き百姓は田地を買取り、いよいよ宜しくなり、身体ならさる者は田畠沽却せしめ、猶々身上成すべからざるの間、向後田畠売買停止たるべき事」と、百姓の田畠永代売買を禁じ、百姓の身上・身体即ち所帯の維持を図り、第三条では、代官は身上の保てない百姓に対し、精を入れて「身体持ち立つ様」念を入れるよう命じている。その遂行にあたっては名主・百姓によく申し聞かせ、これに違背する者には罰則として堤川除けなど普請をさせるものとし、代官の仕置がうまくいっているかどうか調べるために目付を派遣した。

こうして百姓の所帯の維持策が本格的に推進され、翌十一日にはこれまでの飢饉対策のまとめとして、十七ケ条の「土民仕置覚」が出された。家作りにはじまる百姓の倹約、耕作・田畑ともに手入れをするよう命じた百姓の家業・所帯維持の方策、百姓と地頭の争いの訴訟対策などからなっている。ここに幕府農政の方針が定まり、十四日には田畑永代売買禁令を発して売主、買主、証人の罰則規定を定めた。

苛政と逃散

島原の乱とそれに続く飢饉もあって、領主の苛政が問題となってきた。元和四年(一六一八)に越後村上に十万石で転封になった堀直寄《ほりなおより》は、村上城の拡張や城下町の整備、領内の産業育成に努めるなか、常備兵力を維持する必要にも迫られ、幕府に十七万石と過大申告をし、苛酷な検地を実施していた。寛永十六年(一六三九)に直寄、その跡を継いだ直定も三年後に死去して、堀氏は無嗣《むし》断絶《だんぜつ》となった。そこで領内を検分した幕府代官は、百姓等がくず、わらびなどを掘って飢えをしのぎ、耕作にかかれない惨状を見て、収奪し続け村を「取りからし」にした村上藩に憤りを隠さなかった。老中の堀田正盛知行の信州松本藩でも、寛永十八・十九年に「巳午《みんま》の飢饉」が起きたが、その最中の寛永十九年四月に正盛が下総佐倉藩へ移封となって、三河から水野忠清が入ると、その交替の間隙を縫って八月に安曇郡小谷《おたり》村の惣百姓が江戸御奉行に直訴に及んだ。その訴状は前年の凶作で領内に大量の餓死者百四十七人、人売り九十二人、「走り」(逃散)が出たのは、「堪忍成り難い」までの藩の過酷な収奪によると記している。

奥州会津藩は加藤嘉明《かとうよしあきら》が藩内を整備したが、その跡を継いだ明成《あきなり》は寛永十三年の江戸城の手伝普請での堀の開削、地震で傾いた若松城天守を五層に改める工事や出丸工事などに多額の出費を要して財政逼迫に陥り、年貢を厳しく取り立てた。そのために寛永の飢饉では百姓二千人が「田宅を捨て、妻子を連れ、隣国に奔《はし》ること大水流のごとく」逃散する騒動へと発展し、家老の堀主水《ほりもんど》との対立もあって、明成は寛永二十年五月に改易となった。

その跡には保科正之が入るが、正之は寛永十三年に信濃高遠藩から山形二十万石に加増移封されると、改易された鳥居家の旧臣を召抱え、奉行制度を整備して民政を整え、家臣の掟「家中仕置」十八ヶ条を制定して、武芸・忠孝・質素倹約・喧嘩口論・大酒好色の禁止などを定め、寛永十五年に検地を行っていた。だが、寛永十六年には四万二千石あった収入が、寛永の大飢饉で十九年には三万一千石に落ち込んだ。それにもかかわらず、容赦ない年貢の取り立てを行ったため、志土田村では百姓六十軒のうち六十人の身売りが行われたという。

この反省もあって、正之は二十三万石で陸奥会津に加増移封されると、欠落ち・逃散した百姓の召返し、諸役の免除を行い、夫食米《ふじきまい》を低利で貸し付けるなど荒廃した村の復興を策し、農民から目安を提出させ、凶作や飢饉に備えての社倉制度を整えた。そのいっぽうで加藤家の牢人を召抱え、家臣団には加増を図り、知行の形態を土地を与える地方知行から蔵から年貢米などを給付する蔵米知行となしてその統制をはかるなど、家臣の所帯の安定に意を注いだ。

三　農村と城下町

農村の所帯調査

飢饉の終息が明らかになった寛永二十一年（一六四四）正月、幕府は改めて諸国代官に法令の遵守状況を調査させた。「諸事心入れて私曲なく、年々竹木を植ゑ、山林を茂殖せしめ、郷邑漸々豪饒に及ぶやうにはからひ、農民を扶助して生産を滋養せしむべし」と、農民の扶助を始めとして、水利や郷中の諸役、キリシタン禁制など十九ケ条を布達、二月三日には三十七名の代官を召して法令の遵守・倹約を諭示《ゆし》した。

三月には勘定頭が代官に農村の調査を命じたが、その対象は旱損《かんそん》・水損《すいそん》など飢饉の被害状況、百姓夫役の種類とその実情、一軒ごとの石高・家族構成、家屋の状況などであって、調査の結果は「家数人数万改帳」に作成された。この時の河内国碓井村の万改帳によれば、村高は五百八十石余で、家数は四十五軒、人口が二百六十二人であるのに、「永荒」が百八十石、「水損」が五十五石に及んでいるなど、飢饉の影響は大きかった。庄屋の九兵衛の所帯は、高七十三石、家は母屋・隠居屋・稲屋二つ・灰屋、人数は九兵衛の親族七人、下人下女十一人の十八人で、百姓善次郎の所帯は高六石余、人数は夫婦と子供五人であった。

こうした百姓所帯の把握は幕領のみならず、寛永十年の肥後藩の人数・家数・牛馬数の調査(『肥後藩人畜改帳』)のように私領でも行われていたのであるが、この幕領での実施によって全国に広がった。それとともに百姓に対する心得として示されたのが、慶安二年(一六四九)二月二十六日の農民教諭書「百姓身持之事」であって、百姓の「身持」を訓示している。

第一条では、公儀の法度を怠り、地頭・代官を疎かにしないよう、名主・組頭を真《まこと》の親と思うようにと教訓しており、第二条では、名主・組頭は地頭・代官を大切に思って年貢をよく納め、公儀の法度に背かず小百姓の身持をよくするようにと示している。

三条から十条までは、百姓が耕作に精を出すための段取り、第十一条からは百姓の日頃の生活態度(身上)について記しているもので、その基本は稼ぎに精を出して倹約を宗とするよう求めており、第十四条では次のような心得が記されている。

男ハ作をかせぎ、女房ハおはたをかせぎ、夕なべを仕り、夫婦ともにかせぎ申すべし。然《しかれ》バみめかたちよき女房成共、夫の事をおろかに存じ、大茶をのみ物まいり遊山《ゆさん》ずきする女房を離別すべし。去りながら子供多く之有て、前廉《まえかど》恩をも得たる女房ならバ、各別なり。又みめさま悪《あしく》候共、夫の所帯を大切ニいたす女房をバ、いかにも懇《ねんごろ》に仕るべき事

夫・女房ともに稼ぎに精を出し、「所帯」を大切に維持すべしとしている。十五条では公儀の法度を守り、行方の知れない牢人を郷中に置かぬよう、法度に背く徒者などを郷中に隠し置かぬよう、総じて郷中が草臥れぬよう、名主・組頭・長・百姓一郷の惣百姓に憎まれぬよう、物ごとに正直で、徒らな心持を持たぬように求めている。十七条では「少しは商《あきない》心《ごころ》も之《これ》在りて、身上持ち上げ候様に仕るべく候」と、所帯の維持のために少々の商い心も必要であるという。

本書はかつて『慶安御觸書《けいあんのおふれがき》』の名で幕府法令として考えられていたが、その内容からして法令ではなく、甲州藩で示された農民教諭書が各地に流布したものであることが明らかになっている。

国絵図と城下町絵図

村の安定が図られてゆくなか、寛永二十一年の改元で正保元年になった十二月の二十五日、幕府は「日本国郡之図、同諸城之絵図」の調進を諸大名に命じている。それにともなって作成されたのが諸国の国絵図や郷帳・城絵図である。

このうち国絵図は家康が慶長九年（一六〇四）に作成・提出を命じたことがあり、それに続いて家

光が秀忠の死の直後に派遣した巡見使を通じて提出させ、また島原の乱後にも提出させたことがあったが、いずれも簡略な上に、不備・不統一だったことから、改めて統一的規格で作成を命じたのである。縮尺は一里六寸に統一し、古代からの国を単位に郡・村の名や高、地勢・境界・道路・山川・舟渡・湊・航路などを詳しく描かせ、色まで指定して作成させた。

これをうけ出羽国では、秋田藩が幹事役となって藩絵図をとりまとめ、出羽国図が作成されたが、その石高は慶長三年の三十二万石から九十六万石に増加している。広い陸奥国では、津軽・南部・仙台の各藩がそれぞれに藩絵図を作成し提出しており、ここでは石高が慶長三年の百六十七万石から百四十三万石に減少している。

郷帳は国郡ごとに各村高を書上げ、田・畠・新田に分けて高が記載されている。多くの藩は寛永検地によって石高を把握していたので、幕府はそれを掌握し、藩の内情を知ろうとしたものであるが、所帯という観点からすれば、国・郡・村を経営する領主の所帯を把握したものといえよう。

城絵図では、本丸・二の丸・蔵屋敷・堀などからなる城郭と、その城郭を中心とする侍屋敷や町屋の町割、街路の間数をも描かれていて、城下町絵図の性格も有している。現在、城絵図の六十三葉が内閣文庫に伝わり、このほか仙台・会津若松・土浦・富山・今治の図が他所で知られている。本丸、二の丸、諸郭の縄張りとその広さ、濠の深さ、天守の規模などはすべてに記された。

豊前小倉や丹波福知山、豊後府内などの惣構《そうがまえ》がある城郭の場合はその規模が記され、松江や岡山では天守や櫓が克明に描かれている。米沢・二本松・田原・新宮・三原・臼杵など周囲に山がある場合は、その高さと本丸までの距離が記され、岸和田や八代など臨海部にある場合は、城と海岸線までの距離や主要港津までの距離が記されている。

その目的を考えれば、幕府が大名の内情を知るために軍事的意味から作成させたことは言うまでもないが、城下の「侍町小路割幷間数」「町屋」についても描かせているのは、この時期に城下町の町が定着してきたこと把握する意味合いもあったと考えられる。では京都や江戸などの巨大城下町はどうなっていたのであろうか。

京都の市街地図

京都では早く寛永元年（一六二四）に『洛中洛外図屏風』、寛永十四年には『洛中絵図』が描かれており、両図は洛中を取り囲む御土居《おどい》、日蓮宗寺院が集まる寺の内、浄土宗寺院の多い京極の寺町地区、本願寺寺内《じない》、禁中とその周辺の公家町、そして短冊状の町割など、豊臣期の枠組みのもとに築城された二条城を描いている。前者に見える聚楽第《じゅらくてい》跡の聚楽の地は後者になく、その跡地は内郭の水堀が埋め立てられ、幾筋もの通りが生まれ町場が形成されている。

京都の町場は惣町・町組・町の重層的な組織からなり、所司代が町の法令として町触を出し支配にあたり、寛永十一年に町屋敷は三万七千軒、町方・寺社方の人口は四十一万人に及んでいた（『京都御役所向大概覚書』）。特徴的なのが武家屋敷であって、二条城周辺に板倉周防守所司代屋敷、中屋敷、下屋敷があり、二条城の東側には松平伊豆守、酒井阿波守、土井大炊頭《おおいのかみ》の京屋敷がまとまってあるほかは、町人地に広範に分布していた。町人地に入り込む形で建てられ、多くは町人からの買得地であって町役を負担していた。

『洛中絵図』には六十八の大名屋敷が見えるが、これが国元の藩の拠点となり、儀式礼典や御用達商人との諸連絡、高級工芸品の購入などを行っていた。その武家・公家・町人の交流によって生まれたのが京の寛永文化であった。『醒睡笑《せいすいしょう》』作者の安楽庵策伝《あんらくあんさくでん》はその担い手の一人であり、策伝がやりとりした狂歌を記す『策伝和尚送答控』には、烏丸光広《からすまるみつひろ》、西洞院時慶《にしのとういんときよし》、近衛信尋《このえのぶひろ》らの公家、小堀遠州、木下長嘯子《ちょうしょうし》、伊達政宗らの武家、松永貞徳、糸屋十右衛門らの町人の名が見える。

華やかな文化が広がる京都では裕福な町人が成長していた。寛永四年成立の浮世草子『長者教《ちょうじゃきょう》』にはその一端が記されている。「かまだや・なばや・いづみや」の三人の長者が、いかにして裕福になったかを語るなかで、倹約に努めるよう勧めた内容で、それぞれ実在する人物と考えられている。「なばや」は三井高房《みついたかふさ》の『町人考見録』に見える那波屋一統の先祖、「いづみや」は寺町五条の泉屋蘇我家と見られていて、「かまだや」は明らかではない。

貞門派の俳人松江重頼は京都で旅宿業を営み、俳諧撰集『犬子集』を編み、寛永十五年に俳諧作法書『毛吹草《けふきぐさ》』を著し、そのなかで諸国の名産を書き上げているが、千八百種類の名産のうち五分の一が洛中洛外産出である。西陣撰糸、厚板物《あついたもの》などの絹製品を中心とする衣料織物、染色、武具・美術工芸品・日用雑貨、食糧品、医療品と広範囲に及んでいて、これらは朱印船貿易などを通じて海外から輸入した原材料に多く依存していた。

寛永年間にはもう一つ「平安城東西南北町並之図」が刊行され、北の一条から南の七条まで、東は京極から西は千本までの市街地を描いていて、東南部の三条から五条にかけて「川原」が、東本願寺の北部に「けいせい町」が見える。川原には『洛中洛外図』や『四条河原遊楽図』に描かれていた歌舞伎小屋などが立ち、傾城町には二条柳馬場の遊郭が移され「六条三筋町」と称されており、ともに町人や武家の遊び場となっていた。ただ傾城町は所司代の命によって寛永十七年に丹波街道に沿う朱雀の地（島原）に移された。

江戸の城下町

江戸でも寛永年間に絵図が描かれている。寛永九年（一六三二）刊の『武州豊嶋郡江戸〔庄〕図』、先に見た『江戸図屛風』、そして『江戸名所図屛風』（出光美術館蔵）である。そのうち『武州豊嶋郡江戸庄図』は、右手に堀が廻らされた江戸城の天守閣を中心に、その周囲に武家屋敷が囲繞《いにょう》し、下辺に町屋敷が居並んで古町三百町があり、左手に溜池、増上寺が配され、その下辺に芝浜が見える。

この江戸の発展の姿は、江戸の名所を紹介する仮名草子『竹斎《ちくさい》』（寛永三年刊）や『色音論《しきおんろん》』（寛永二十年）にも書かれていて、前者は山城の「藪医者」竹斎が東海道を下り「花のお江戸」の名所を廻って見聞したというもの、後者は奥州信夫の里に住む男が江戸に出向いて市中を見物したというものである。

江戸の発展は各所からやってきて江戸に住みついた人々が担っていた。寛永元年に大坂の泉屋平

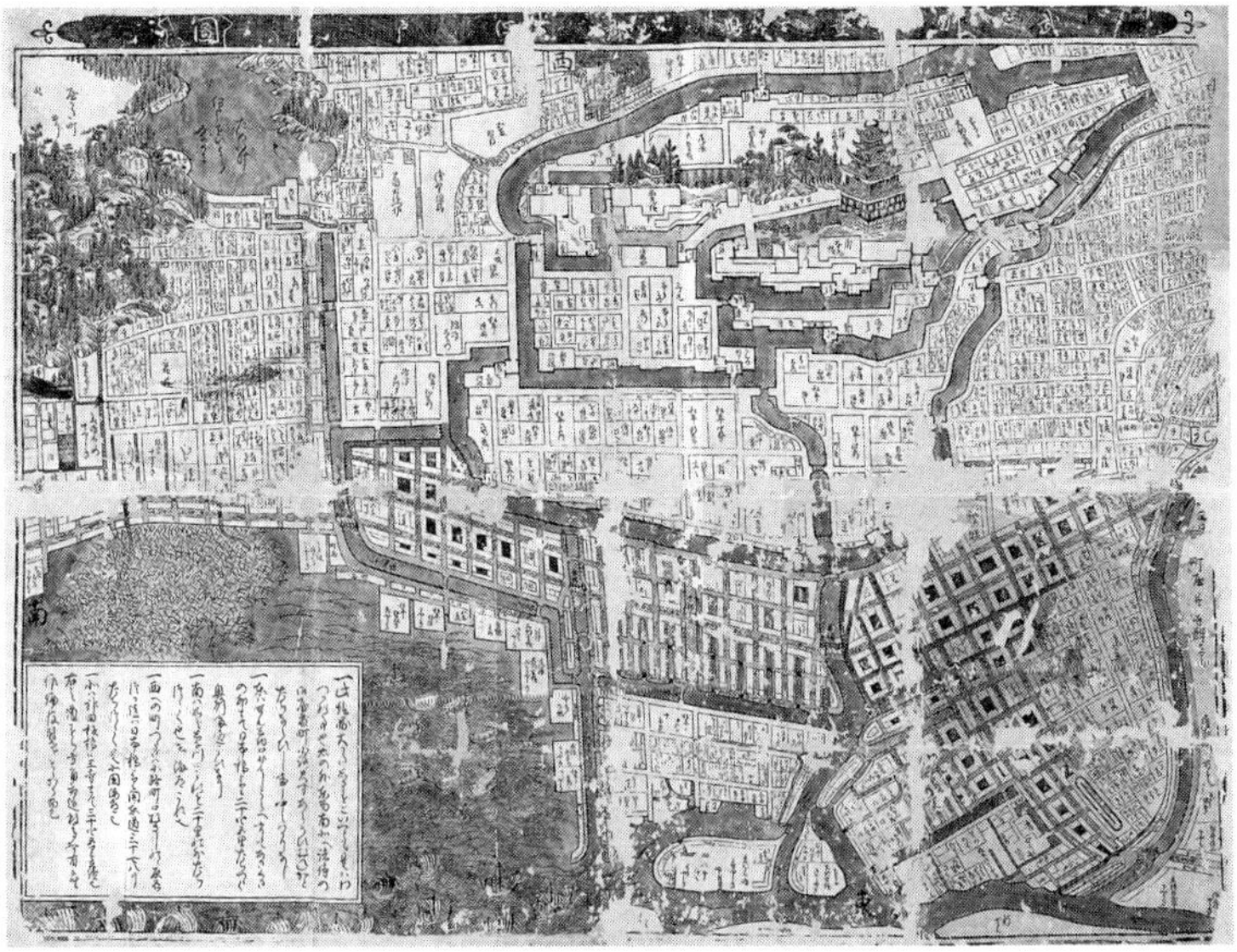

武州豊嶋郡江戸〔庄〕図　国立国会図書館所蔵

右衛門が江戸廻り問屋を開業し、木綿問屋は二年に赤塚善右衛門・升屋七左衛門、七年に久保寺喜三郎が大伝馬町に始めており、同年には家城太郎が本町二丁目に呉服店を始めるなど、問屋が開かれてゆき、八年には千住組肴問屋が冥加として川魚を公儀に献上している。『東京諸問屋沿革誌』によれば、材木問屋・板材木問屋・畳表問屋・灰問屋・小間物諸色問屋・糠問屋・油問屋・蠟問屋・魚問屋・古着問屋・綿布問屋・下り酒屋問屋などの諸業・諸問屋が、寛永年間に始まったという。

寛永九年には陸奥の仙台米が江戸へ廻されてきて、流通経済が活発化するとともに、寛永十年に町人の家督相続規定や公事裁許定が定められ、十二年に町奉行の職掌が定まった。まさに江戸の繁栄は各地の町や村に基盤がある人々が大消費地に富を求め入ってきたこと

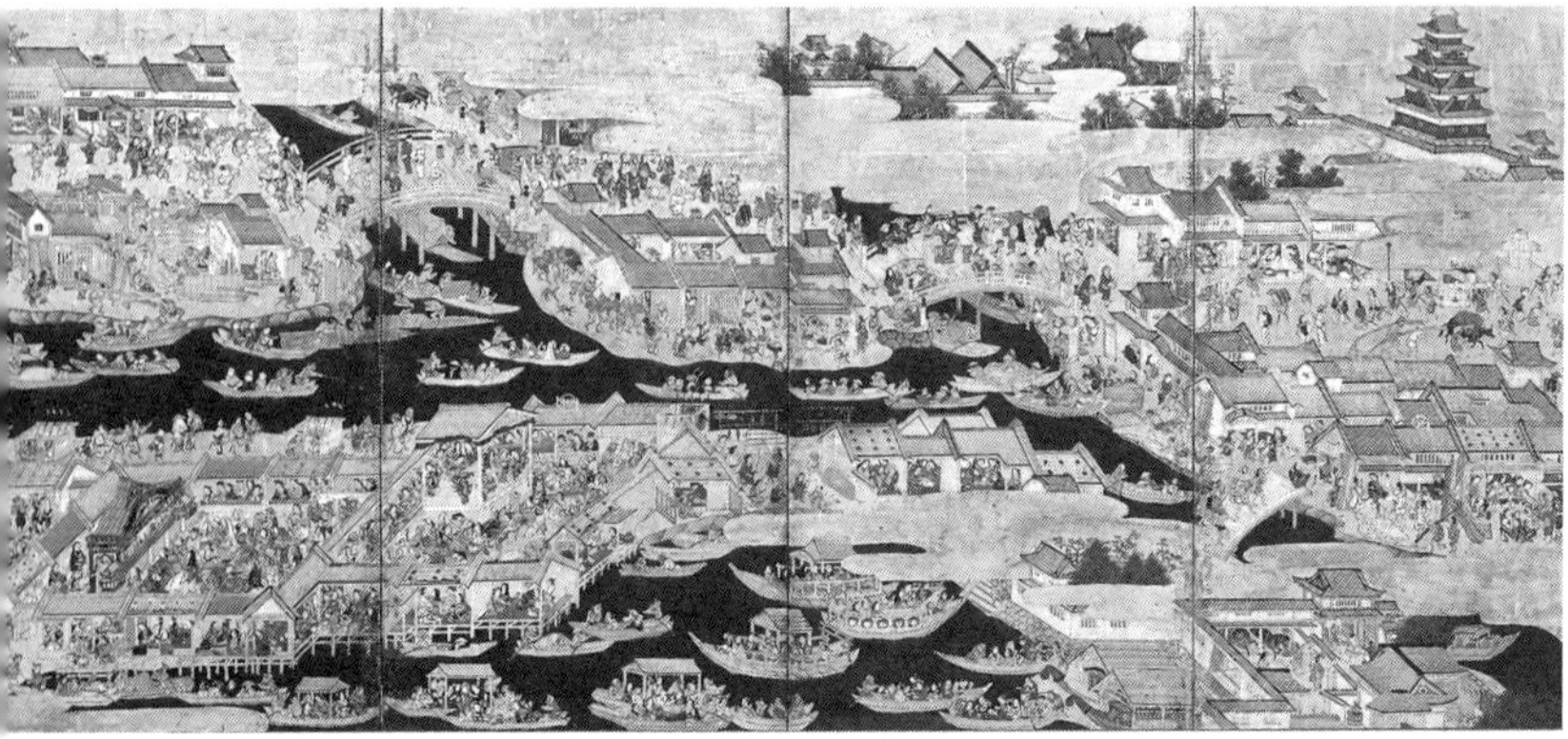

左隻　八曲一双　左端の品川と思しき街並みから始まり、宇田川橋、新橋、京橋、中橋と渡る間の街並みがしっかりと描かれている。

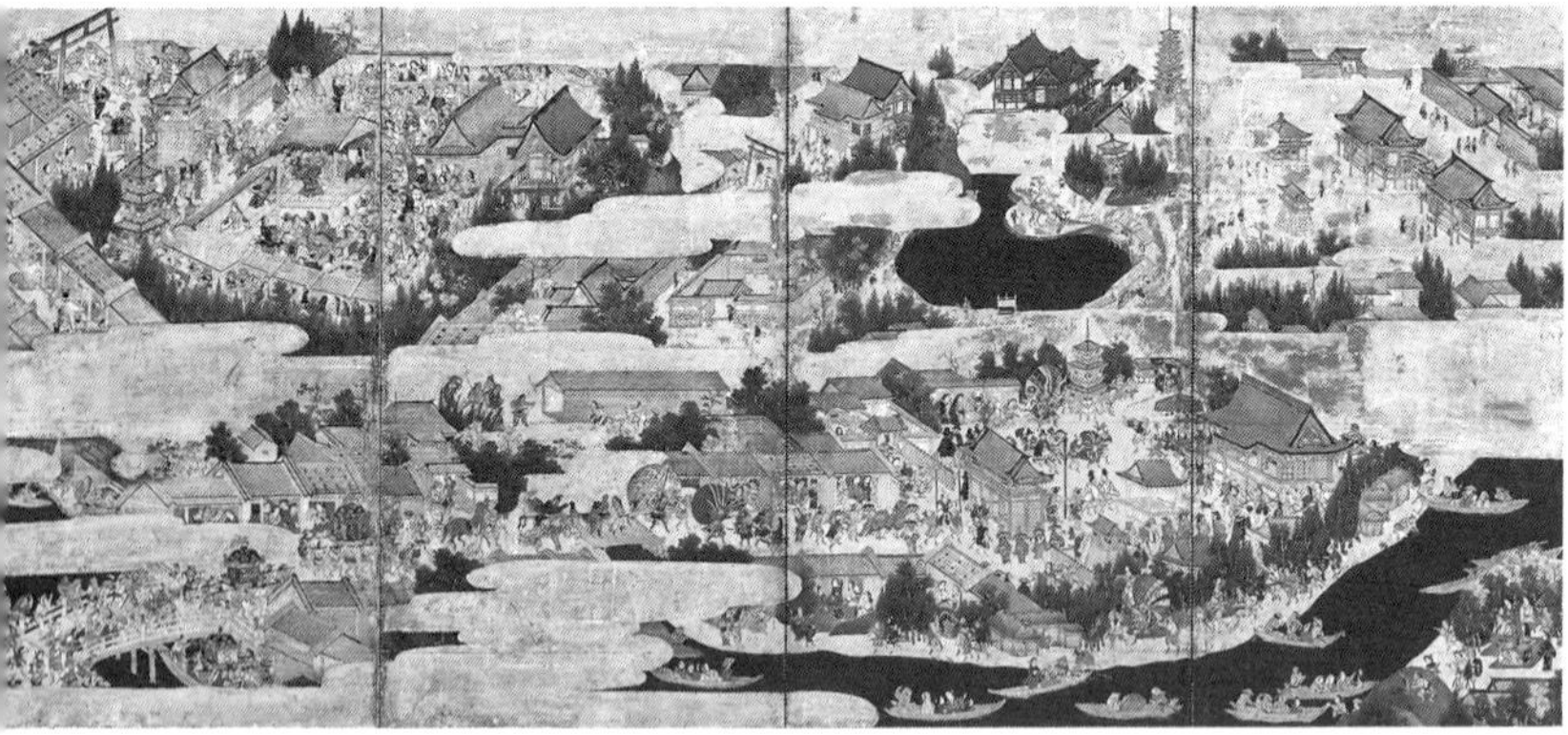

右隻　八曲一双　左側の日本橋から始まり中央上の神田明神へ。下段中央下には浅草橋から右に浅草寺に至る道も描かれている。

江戸名所図屛風　出光美術館所蔵

によるものであって、先にみた川越の榎本弥左衛門は、寛永十六年に父の塩販売に関わるようになってから、江戸に出て商売に身を入れ、塩廻船により江戸に入る下り塩の仲買を行い、日本橋北側堀添いの堀江町に塩河岸の出店をもち、塩問屋から塩を買い付け川越に運んで、塩を販売したのである。

この首都として発展する江戸を描いたのが、既に見た『江戸図屛風』であって、さらに『江戸名所図屛風』になると、江戸城や増上寺、寛永寺、東照宮などは背景に退いて、八曲一双の横長の屛風の中心をなすのは、左右を貫く芝浜からの東海道の街路であって、江戸の町人地が全面的に描かれている。

左隻の左端には品川と思しき東海道の街並みが僅かに覗き、芝から東海道を道往く人々とその道沿いに並ぶ店屋・町家の賑わいがしっかり描かれている。宇多川橋、新橋を渡って両替町（銀座）、京橋を渡って伝馬町、中橋を経て通町まで一気に描いて左隻を終え、その続きは右隻の日本橋から始まり、室町・神田・筋違橋を経て神田明神に至って、その明神境内では能舞台で行われる神事能「賀茂」を群衆が桟敷で取り囲み興じている。

街並みの角地には城郭風意匠の三階櫓の町屋敷、正面の軒に唐破風をもつ町家、屋根の上に望楼がある町家が描かれており、町人の家は明らかに定着している。この中心をなす道とは別に、右隻の中央下から浅草橋・蔵前を経て浅草寺に至る道も描かれ、この道を往く祭礼（船祭、三社祭）の神輿や行列は浅草寺境内へと向かい、その境内ではこれから祭本番を迎えようかという雰囲気が漂っている。二つの道に関わる動きは江戸の町共同体としての成長と定着を物語っている。

もう一つ描かれているのが海の道であって、ここではウォーターフロントに遊ぶ町人文化の賑わいがうかがえる。左隻の下段の芝浜での船遊び、浜遊びに続いて、湯女風呂、木挽町山村座の若衆歌舞伎、人形浄瑠璃、曲芸などの小屋、八丁堀の船遊びが描かれ、右隻に入ると、下段に材木町・小網町・浜町・吉原町を描いて、隅田川の向島の宴をもって終えている。江戸の歓楽街の風景を描いたもので、それを享受し、支えたのは町人とその富（財産）であったことが示されている。

このように江戸の都市、町人の成長を視覚化した屏風であるが、いかに制作されたのであろうか。屏風には海辺の霊岸島《れいがんじま》に武家屋敷が描かれていて、これは寛永九年に伊豆で巨大な安宅船《あたけぶね》を造って家光の御座船とした、幕府船手頭の向井《むかい》将監《しょうげん》邸と見られることから、本屏風の制作に向井あるいはその関係者が関わっていたとする見解がある。だが、もう一つ江戸城近くには唯一描かれた大名屋敷があって、その越前福井藩の松平伊豆守の屋敷が霊岸島にも描かれており、正保《しょうほう》二年（一六四五）に松平伊豆守忠昌がここで亡くなっていることを考えると、忠昌や忠昌に仕えていた絵師の岩佐又兵衛の関係者が屏風の制作に関わっていたのであろう。

大坂三郷の形成

江戸繁盛の一因には大坂の発展があって、多くの商人が江戸にやってきたが、その大坂では元和元年（一六一六）に松平忠明が大坂城主となって、その段階で成立していた古町を基盤として新町が開発されてきた。大坂城三の丸の地に新しく市街地を開き、伏見から町人を移住させ、東天満・船場・西船場に離散していた町人を呼び戻した。

豊臣時代からの横堀川・天満堀川・阿波堀川に続く堀川の掘削事業については、慶長十七年(一六一二)に成安道頓《なりやすどうとん》の指導で開削が進められていた南堀川(道頓堀川)が、元和元年十一月に平野藤次郎と安井九兵衛の手で完成し、同三年には伏見から移住してきた岡田心斎ら四人の町人が長堀を開削し、同八年に完成させている。

元和五年に大坂は幕府直轄地とされ、大坂城代には伏見城代内藤信正が移って、東西の大坂町奉行が置かれるようになり、元締衆は町の惣年寄と称され、大坂城築城が三十余ヶ国の大名の動員で寛永六年まで行われて完成し、城内と周辺部に武士が居住した。

元和八年に淀屋个庵《よどやこあん》・鳥羽屋彦七らが代表の靫《うつぼ》・天満町の塩魚商人が、葭《よし》島の開発を大坂町奉行に申請して、新開地に海部堀町など三町が形成され、荷揚げ用に海部堀川が掘られたり、さらに惣年寄の宍喰屋次郎右衛門《ししくいやじろうえもん》による堀川開削がなされたりするなど、惣年寄が開発の中心となって運河開発が進められ、寛永年間までに総延長は十六キロに及んだ。

開発は周辺部でも進み、寛永元年に香西晳雲《かさいせきうん》が河口の砂州を開拓して四貫《しかん》島・九条島を開発し、木津《きづ》の勘輔《かんすけ》が正保の頃に堤を築いて勘輔島を造成した。淀川筋は排水が不十分なため洪水がしばしば起きたことから、河村瑞賢《かわむらずいけん》が九条島を掘り割って川水を海に一直線に通す安治川《あじがわ》を造成したので、諸国の船が市中に入るのが可能となり、水上交通網が広がり、諸国の貨物輸送船舶が積荷を満載し

錦絵 菱垣新綿番船川口出帆之図　大阪城天守閣所蔵

河口に集まった。

元和五年に堺の商人が紀州の富田浦《とんだうら》の廻船を雇って、大坂から木綿や油などの日用品を積んで江戸へ回航させる菱垣《ひがき》廻船が始まった。船腹に菱形の竹垣を組むことでこの名があるが、寛永元年（一六二四）には大坂北浜町の泉屋が、江戸・大坂間の菱垣廻船による廻船問屋を始め、寛永四年には毛馬屋、富田屋、大津屋、顕《あら》屋、塩屋も開業するが、続いて樽廻船が寛文年間に始まり、伝法村の船問屋が伊丹や西宮の酒荷を中心に日用品を江戸に運ぶようになって、菱垣廻船と競合しつつ発展していった。

それとともに諸藩は領内の年貢米や特産物を大坂で換金して藩財政の運用にあてるために蔵屋敷を建てるようになった。加賀の前田家が天正年間に設けたのが早い例で、慶長年間には諸藩が大名屋敷に蔵米を保管するようになり、中之島、江戸堀川、堂島周辺に蔵屋敷が次々と建てられていった。日本海を経て瀬戸内海に入って大坂に至る西回り海運は、鳥取藩が寛永十五年に米一万五千石、翌年に加賀藩が千石を廻漕し、明暦期には諸藩の大坂蔵屋敷は二十五に及んだ。

こうして形成された大坂の町々では本町を境界に北部を北組、南部を南組と呼び、伏見から移住した町人による八十余町の伏見組は、正保二年（一六四五）に廃されて北組・南組に編入され、承応年間（一六五二―五五）に大川以北の天満地域が天満組と称され、大坂三郷が成立する。各組には惣会所が置かれ、惣年寄・惣代以下が三郷の行政実務を担って、町奉行所は市中の治安維持と裁判を担当した。その大坂を描いたのが明暦三年（一六五七）の『新版大坂之図』であった。

四 幕府統制の浸透

正保の海防と長崎町

国絵図や郷帳・城絵図の調進を通じて国内の体制整備が進むとともに、海防対策も本格化していった。というのも絵図作成責任者の井上政重は大目付で、寛永十七年（一六四〇）に宗門改め役として長崎に赴いて異国商船の取り締まりにあたるなど、対外関係の責任者でもあったからで、そのため絵図には海岸や港湾の状態や風向き、潮と舟入の関係など沿岸警備に資する情報や異国船警備の遠見番所を記すように求めていた。

その国絵図作成の正保元年（一六四四）、大陸では明が滅亡し、女真人の清が北京に遷都するが、この明から清への「明清交替」の情報は、長崎に来た唐船から得られたもので、幕府の儒者林鵞峰《がほう》はその唐船からの情報を『華夷変態《かいへんたい》』と題して編纂してゆくことになる。十二月にはポルトガル使節の軍船が来航するとの情報が伝わった。西欧の海外情報は寛永十八年からオランダ船がもたらし、オランダ商館長から長崎奉行を通じて「オランダ風説書」として幕府に提出されていたのだが、この情報自体は、唐船に便乗してきた宣教師の自白から知りえたものである。

幕府は寛永十八年に福岡藩に長崎港の警備を命じ、翌年からは佐賀藩と隔年交代で命じてきていたが、正保二年正月に伊予松山藩主松平定行に「かれうた船御用」を命じるなど、諸藩にポルトガル船（かれうた船）来航に備えるよう伝え、本格的対策に乗り出した。そこに同四年正月、ポルトガル船二艘が薩摩沖を通過し、通商を求めて長崎に来航した。

その乗員は三五〇人、大砲二十六挺を装備して長崎湾に入ったので、幕府は湾口を船橋で塞ぎ、周囲を四万八千人、九百の船で防備にあたらせ、通商を拒否、阻止し（『徳川実紀』）、再度の来航に備え、慶安二年（一六四九）に老中松平信綱の命で福岡藩・佐賀藩・唐津藩の三藩が長崎警備を交替で行い、番手《ばんて》をつけた津浦を油断なく警戒するところとなった。

中国では明が滅んだ後、中国南部の明の残党勢力（南明）がしばしば日本に援軍要請（日本乞師《にほんさっし》）をしてきて、万治二年（一六五八）頃には鄭成功《ていせいこう》が台湾に拠って援軍の要請をしてきたが、幕府はこれに応じることなく、寛文二年（一六六二）に南明政権が滅び、東アジア海域が安定化したことで、それとともに長崎の町は発展を見ることになる。

長崎の町の始まりは元亀二年（一五七一）に大村町・島原町・平戸町・横瀬浦町・外浦町・分知《ぶんち》町の六町が割り出され、各地から町人を移し、掘割が設けられて成立し、以後、町は海岸通りを中心に堀の外に拡大を遂げてゆき、五島町、船津町、豊後町など新たに十八の町が生まれた。それを二つの堀で囲み、さらに外側に外町として町が増加し、傾城町（丸山町・寄合町）が設定された寛永十九年までに、内町・外町として一定の完成を見た。『寛永長崎港図』はこうした長崎の内町と外町を色分けして描く都市復元図で、寛永期に長崎が安定をみたことを物語っている。

将軍家綱の初政

慶安三年（一六五〇）、徳川家光は病気になって、翌年四月二十日に江戸城内で亡くなる。享年四十八。病弱で神経質であったといわれ、そのことが周囲を恐れさせ権力強化につながった面もあるが、基本は九度に及ぶ日光社参に見られるような家康の威光を背景にした政治であった。

『大日本租税志』によれば、慶長三年（一五九八）の検地目録では千八百五十万石に過ぎなかったのが、正保二年（一六四五）には実に二千四百五十万石にも上っており、この間に村が成長し、百姓の所帯維持が進んだことがうかがえる。

家光の死に際して、元老中の佐倉城主堀田正盛や、老中の岩槻城主阿部重次、小姓番頭の内田正信ら番頭が相次いで殉死した。殉死はさかのぼれば室町幕府管領の細川頼之に殉死した武士の例があるものの、戦国時代にほとんど見られないなか、慶長十二年に家康四男の松平忠吉の死で三人が殉死、寛永十三年(一六三六)の仙台の伊達政宗の死では十五人、十八年の熊本の細川忠利では十九人が殉死するなど、殉死が流行していた。戦乱が終わって泰平の到来を物語る現象なのである。

家光の遺骸は遺言によって東叡山寛永寺に移された後、日光の輪王寺(日光東照宮)に移され、同年五月に正一位・太政大臣を追贈され、法名を大猷院《だいゆういん》とされて大猷院廟が造営され、そこに葬られた。家光は日光東照宮の大規模改築に五十七万両と銀百貫を投じるなど、一代で五百万両以上も使ったというが、嫡男家綱に六百万両、各方面に五十二万両の遺産分けをしていた。

十一歳で将軍職を継承した家綱は、家光の長男として生まれ、正保二年(一六四五)に元服、慶安四年(一六五一)八月に勅使が下向し、江戸で初めて将軍宣下を受けた将軍となった。年少のため、大老酒井忠勝、老中松平信綱・松平乗寿《のりなが》・阿部忠秋、さらに御三家の紀伊徳川頼宣《よりのぶ》、水戸徳川頼房、尾張徳川光友、そして後見人の叔父保科正之や井伊直孝らによる集団指導体制で幕府政治は進められた。

家光死去と家綱将軍襲位の前後に起きたのが、かぶき者や牢人徒党の事件である。慶安元年二月、幕府は江戸町中での町奴《まちやっこ》を取り締まり、四年正月にかぶき者を摘発していた。「奴」とは身分の低い武家奉公人、かぶき者とは異形・異装、異様な風体や言葉によって仲間や組をつくって行動する者のこと。泰平の世に乗り遅れた牢人、息苦しさを覚えたかぶき者の行動が巷に広がっていた。

そうしたなか慶安四年七月に幕府の政策を批判して、三河刈谷城主の松平定政が出家遁世する事件が起きて、世間を驚かせたが、その直後に軍学者の由比正雪や槍術家丸橋忠弥《まるはしちゅうや》らによる倒幕未遂事件（慶安の変）がおきた。正雪は幕府への批判と牢人の救済を掲げて、丸橋忠弥、金井半兵衛、熊谷直義など各地の牢人を集めて挙兵し、幕府転覆を計画したといわれるが、決起寸前に計画が漏れてしまい、駿府の宿で捕り方に囲まれ自刃した。

幕府は定政を狂人として処分し、正雪らの一味を厳罰に処すとともに、この事件もあって、牢人対策を重視し、十月十一日に旗本の諸士が、牢人をかかえておくことを禁じ、取り締まりを強化した。しかし旗本も町奴の風俗の影響から旗本奴《はたもとやっこ》の組や集団をつくり、時に辻斬りや放火、刃傷沙汰、犬殺し、犬喰いなどの放埒な活動に及んでいたのである。これには幕閣の間では江戸から牢人を追放する案が出されるいっぽうで、就職のために江戸にやって来たのであるから、追放すれば逆に何をするかわからないという反論が出るなど、牢人対策は困難をきわめた。

牢人・兵法者の就職

牢人を出さないという意味合いもあり、慶安四年（一六五一）十二月十一日に末期養子《まつごようし》を認めることとなった。これまで大名や旗本が養子を幕府に知らせずに亡くなった場合、家を断絶させていたのだが、筋目正しい養子の場合には、嗣子無く亡くなったとしても末期養子を認め、改易による牢人の発生を食い止めようとした。しかしこれにより新たな牢人発生の抑制にはなっても、当面の大量の牢人問題の解決にはならない。

それもあって翌五年九月にも別木庄左衛門・林戸右衛門・土岐与左衛門らの牢人が増上寺に放火

し、その混乱に乗じて大乱を起こす計画が発覚し、追捕される事件が起きた。そこで幕府は十月二十六日に牢人改め令を出し、江戸府内の牢人は居住地が町地であれば町奉行に、寺社領では寺社奉行に届け出て、名前を登録するように命じるとともに、牢人に対しては罰したり、追放したりしないので、届けるよう、また地主には宿を貸すことは自由としたのである。

牢人が定職に就くよう促すことも行われた。丸橋忠弥を捕縛した町奉行の石谷貞清《いしがいさだきよ》は駿河今川氏の旧臣で、島原の乱には上使である板倉重昌の副使として従軍したこともあり、牢人対策に心を砕き、多くの牢人の就職の世話をして「天下に隠れもなく牢人をおびただしく在り付けし人也」とまで称され、万治《まんじ》二年（一六五九）に町奉行を退隠するまでに七百人、それから没するまでに二百二人の計千人余の世話をしたという（『老士語録』）。牢人には軍学者・兵法者が多く、由比正雪は牢人の軍学者であり、別木の事件では石橋源左衛門、山本兵部《ひょうぶ》らの兵法家が一味に誘われた。そこで軍学者・兵法者の動向を見ておこう。

山本兵部は武田信玄に仕えた山本勘助の孫というが、武田の甲州流軍学を大成した小幡景憲《おばたかげのり》も武田氏滅亡で牢人になり、徳川家康に仕え、文禄四年（一五九五）に徳川家を去って、武者修行をするなかで甲州流軍法や兵法を学び、大坂夏の陣の後に再び徳川家に仕えた。蒐集した資料を研究、研鑽をつんで兵法家となって軍学書『甲陽軍鑑』を著し、寛永十九年に熊本の細川光尚《みつなお》、川越の松平輝綱《てるつな》、安芸三次《みよし》の浅野長治《ながはる》に印可を与えている。

この景憲に元和七年（一六二一）に入門した北条氏長《うじなが》は、北条氏の滅亡後に幼くして家康に仕えるなかで軍学を学び、将軍の側近として役歴を重ね、正保二年（一六四五）に北条流軍学の『兵法雄鑑《へいほうゆうかん》』を家光に献呈、明暦元年（一六五五）に大目付、五千石の禄高を与えられ、オランダ兵学も学ぶなど軍学を通じて幕政に寄与した。明暦の大火後には江戸地図の作成を指揮することになる。

景憲・氏長に寛永十三年（一六三六）に入門した山鹿素行《やまがそこう》は、会津の蒲生氏の改易により牢人になった父が江戸に出て町医者となったので、そのもとで成長して軍学を修め、『兵法神武雄備集《へいほうしんぶゆうびしゅう》』を著し、和学・漢学・和歌・神道を学んで、諸侯に兵法を伝授し、承応元年（一六五二）に赤穂城主の浅《あさ》野長直《のながなお》に仕え『武教全書』を著して山鹿流軍学を大成した。

軍学や兵法が実戦に役立つことがなくなりつつある世にあって、素行は軍学を究めるなか朱子学の批判に向かい、由比正雪は軍学から政治批判に及んでゆき、やがて決起にまで及ぼうとしたのであり、石橋源左衛門や山本兵部は兵法家の道を歩むなか、それを牢人に誘われたのである。

同じ時期に兵法の道を九州で究めたのが宮本武蔵である。美作の武士平田（新免《しんめん》）正家の子として生まれた武蔵は、父から武術を学んで慶長四年（一五九六）に武者修行に入るとともに、関ケ原の合戦では西軍に、大坂の陣では徳川軍に属すなどした後、元和五年頃から姫路城主本多忠政や明石城主小笠原忠真《ただざね》に客分として仕え、その地から円明流剣法を広めた。

寛永十一年に小倉に移って、島原の乱では小笠原忠真の下で養子の伊織とともに参戦し、十七年に熊本城主細川忠利に仕え翌年に『兵法三十五カ条』を著して献呈し、熊本郊外の岩戸山に籠って坐禅三昧の生活を送った。正保二年（一六四五）に著した『五輪書』では「士の道」について、「武士においては道様々の兵具をこしらへ、兵具品々の徳をわきまへたらんこそ、武士の道なるべけれ」と記して、剣禅一致の境地を示し、その二天一流は九州中心に広まった。軍学者や兵法者は牢人から脱するためにはその道を究め、仕官することが必要とされていた。

明暦の大火

幼い将軍家綱をもう一つ襲ったのが明暦の大火である。明暦三年（一六五七）は十一月から八十日以上も雨が降らず乾燥した状況が続くなか、翌年の正月十八日に本郷丸山の本妙寺から出た火が瞬く間に神田、京橋方面へと広がって、隅田川対岸にまで及んで、霊岸島で炎に追い詰められた一万人近い避難民が死亡、浅草橋では脱獄の誤報を信じて役人が門を閉ざしたために、逃げ場を失った二万人以上が死亡したという。

翌十九日には小石川伝通院の表門下の、新鷹匠町の大番衆与力の宿所から出火、九段一帯に延焼し、天守を含む江戸城が大半を焼失した。さらに麴町五丁目の在家からも出火し、南東方面へ延焼し、新橋の海岸に至ってようやく鎮火した。この大火により大名屋敷が百六十（全体の四分の三）、旗本屋敷が七百七十、寺社が三百五十、町人居住地が四百以上、江戸の六割が焼失し、四万八千戸・十万人の命が失われた。

幕府は大坂・駿府の蔵にある財源で復興に取り組み、御三家や甲府・館林侯の屋敷を江戸城外に転出させ、武家屋敷・大名屋敷、寺社の移転を進めるとともに、大名屋敷には華美を抑制させ、控

イメージアーカイブ

えの屋敷として中・下屋敷を与えた。

市街地では火除地《ひよけち》や延焼を遮断する防火線として幅百メートル近い広小路を設け、防火のための建築規制を行い、耐火建築として土蔵造や瓦葺屋根を奨励し、千住大橋のほかに隅田川の架橋（両国橋や永代橋など）を行った。これにより、隅田川東岸の深川などに市街地は拡大し、吉祥寺や下連雀などの郊外への移住が進んだ。

火災後、身元不明の遺体を本所牛島新田に船で運んで埋葬したが、大火の犠牲者の供養のために増上寺の遵誉貴屋《じゅんよきおく》に三百両を与えて本所に回向院を建立させた。また米倉から備蓄米を放出し、食糧を配給し、材木や米の価格統制、武士・町人を問わない復興資金の援助を行った。

さらに幕府は諸大名の参勤交代の停止およ

江戸火事図巻　明暦の大火（田代幸春）　江戸東京博物館所蔵　Image: 東京都歴史文化財団

び早期帰国（人口統制）などの施策を行って災害復旧に力を注いだ。米相場高騰を見越し、幕府の金を旗本らに時価の倍の救済金として渡し、地方商人が米を江戸に送ってくるのを幕府が直接に必要な分を買い付けたので、府内に米が充満して米価も下がった。

防火体制は大名火消があったところに翌年に定火消《じょうびけし》役を設置し、持ち場を四地区に分け、水道橋などに火消し屋敷を置いた。万治二年（一六五九）八月、焼けた江戸城本丸の再建が竣工して、西丸で元服した将軍家綱は九月に本丸に移り、殿中の席次を定めるなどの儀礼を整え、親政を始めた。

寛文印知

家綱は寛文二年（一六六二）二月に老中職に吸収されていた六人衆の職務を復活させ若年

寄の職務となし、久世広之・土屋数直を任じて旗本の「御用訴訟」にあたらせ、老中と若年寄の職務分掌を定めた。

この年三月に「智恵伊豆」こと松平信綱、七月に大老酒井忠勝が亡くなり、酒井忠清・阿部忠秋を中心に幕政が運営されることになる。そのうち酒井忠清は承応二年（一六五三）に老中になったが、忠世の嫡孫ということもあって就任とともに筆頭老中となり、幕府政治を牽引していった。

この忠清は寛文二年十月に林鵞峰《がほう》を城中に召し、将軍の命として『本朝編年録』を完成させるよう伝えた。これの編修は鵞峰の父羅山の正保元年に命じられたもので、神武天皇から宇多天皇まではまとめられていたが、六国史のなくなる時代の編修には困難をきたし、中断されていたところから、改めて命じたものである。幕府の体制が新たな段階に入りつつあることがこの歴史書編修事業からうかがえる。

翌寛文三年四月に家綱は日光に社参して東照宮に将軍就任を報告すると、江戸に帰って家康の権威をバックに政治を進めるべく『武家諸法度』改定に入り、五月二十三日、林鵞峰が城中で『武家諸法度』二十一カ条を読み上げた。

大枠は寛永令と同じだが、「耶蘇宗門」禁止条項と「不孝の輩」を罪科に処す条項を追加し、大名や旗本の婚姻を勝手に結ぶのを禁じる条項には、公家と武家との婚姻に幕府の許可が必要とする附則を加えた。法度とは別に口上として「古より不義無益の事」と殉死を禁止する旨を申し渡した。殉死せずに後継ぎの主人に仕えるよう、すなわち家に仕えるように促したものであり、主従制的奉仕から官僚制的奉仕への移行の意味があった。

寛永令以後の事情を踏まえた改訂であって、特に宗門改めは元和期以降に諸藩で進められてきており、寛永十七年(一六四〇)には宗門改め役を新設し、大目付井上政重を任じて幕領でおこなってきていたが、それを法度に載せて全国的に行うものとしたのである。これにともなって寛文四年十一月に幕府は諸藩・代官所に宗門改め専任の役人を置いて、村々に宗門改帳の作成するよう命じ、旗本の知行地では、名主・年寄が厳重に五人組手形を取り置くことを命じている。

寛文四年三月、家綱は小笠原長矩・永井尚庸《なおつね》を「御朱印改」奉行に任じて、諸大名に与えていた領知判物・領知朱印状などの文書の写しと、領知の石高を細かく記した文書を提出させた。寛永十一年に家光が行った時の領知朱印状は、五万石以上の城主が対象で、数が限られていたのだが、今回は一万石以上の大名を対象とし、同年四月から七月にかけて、全国の大名のうち一万石以上と侍従には領知判物、それ以下は朱印状によって、四月五日付で交付したが、それは二百十二家にも及んだ。これを寛文印知という。次に土佐の山内氏の領知判物を掲げる。

土佐国弐拾万弐千六百石〈目録在別紙〉事、内三万石山内修理大夫進退之、其外不残充行之訖、全可領知之状如件、
寛文四年四月五日　　御判
土佐侍従とのへ

このように「充行」とあって、旧来の領知をも改めて与える形をとって、一万石以上の大名の所帯を体制下に置いたのである。なお本文書の山内修理のように支藩については、本藩の中に記される場合があって、十八の支藩がそれに相当する。

役料の支給と歴史書編纂

旗本諸士については、寛文三年（一六六三）八月五日に『諸士法度』を定め、これも林鵞峰が城中で読み上げた。それは「忠孝を励まし、礼法をただし、常に文道・武芸を心掛け、義理を専らに、風俗を乱るべからざル事」と始まり、軍役、倹約、喧嘩口論と火事の処置、百姓訴論への対応、跡目の養子など詳細な規定からなる。最後の二か条では「物頭・諸役人、万事に付きて依怙致すべからず、幷に諸役人はその役の品々常に吟味を致し、油断すべからざる事」、「家業油断なく相勤むべき事」を規定して、役務と家業の精励を督している。

寛文五年三月にはその職務精励のために所帯を維持する役料支給の措置がとられた。すなわち大番頭に二千俵、書院番頭に二千俵と小姓番頭に千俵ずつ、そのほか番衆の組頭や目付・使番らに各五百俵の役料を支給するものとし、寛文六年七月には対象を拡大して、留守居に二千俵、大目付・町奉行に各千俵、旗奉行・作事奉行・勘定頭各七百俵など約四十の役職に役料を定めている。知行高は家の財産として継承されてきていたが、役職に見合う給料を支給することで職務を遂行させたものであって、ここにも官僚制的職務の萌芽が認められる。

新井白石は将軍徳川家宣への意見書『進呈之案』において、幕府は大坂の陣、島原の乱を経て御家人を登用するにあたって、三つの「科」を定めたとして次のように語っている。

天下の士、御家人に召加へらるべきの科、三つを定めらる。所謂、右筆の職、勘定の衆、走之衆これ也。(中略)これより後世の英雄豪傑ともいはれし者共、皆悉く御家人に召加へられんことを願ひ思ふ。

幕府は御家人を右筆の職、勘定の衆、走之衆のいずれかに任用するようになり、その役に沿った役料を支給する体制が構築されてきたのである。これにより町中を横行していた旗本奴の活動の抑制にも一定の効果があったろう。寛文四年三月、町奴の幡随院長兵衛《ばんずいいんちょうべえ》を殺害した旗本奴水野十郎左衛門の行跡がおさまらないということから、幕府が評定所によびだしたところ、袴もつけない異様な姿で現れたので、無作法の至りと切腹を命じたことがある。万治・寛文の頃に吉屋組・鶺鴒組・神祇組など旗本奴は組をつくっていたのである。

林鵞峰が『本朝編年録』の編修に本格的に乗り出したのは寛文四年からで、その編修所と書庫とを自邸に建て、編修所を「国史館」と命名し、書名を『本朝通鑑』と改めるように願い出て許可されたが、この書名は中国の司馬光の『資治通鑑』にならったもので、『通鑑綱目』に匹敵させようという意気込みが込められていて、学問を愛好する幕閣の支援もあって寛文十年に完成した。

羅山による正編四十巻に加えて、鵞峰が醍醐天皇から慶長十六年までの続編二百三十巻が林海《かい》洞《どう》・林鳳岡《ほうこう》、人見友元《ひとみゆうげん》、坂井伯元《はくげん》らの分担起草を得て編まれたもので、他に提要三十巻などからなる。豊富な史料を蒐集、史実を考証して異説・異聞・俗伝をも併記しており、幕府の在り方を歴史的に位置づける基礎作業となったばかりか、その後の歴史編纂に大きな影響をあたえた。

3　寛文・元禄期の民間社会

一　幕府統制下の職業人

統制下の公家衆

幕府は寛文四年（一六六四）に大名の所帯を統制下に置いたことから、八月に関東八か国に巡見使を派遣し、幕領・私領を問わずに町・村の仕置の善悪を聴取するよう命じ、それとともに諸国の海辺・浦々に制札を立て、海難の紛争処理には幕府があたるものとして海への支配を進めた。さらに寛文七年閏二月には巡見使派遣を全国へと拡大し、翌年二月にその報告に基づいて、苛政《かせい》を理由に島原藩主高力隆長《こうりきたかなが》を改易している。

寛文八年（一六六八）には諸大名に領内使用の升の調査を命じ、これまで京都所司代板倉氏が定めていた京升と、江戸町年寄の樽屋藤左衛門（枡座）による江戸升の二つが使用されていたのだが、これを翌寛文九年に京升に統一し、秤について東では江戸の秤座守随《しゅずい》家印、西では京都の秤座神《じん》家印のものを用いることと定めている。

こうした幕府の体制整備は朝廷の統制へ及んだ。朝廷は後水尾《ごみずのお》院政下で明正《めいしょう》天皇、後光明《ごこうみょう》天皇に続いて、承応二年（一六五三）に後西《ごさい》天皇が践祚した。天皇は和歌や学芸、茶・香・花道への造詣が深く、御府文庫の記録類の副本を作成し、朝儀復興に資する東山御文庫の基礎を築くなどしたのであるが、その治世に京や江戸で火事が頻発、伊勢神宮も焼失したこともあり、「御行跡」が宜しくないと見なされて譲位となり、寛文三年正月に十歳の霊元《れいげん》天皇が践祚した。

そこで幕府は、公家衆に七ケ条の条目を示し、天皇の「御行跡」が「軽からずに古風を守られる」よう、「御学問に、御心を入れ勤められ候」よう、天皇を守って導くよう指示した。これに応じ後水尾上皇も九ケ条の『禁裏御所御定目《きんりごしょおさだめ》』を出して、近習衆《きんじゅうしゅう》に天皇が学問に励むようにと、天皇の行跡や心持の教育を命じ、さらに身上に相応しい遊興を行い、河原で傀儡《くぐつ》・放家《ほうか》・狂言を観覧しないこと、宮中での男女間の法度を守ることなどを命じている。

徳川和子《まさこ》入内に際して幕府は旗本二人を付け、禁裏付の武家として公家衆の行跡や禁裏財政の監督管理にあたらせてきていたが、寛文四年になって、京都所司代には朝廷の事柄に専念させ、新たに京都代官を設けて禁裏・仙洞料地の支配にあたらせ、町奉行を置いて町方支配にあたらせた。そして寛文五年には公家衆にも寛文印知同様の措置をとって、九十七の公家衆に「寛文朱印状」を交付している（『寛文朱印留』）。

慶長十八年の五か条の『公家衆法度』では、学問を昼夜油断なく行い、禁裏小番を懈怠《けたい》無く勤め、家業に専心して朝廷に精勤すべしと命じていたが、今回はその公家衆の知行地を一斉に宛《あ》て行《が》うことで、公家衆の朝廷への奉仕がそのまま幕府への奉仕であるとみなして義務づけたのである。

寛文八年成立の『諸家家業』には、その公家衆の家業が記されている。摂家・清華《せいが》・大臣《だいじん》家・羽《う》林《りん》家などは、朝廷の公事や有職・儀式を担っての家業、他の公家は蹴鞠や和歌、能書・神楽・楽・装束・陰陽道など芸能に関わる家業であって、それらは官職や技芸を通じ形成されてきたものであり、なかに装束を家業とする高倉家について「武家」の注記があって、これは将軍宣下の時などに幕府に奉仕することが義務づけられていたからであり、それもあって武家の儀礼を担当する高家の吉良氏は装束を高倉家に学んだ。

寺社の統制

寛文印知では、門跡寺院二十七や比丘尼(尼寺)二十七、院家十二、その他の千七十六寺、神社三百六十五など寺社をも対象とされ、翌年には『諸宗寺院法度』を出して諸宗派・寺院・僧侶の統制を行っている。これまで幕府は宗派ごとに『寺院諸法度』を制定し、本寺・末寺関係の編成に基づく寺院統制を行ってきていたが、その統制をさらに進め、日本全国の仏教の諸宗派・寺院・僧侶を対象としたのである。

この法度は家綱朱印状による「定」九ケ条と、久世広之・稲葉正則・阿部忠秋・酒井忠清ら老中の連署下知状での「条々」五ケ条からなり、前者の九ケ条では、諸宗の法式を守って新儀を立てないこと、法式を理解しない僧侶を住持としないこと、本寺・末寺の秩序を乱さないことを定めており、寺領の売買・質入れを禁じ、国法に反した者が寺に逃げ込んだ場合には届け出て異儀なく追い返せと、「寺院不入」の特権を否定した。後者の五ケ条では、僧侶は分限に応じた装束を着ること、檀那が新寺院を建てた場合、檀那・本寺の相談の上で住持を決めることを規定している。

幕府はキリシタンと日蓮宗不受不施派《ふじゅふせ》については禁圧の方針をとり、キリシタン弾圧は変わらず続いていた。臼杵藩は寛文八年（一六六八）に七十三人を、尾張藩は寛文元年から七年までに千人以上のキリシタンを捕まえた。寛文九年に長崎奉行河野権右衛門は真鍮製の「踏絵」を作製し、キリシタン検索の絵踏に使用すべく九州の諸藩に貸し出した。寛文十一年には代官に宗門改めの実施方式を指示し、一軒ごとに人別帳に記載し、一村ごとに集計して移動を確実に記させた。

日蓮宗不受不施派は他宗の信者や不信者の布施を受けないという方針であったから、文禄四年（一五九五）の豊臣秀吉の方広寺大仏開眼千僧供養会に京都妙覚寺の日奥《にちおう》は出仕を拒否した。家康は慶長四年（一五九九）にその日奥と受不施派の京都妙顕寺の日紹を大坂城で対論させて、日奥を流罪に処した。寛永七年（一六三〇）には、池上本門寺の日樹らの不受不施派と、受不施派の身延久遠寺の日乾らとを江戸城で対論させ（身池対論）、不受不施派を流罪に処した。寛文印知でも不受不施派が寺領安堵を教義に反するとして拒否したので、寛文九年にその寺請を禁じる措置をとっている。

こうしてキリスト教徒や日蓮宗不受不施派の宗門ではないことを、寺院僧侶に確認させる寺請制度をしくに至り、寺院は人々に檀家であることを証明する寺請証文を発行するようになった。

神社についても、寛文五年に幕府は「諸社禰宜神主法度《しょしゃねぎかんぬしはっと》」を出して統制をはかった。神職の神事祭祀の励行、叙位・装束の規定、神領売買の禁止などを定め、神社が位階を受けるためには伝奏公卿ないしは公家の吉田家の執奏によるものとしたので、吉田家による神社統括が進むことになった。そのほかの宗教者のうち修験者については、天台宗聖護院門跡の本山派と醍醐寺三宝院門跡の当山派に組織化し、陰陽師については公家の土御門家が本所として統括した。

名君による藩政

幕府の全国的体制の整備に応じて諸藩も整備へと動いた。将軍家綱の輔佐をして幕閣で重きをなした会津藩の保科正之《ほしなまさゆき》は、幕政では、末期養子の禁を緩和し、会津藩において実施していた殉死の禁止を制度化し、大名の人質を江戸でとる大名証人の制を廃し、明暦の大火後の復興を担ったが、会津藩政では、寛永二十年（一六四三）に漆・鉛・蠟・熊皮・巣鷹・女・駒・紙の八品目の藩外持ち出しを手形の有無で制限する留物令《とめものれい》を発し、許可なく伐採できない樹木として漆を指定、専売制をしくなど産業の育成と振興に努めた。

明暦元年（一六五五）の会津の飢饉では、貧農・窮民の救済のために社倉を創設して低利の融資を行い、万治《まんじ》三年（一六六〇）には百姓への恣意的な扱いを禁じ、寛文元年（一六六四）に相場米買上制を始め、寛文年間には升と秤の統一を行い、九十歳以上の老人には身分を問わず終生一人扶持を支給するなど、民政において先進的な政策を展開した。

正之は熱烈な朱子学の徒であり、朱子学を奨励して会津に好学・尚武の風をつくり、稽古堂を設け藩士の子弟教育にあたらせた。また山崎闇斎《やまざきあんさい》の影響を受けて神儒一致を唱え、儒者の山鹿素行が朱子学を批判し、「周公孔子の道」につくことを提唱し寛文五年に『聖教要録』を刊行すると、これに怒って赤穂藩に配流させた。

保科正之とともに「明君」（名君）と謡われた池田光政《いけだみつまさ》は、寛永九年に叔父の岡山藩主忠雄《ただかつ》の死去にともない、鳥取から三十一万石で移封となって岡山藩政にあたると、儒教を信奉して熊沢蕃山《くまざわばんざん》を招聘《しょうへい》し、寛永十八年に上道郡《じょうとうぐん》花畠に花畠教場《はなばたけきょうじょう》を開校した。蕃山は陽明学と朱子学の中間的立場から、武士を「人民を教へ治める役者」と規定し、武士にはその職分を勤め自己修養に励むことを求め、花園会約を定め、文武を修めさせた。これは後に城内に移され、学館と称された。

岡山藩では承応《じょうおう》三年(一六五四)に大洪水に見舞われたので、家臣による地方知行制を改め、大庄屋制も廃し、郡奉行・代官が在地に常駐して農村の実情にあわせた農政を行わせ、その結果、五年後には年貢徴収が洪水以前に復活し、寛文期には大増収となった。

光政は領民の教化政策を進め、寛文六年から日蓮宗不受不施派の弾圧を行い、寺院淘汰を実施して全領六割の寺院を廃したので、僧侶が四割以上いなくなったという。これは神儒一致思想からの神道を中心とした神仏分離であり、寺請制度を廃止して神道請制度を導入した。寛文八年に村役人や上層農民の子弟を対象に郡々手習所を設け、その数は百二十三か所に及んだ。なかでも力を入れたのが、和気郡木谷村付近を視察して同八年に木谷村延原に開設した和気の手習所であって、寛文十年に重臣の津田永忠が拡張をはかって、閑谷《しずたに》学校の建設が始まり、郡々手習所が財政難で廃されるなか、延宝元年(一六七三)に講堂が、翌年に聖廟も完成した。

正之・光政と並んで「名君」と称されたのが徳川光圀である。光圀は史書を愛し、幕府が『本朝編年録』を編集しているのにあわせて、明暦三年(一六五七)に江戸駒込邸に史局を設置し、紀伝体の歴史書『大日本史』の編纂作業に着手した。寛文元年、藩政の基礎を築いた父頼房が亡くなり水戸藩二十八万石を継承すると、父の葬儀を儒教の礼式で行い、儒式墓地の瑞竜山に遺体を葬り、家臣には殉死を禁じた。翌年に水戸城下の給水難を抜本的に解決するため町奉行に工事を命じ、着工から一年半で総延長十キロに及ぶ笠原水道が完成した。寛文三年には領内の寺社改革に乗り出して「開基帳」作成を命じ、由緒ある寺を保護するかたわら、開基帳に載る二千三百余のうち千余りの不行跡な寺を処分した。

藩政の刷新

三人の名君はいずれも仏教には厳しい姿勢をとったのであるが、加賀藩では戦国期の一向一揆鎮圧に伴って武士と農民との間に軋轢《あつれき》があったので、一向一揆の門徒指導者を十村《とむら》という農村指導役に任じ、数十か村からなる組を管轄させる十村制を採用していた。だが、ここでも農村の窮乏は著しく、慶安四年（一六五一）から明暦二年（一六五六）にかけて、前藩主前田利常《まえだとしつね》は子の藩主前田綱紀《つなのり》を後見するなか、農民の暮らしを安定化させる改作仕法《かいさくしほう》で農政改革を行った。

それは、農民の借金の帳消し、農具・種籾購入のための銀（改作入用銀）の貸付、当座の食料（作食米《さくじきまい》）の貸付、労働人口の再配分などを進めるもので、十村には、藩役人との調整や農業指導、労働人口の把握などの農政の実務を任せ、改作入用銀や作食米は十村を通じて農民に融資され、六年間のその融資総額は米七万三千石、銀七百貫に及んだ。

こうした貧農救済の一方で、耕作を怠ける徒百姓《かちびゃくしょう》、年貢を納めない蟠り百姓《わだかまりびゃくしょう》、改作法自体に反対する者などへの処罰は苛酷で、全財産を没収したが、精勤に励む律儀百姓には十村の監督下で褒賞を与えた。改作法の目的達成のためには、藩主も、十村も、農民も限界まで働くことが前提にあり、一部の農民の抵抗はあったものの、利常はこれを貫き、十村制が効率よく機能し、改作法施行前後で藩の税収は増え、融資した改作入用銀や作食米は回収された。

四国の土佐藩で藩政刷新を担ったのは執政の野中兼山《のなかけんざん》である。兼山は谷時中《たにじちゅう》に朱子学を学び、その南学による道徳の実践に努め、藩主の山内忠義《やまうちただよし》の下で藩政にあたり、堤防の建設や平野部の開拓で米の増産を進めた。寛永十六年（一六三九）に湾曲斜め堰として有名な山田堰の工事に着手して寛文四年（一六六四）に完成させている。

森林資源の有効活用のために乱伐を避けるべく輪伐制を導入し、築港を推し進めて藩内製品の販売に努めた。手結《てい》港は日本最初の掘込み港湾として慶安三年（一六五〇）に工事が始まり、漂砂による港湾埋設を防ぐために内港まで細長い航路で結び、南側に長い突堤を設けて明暦元年（一六五五）に完成した。津呂港は岩礁の中の僅かな窪地を掘り上げる難工事の末に築いた避難港で、航海の難所である室戸岬を航行する船の海難を防いだ。

身分の別なく郷士などを登用し、藩外から植物・魚などを移入して育成につとめ、捕鯨、作陶、養蜂などの技術者を招き、殖産興業をはかったので、藩財政は好転したが、過酷な年貢の取り立てや華美贅沢の禁止などから、領民に不満が溜って逃亡者が生まれ、郷士の役職への取り立てで上士の反発をかって対立を深めたことから、藩主忠義が隠居して忠豊《ただとよ》の代になった寛文三年、兼山の施政に不満の家臣が藩主に弾劾状を提出して兼山は失脚した。

職業としての儒者

多くの藩では政治顧問として儒者を登用し、その献策により藩政刷新を行うようになったので、儒者の地位が定まっていったが、この儒者の進む道を先駆的に拓いたのが藤原惺窩《ふじわらせいか》である。播磨細川荘に生まれた藤原惺窩は、京に出て相国寺で儒仏を学び、朝鮮の儒者姜沆《きょうこう》との交流を経て、朱子学を中心に陸象山《りくしょうざん》や王陽明の学の長所をとりいれる「異中の同」を重視した。秀吉の朝鮮出兵時に家康に『貞観政要《じょうがんせいよう》』を講義し、『寸鉄録《すんてつろく》』『文章達徳綱領《ぶんしょうたっとくこうりょう》』を著すなどして、やがて洛北の市原に隠棲するなか、大名や公家・僧らと親交を広げた。

その門下からは林羅山・堀杏庵《ほりきょうあん》・那波活所《なわかっしょ》・松永尺五《まつながせきご》の「惺窩四天王」が出たが、その四天王の一人の林羅山は、父が加賀の牢人で、京に生まれて建仁寺で禅学を学び、慶長九年（一六〇四）に惺窩に師事して朱子学を学び、惺窩の推挙で翌年に家康に仕えた。家康から出家を命じられるなど、儒学よりもその「博学」で仕えて幕府の文書行政に携わった。寛永七年（一六三〇）に上野忍岡の地を家光から与えられて学寮を建設し、同九年に先聖殿《せんせいでん》を完成させ、幕府の学政への参与の道を開いた。寛永十二年に『武家諸法度』を起草、同二十年に『寛永諸家系図伝』を完成させる。

堀杏庵は近江の医師徳印の子で、医学を曲直瀬正純《まなせまさずみ》、儒学を藤原惺窩に学び、長じて広島城主浅野幸長に仕え、徳川義直に請われて尾張藩の藩儒となった。著書に『杏陰集』があり、羅山を責任者に始まった家譜『寛永諸家系図伝』の編集にも関わった。

那波活所は播磨《はりま》那波浦《なばうら》の商人の子に生まれ、叔父が京都の豪商那波屋の祖という関係もあって上洛し、儒学を藤原惺窩に学び、二十歳で家康に拝謁し、元和九年に肥後藩、寛永十二年に紀伊藩の徳川頼宣に仕えた。松永尺五は松永貞徳《まつながていとく》の子で、和歌を細川幽斎、儒学を藤原惺窩に学び、加賀前田家の厚遇を受け、京都に講習堂や尺五堂の私塾を開き、『彝倫抄《いりんしょう》』を著し、京都の儒者の中心に位置するようになった。弟子には筑後柳川藩に仕えた安東省庵や福岡藩に仕えた貝原益軒、木下順庵らがいる。

そのうち京都に生まれた木下順庵は、尺五に師事して儒学に勤しみ、加賀藩の前田利常に仕えた。天和二年（一六八二）には召されて幕府の儒官となって将軍徳川綱吉の侍講をつとめ、『武徳大成記《ぶとくたいせいき》』の編集に従事した。朱子学に基本を置きつつも古学に傾倒し、著書に『錦里文集《きんりもんじゅう》』『班荊集《はんけいしゅう》』があり、新井白石や室鳩巣《むろきゅうそう》、雨森芳洲《あめのもりほうしゅう》らの「木門十哲《もくもんじってつ》」と呼ばれる人材を育てており、彼らは将軍の侍講や大名の藩儒となった。

異色な存在が中江藤樹《なかえとうじゅ》と谷時中である。藤樹は近江に生まれ、祖父吉長の養子となって伊予大洲《おおず》藩に仕え、朱子学を厳格に実践する道を求めるなか、林羅山が出家したのを批判するなどしていたが、主張が藩に受け入れないことから脱藩して近江に帰郷、「藤樹書院」を開いて道徳実践の学を講じ教育にあたった。正保元年（一六四四）に王陽明の全集を入手して共鳴し、日本における陽明学の基礎を築いた。その門人には熊沢蕃山がおり、著書の『翁問答《おきなもんどう》』は広く読まれた。

谷時中は土佐に生まれて浄土真宗の僧であったが、真常寺で中国の古典を読むなか、南学派朱子学の南村梅軒《みなみむらばいけん》に学んで還俗し、生涯を在野で過ごし、海南朱子学派の祖となった。門下の野中兼山は土佐藩政に、山崎闇斎は会津藩政に大きな影響をあたえた。

仮名草子の作者

儒学を志した人々の地位が定まってゆく一因として、多くの書物が出版され、それが容易に入手し学べるようになった環境があげられる。印刷は戦国期に朝鮮から銅活字印刷が伝わると、これにならって木活字《もくかつじ》印刷が行われて活字版の儒書や仏書・和書などが出版されるようになった。しかし印刷が面倒なために量産できずにいたところ、寛永期に入って版木に直接彫り付ける製版印刷が考案されると、これが大量生産に適しており、広く普及した。明暦三年（一六五七）に京都所司代が出版統制令を出したことに明らかなように、多種多様な出版物が現れた。

林羅山が「智・仁・勇」三つの徳を行うのが聖人の道であると説いた『三徳抄』が出版されたように、儒者の著書も仮名草子の形で広く読まれて普及し、仮名草子の出版によってその作者の地位も定まっていった。寛永十九年に仮名草子『可笑記』を著した斎藤親盛《さいとうちかもり》（如儡子《にょらいし》）は寛文四年（一六六四）に『百八町記《ひゃくはっちょうき》』を著している。朝山意林庵《あさやまいりんあん》は駿河大納言徳川忠長に仕えていて、諫言がいれられないので致仕し、寛永十五年に様々な参詣者の問答を通じて社会の動きを解説、批判を加える『清水物語《きよみずものがたり》』を著したところ、二、三千部も売れたという。浅井了意《あさいりょうい》は摂津真宗本照寺住職の子で、父が追放されて流浪するなか、万治二年（一六五九）に教訓物『堪忍記』を著して評判をとると、寛文四年に京都の地誌である『京雀《きょうすずめ》』、同五年に浮世坊の放浪の物語である『浮世物語』、同六年に怪異小説の『御伽婢子《おとぎぼうこ》』を著すなど、その著作は七十部六百巻に及んだ。

仮名草子は啓蒙的・教訓的な物語に始まって、笑話や名所案内記、評判記などの実用書、事件・災害を記す見聞記など多岐にわたり、年中行事解説書『世諺問答《せいげんもんどう》』や、事物の起源集『枯杭集《かっくいしゅう》』『由来物語』にも及んでいって、明暦から寛文期にかけて最盛期を迎えた。寛文十年刊の『増補書籍目録』では、仮名草子は「仮名和書」に分類され『三徳抄』ほか八十九点が載っている。

このことは仮名草子を書くことが職業として成り立つようになっていることを物語っており、作者には牢人が多かったので、牢人の就職先という意味合いもあった。したがって仮名草子からは牢人の立場からの社会の見方や、捉え方がうかがえるのである。

その作者の一人である鈴木正三《すずきしょうさん》は、徳川家の家臣として大坂の陣に出陣した後、牢人となって江戸で出家し、島原の乱後に弟重成が代官になった天草に渡り、仏教への帰依を人々に説いた『破吉《はき》利支丹《りしたん》』を著し、念仏の教義を禅宗に取り入れて「仁王不動禅」を推奨し、『麓草分《ふもとのくさわけ》』『二人比丘尼』『念仏草紙』『因果物語』『万民徳用』など多くの仮名草子を著した。

正三はこのうち『万民徳用』で、「世法則仏法」に基づく「職分仏行」を説いた。それは仏法の宝十か条を指摘して「何の事業も皆仏行なり」と唱え、士農工商の四民に沿って「武士日用」「農人日用」「職人日用」「商人日用」の項を立て、「鍛冶・番匠をはじめて諸職人なくしては世界の用所、調《ととのふ》べからず。武士なくして世治まるべからず。農人なくして世界の食物あるべからず。商人なくして世界の自由成るべからず」と、それぞれの事業が世のためになり、「仏行」である、として日々の職業生活における信仰実践を説いた。現代につながる職業倫理を提唱したのである。

この点は、宮本武蔵の『五輪書』が「人の世を渡る事、士農工商とて四つの道なり」と指摘した道の特質と対応するものであり、武蔵も牢人の経験者であって、そこからは士農工商四民の職業観がうかがえる。

二　四民の職業

農書と村役人の農業指導

武蔵の『五輪書』は、農の道は農人が「色々の農具をまうけ、四季転変の心得暇なくして、春秋を送る事」と語るが、百姓による職業としての「農の道」への自覚は、農書の出現からもうかがえる。伊予の土豪土居《どい》清良《きよよし》の軍記『清良記《せいりょうき》』巻七は、寛永五年（一六二八）頃に編まれた農書の性格を有している。編者は清良の一族の土居水也《すいや》と見られて、その内容は清良が生きた時代よりは遅く、寛永五年（一六二八）以降の事情が踏まえられているとされる。

内容は清良が農業について宮下村の宗案に質問し、これに宗案が答える形で農業の在り方を記すもので、農人を上・中・下に分類した上で、「上農の仕方は五戒五常を形取り、心の行ひ第一に候」と、上農の心遣いを指摘した後、「親民鑑月集」と題して、四季の作物や五穀雑穀、土地の地味など農業の実際を語ってゆく。

ここに見える上農とは、慶安二年（一六四九）二月の「百姓身持之事」第二十条に見える「作の功者成る人」にほかならないのであって、その農業の巧者から田畑に相応しい種が何かを尋ねて蒔くなど、毎年農業に心がけ作るように訓じている。その第五条では「朝おきを致し。朝草を苅、昼ハ田畑耕作にかかり、晩にハ縄をないたわらをあみ」と、一日中の農作業を油断無くするよう、耕作に精を入れ身持をよくするよう説いている。

本格的な農書は『百姓伝記』に始まる。西三河の矢作川流域の事情に基づいて延宝・天和年間（一六八〇年前後）に三河の百姓が著したもので、作物栽培と肥培の管理を中心とする農業技術書であり、気象や暦・治水・農民生活など、記事は幅広く及ぶ。そこでは「分限相応に学文をいたし、土民職を勤る」ことが肝要、と記すなど、農業への職業意識は際立ち、「我が住処に、書物をよみたる確かなる人を招きよせ、寄合扶持し、幼少の子どもには先いろはをならわせ、智恵の付く古き小文等を読ますべし」と、教育の必要性も指摘している。

さらに会津に『会津農書』があり、これは貞享《じょうきょう》元年（一六八四）に幕内村肝煎《まくのうちむらきもいり》の佐瀬与次右衛門《させよじえもん》が長年の経験をもとに会津の地に即した農法を弘めるために著しており、上巻で水田の経営に関する地味や土質、立地条件、水掛りなどを記述し、中巻では畑作経営について、下巻で「農家事益部」

と題し農業全般について触れている。

各地で農業及び農業経営の実践的知識が語られ、継承されるようになっていたことがわかるが、その背景には、村の指導者である村方三役である名主（庄屋・肝煎）、組頭、百姓代（百姓）が、村役人として村の経営を担い、村の環境に精通するようになったことがあげられる。村役人が地頭（代官）の求めに応じて村明細帳を記して提出するようになったのもこのことと無関係ではない。

正保二年（一六四五）に相模・武蔵・下総の幕領代官の成瀬重治は、村々に村の書上げを命じたが、この時に相模高座郡《こうざぐん》羽鳥村《はとりむら》の名主文左衛門らが提出した書上には、田方・畠方の高・家数・人数・寺・馬・林について記されている。まだその内容は簡略だが、相模小田原藩が寛文十一年（一六七一）に提出を命じた村明細帳はより詳細なものになっている。その九月の足柄下郡根府川《ねぶがわ》村の明細帳では、名主長十郎が四十九項目について記しているのである。

正保から寛文にかけての時期、農民は村の環境や実情をきちんと把握するようになっていたのであり、村絵図も各地で作成されるようになった。

小農自立と新田開発

農書誕生の背景には、農業技術の進捗と職業意識の醸成によって農村の安定化と生産力の拡大がはかられ、上農の庇護下にあった小農が地代の負担者となってきたという事情もある。幕府は土地の分割相続によって家がつぶれるのを防ぐため、延宝元年（一六七三）に分地制限令を発し、二十石以下の名主、十石以下の百姓の分割相続を禁じ、安定した農業経営を持続させようとした。

畿内周辺八か国と備中・陸奥国の一部の幕領で行われた延宝年間の検地（延宝検地）では、これまでの検地が現地の代官により行われていたのを、勘定所派遣の役人の監視下で、検地対象地周辺の藩が行うものへと変更された。続く東国幕領の寛文検地では、自立した小農を年貢負担者として直接に掌握するようになっており、それとともに幕府の財政を担当する幕府勘定所は、勘定頭・勘定組頭・勘定・支配勘定という系統で整えられ、検地を統一的に行うようになった。

小農が自立する上では新田開発の影響も大きかった。全国の灌漑工事・新田開発の件数を見ると、慶長六年（一六〇一）から慶安三年（一六五〇）にかけて、それぞれ一二一件・一二二件であったのだが、慶安四年から元禄十三年（一七〇〇）にかけては二一四件・二二〇件と倍近くなっており、この時期の新田開発の広がりは目覚しい。

江戸湾に流れ込む利根川の流路を変えて、銚子から太平洋に流す工事が三十三年間をかけ承応三年（一六五四）に完成するが、これにともなって氾濫原や沖積地の耕地化が可能となった。前年には江戸の飲料と防火の用水として、上水工事を江戸の町人庄右衛門・清右衛門が請負って始まり、多摩川上流の羽村《はむら》に堰を設けて分流し、四十三キロの開渠を掘って四谷の大木戸へと導き、そこから埋樋《うずみひ》で給水するという玉川上水が、翌年六月に完成する。これは江戸の町を潤しただけではなかった。川越藩主の松平信綱が玉川上水の小川村に取入口を設け、そこから武蔵野火止《のびどめ》への野火止用水の開削を行い、五十戸の小百姓を移住させ、明暦元年（一六五五）に七カ村が誕生した。

信濃の佐久平では千曲川から取水ができず、蓼科・浅間山麓の水源から長大な用水路を築造して原野を農地化する工事を行い、五郎兵衛新田・八重原新田・塩沢新田・御影新田が開かれた。そのうちの八重原新田の開発に関わった黒沢加兵衛の業績を記す『当八重原新田開発曰書《いわくがき》』が今に伝わっていて、それによれば承応二年に「わみ堰」、万治二年に「大門堰」、同三年に宇山堰・八重原堰が完成し新田が生まれたという。

江戸の材木商吉田勘兵衛は、横浜の大岡川の河口部にある入海に目をつけ、明暦二年に幕府からの埋立・新田開発の許可を得て工事を開始し、海水の流入を防ぐ潮除堤《しおよけづつみ》を築いた。だが、翌年に海が荒れて潮除堤が崩壊したため、丈夫な石堤が必要と考え、再び計画を練った。技術面を砂村新左衛門が担当して万治二年に工事を再開、堤の石を安房・伊豆から運び、土を天神山、中村大丸山、横浜村の洲干島《しゅうかんじま》から削って運んで、寛文七年に完成し、延宝二年の検地で新田村が成立した。

関東周辺の新田開発には江戸の町人が多く関わっており、寛文三年に浅草の米商人友野与右衛門らが出資した箱根用水工事は、芦ノ湖の水を駿河駿東郡深良村《ふからむら》に落として三島まで用水路を通す難工事であったが、寛文十年に完成して四千石の新田が生まれた。寛文八年には江戸材木町の石屋善左衛門が富士山の伏流水から湧き出る滝からの通水により、駿東郡御厨《みくりや》地方に十六町歩の阿多野新田を開いている。このように新田開発に町人が関わるなか、時に村の百姓との対立も起きたり、町人の経営の失敗があったりしたが、新田開発は進められ村も町も潤った。

町人の請負新田と科学技術

下総の海上郡《かいじょうぐん》にあった椿海《つばきのうみ》は大きさが東西三里、南北一里半ほどもあったが、江戸町人の白井次郎右衛門が干拓を申請し、寛文八年（一六六八）に工事が始まり、苦難の末、江戸商人の野田市郎右衛門や栗本源左衛門による新川開削が成功して排水が進み、延宝元年（一六七三）に完成し、翌年から一町あたり五両で干拓地売却が始まった。新田開発も順調に進んで、元禄八年（一六九五）の検地で「干潟八万石」十八カ村が成立した。

江戸深川の商人徳島兵左衛門俊正は、身延山久遠寺参詣の折、甲斐の釜無川《かまなしがわ》右岸では水が乏しいため荒地が多いのを知り、堰の開削を計画、寛文四年（一六六四）に甲府藩主の許可を得て釜無川と小武川《こむがわ》の合流点の下流に、石を積み粗朶《そだ》に筵《むしろ》を張って水を堰止め取水口とし、流路を等高線に沿って築いてゆき、天井《てんじょう》川の部分では埋樋で暗渠となし、傾斜地を通すなどの工夫をして、寛文七年に曲輪田《くるわだ》新田まで約十七キロの通水に成功して二十二カ村を潤した。

このような新田開発における土木技術など、実用的な科学技術が求められたこともあり、急速な進展をみたのが本草学《ほんぞうがく》（博物学）や農学・数学・医学などの実用科学である。そのうち本草学は植物学に発して動物や鉱物・薬物をも対象とする博物学的性格を有するようになったものであり、その基本は明の李時珍《りじちん》が著した『本草綱目』にあって、これを慶長十二年（一六〇七）に入手した林羅山が幕府に献上し、寛文十二年にその和刻本『校正本草綱目』が刊行されてから、本草学発展の基礎がつくられた。

これの刊行を助成した貝原益軒《かいばらえきけん》は、本草学の研究を進め、宝永六年（一七〇九）に我が国初の本草学の書『大和本草』を著して、千三百余種の名称や来歴・形状・効用などを明らかにした。益軒は黒田藩に仕え長崎に遊学して宋学・医学を学び、江戸で林鵞峰に朱子学を学んで、福岡に帰って黒田光之に仕えるなか、二度にわたる京都留学で学者と幅広く交流し、漢書や和書を読み、薬園を観察、野山を渉猟した。『大和本草』はその成果である。

益軒は朱子学の窮理《きゅうり》の学の自然法則的な理を重視して本草学を追究したもので、他にも『養生訓』や『用薬日記』など医学・薬学に関する実用的な書物を著した。この益軒の勧めによって、農書『農業全書』を元禄十年に出版したのが宮崎安貞である。安貞は福岡藩に仕えた後、牢人して西日本の農業先進地帯を旅し、福岡の女原《みょうばる》に帰農した後は荒れ地を開墾して農業を営むなか、明の徐光啓の『農政全書』を参考にしつつ、豊かな経験のある百姓に取材し、誰にもわかりやすい『農業全書』を著した。農業技術や農事の総論に続き、約百五十種の有用植物を五穀、菜、山野菜、三草、四木、草木、諸木、生類養法（家畜）、薬種などに分類して解説しており、特に商品作物の木綿・煙草などの栽培には詳しいものがある。

先に見た『会津農書』や『百姓伝記』、また加賀藩の十村役の土屋又三郎による宝永四年の農書『耕稼春秋《こうかしゅんじゅう》』、紀伊伊都《いと》郡《ぐん》の庄屋大畑才蔵による農具・治水用水工法の解説書『才蔵記』（『地方の聞書』）など、この時期に多くの農書が書かれたが、他地域に伝わらないなか、『農業全書』は京都の書肆柳枝軒《りゅうしけん》の手により、徳川光圀の推薦文を得て出版され、大きな影響を与えた。

自然科学と人文学

本草学のごとく、中国の書物から科学技術を学び、それを日本の実情に沿って研究し発展させた学問がこの時期に多く生まれた。角倉了以《すみのくらりょうい》一族の吉田光由《よしだみつよし》は和算を割算法の毛利重能《もうりしげよし》に学び、了以の子素庵から与えられた中国の数学書『算法統宗《さんぽうとうそう》』を研究して、珠算をもとにした和算書『塵劫記《じんこうき》』を寛永四年（一六二七）に刊行している。これは実用技術を必要としていた軍事・土木の分野から歓迎され、寛永十八年には小型本も刊行された。

この影響を受けつつも、独自に『塵劫記』に学んだ和算家の関孝和《せきたかかず》は、甲府藩の勘定吟味役となり、延宝二年（一六七四）に『発微算法《はつびさんぽう》』を公表し、円周率・円の面積から微分法・積分法を考案するなど、当時のヨーロッパの数学に劣らぬ成果をあげた。益軒にしても、和算家にしても、京都で学問を学んだ成果は大きかった。

益軒の幅広い活動の基盤は、儒学の松永尺五・木下順庵や本草学者の向井元升《むかいげんしょう》・黒川道祐、史家の松下見林《まつしたけんりん》などとの交流の賜物と言ってもよいものである。向井元升は肥前神崎郡に生まれて長崎で天文・医学・本草学を修め、私塾の輔仁堂《ほじんどう》を開いて儒学を講じ、万治元年に京で開業して名医と称された。俳人の去来はこの元升の子で嵯峨野に落柿舎《らくししゃ》を結んで、芭蕉に学び、芭蕉死後にその所説を『去来抄』にまとめている。

黒川道祐は安芸に生まれ儒学・医学を学んで広島藩に仕え、京に移り住むなか、山城国の歴史・

地理を記す『雍州府志《ようしゅうふし》』、安芸・備後の地誌『芸備国郡志』、名医の伝記『本朝医考』など歴史・地理に関する著作を多数のこした。さらに松下見林は大坂に生まれて医を古林見宜《ふるばやしけんぎ》に学び、京都堀川で開業して、儒学や歴史を教え、舶来書籍の購入を積極的に行ったので、その蔵書は十万巻に及んだという。元禄元年（一六八八）に著した『異称日本伝』は、中国・朝鮮の文献から日本の関連記事を集録した、東アジア視点からの日本研究の先駆的業績である。

彼らとの交わりから益軒は、地誌『筑前国続風土記』や『養生訓』など人文学書を著したが、京都のこのような学問風土の醸成に寄与したのが京の町人出身の伊藤仁斎《いとうじんさい》である。寛文二年に同志会をつくって、同志とともに儒学の共同研究を始めた。京都堀川に家塾の古義堂《こぎどう》を開き、武士・町人・百姓など諸階層に教え多くの門人を育てた。朱子学を学ぶなかでその経書の解釈に疑問を呈し、儒学の古典に還る古義学を主張、経義文章よりは徳性を重視し、教育面では相互に人格を重視したので多様な人材が育った。

富裕な京の町人

多くの学者が育った京では、早くから職人・商人も定着していた。寛文四年（一六六四）に浅井了意が著した仮名草子『京雀』は京都の名所記であるが、町別に商売を記している。寛文十年刊の『新板増補書籍目録』は京で出版された書籍を、仏教十宗書物、仮名仏書、儒書、文集・書簡、詩・連句、韻書・字書、神書・有職、暦書・占書、軍書・兵法書、医書、仮名和書、歌書・物語、連歌書、俳諧書、女書、謡本、算書、盤上書、茶湯書・華書、躾方書・料理書、名所尽、名画尽、狂歌集・咄本、舞本・草紙、往来書・手本、石摺・筆道書、掛物など、三十六項目に分類してその名を記しており、商売人や諸職人が急増していたことがわかる。

さらに貞享二年（一六八五）に出版された水雲堂《すいうんどう》孤松子《こしょうし》の『京羽二重』には、年中行事や神社仏閣、官位補任などに続いて「諸師諸芸」「諸職名匠」を記すが、その「諸師諸芸」には、医師の山脇道隆、儒者の木下順庵、連歌師の里村昌陸、俳諧師の季吟、立花の池坊、茶湯の中西立佐、絵師の狩野永真、刀目利《かたなめきき》の本阿弥光叔、能大夫の観世左近など、元和・寛永期の文化を担った諸師らの後継者の名を連ねている。

さらに「諸職名匠」には、京文化の基盤をなす職人名が見える。文化・生活に関わる職人や商人・芸能者をはじめ、金座・銀座・呉服所など幕府・藩の需要に応じた諸職の業者を載せるが、呉服所とは諸藩呉服調達のための呉服商で、京では百二十余藩が百五十余の京都呉服所を指定していた。幕府は京・江戸で後藤縫殿助《ぬいのすけ》、茶屋四郎次郎など七名を指定し、禁裏は八文字屋善兵衛、院御所は伊勢市左衛門が呉服所であった。

京都では呉服所調達の高級織物など文化的物資・道具の商人や職人が認められるのであり、手広い商売を営んでいたのは両替町に住む末吉・後藤・糸屋・淀屋などの両替商、「長崎割符年寄」の金屋源右衛門、七文字屋正春、津田勘兵衛、菱屋五兵衛らであった。この京の町人について、三井高《みついたか》房《ふさ》の『町人考見録』は、その「元祖」は商売を広げて、富を子孫に伝えようとしたが、子孫が家職を人任せにして仕置き、家業を忘れて家をつぶすことが多かった、と記している。では元祖はいかに富を築いたであろうか。

袋屋常皓は「長崎商」の手代であったが、自身も長崎に通って商売が繁昌したという。糸屋十右衛門は敦賀の出身で「米商売」を行って大坂廻しの米で稼ぎ、京に住むようになった。阿形宗珍は奥州延沢の金山で儲けて江戸から京へ引っ越してきた。図子口、大黒屋徳左衛門、金屋勝右衛門などは「長崎問屋」として富を蓄え、播磨屋長右衛門は薬種商売、片木勘兵衛は糸商売で「西陣の長者」と称され、日野屋長左衛門は「関東問屋」、菱屋十右衛門は「巻物商売」で儲けたという。

彼らの後継者はその儲けた金で「銀座」「糸割賦」「呉服所」「両替屋」などを営むうちに没落したのだが、没落の一因には「大名借」があった。石河自安は「薩州・細川などをはじめその外西国の御大名方、多く借銀これ在り」と、薩摩島津・肥後細川などに貸して返済されずに身上をつぶし、袋屋常皓も因幡松平氏、高屋清六も陸奥盛岡藩南部氏に貸して身上をつぶしたという。

借りた藩は困窮していた。長州藩は赤字財政から承応二年（一六五三）に計七千四百両の銀の借り入れがあり、大坂からは九百両だったが、京都からは三千五百両をも調達していた。京の商人は藩の米を担保にとっても販売に関係しておらず、担保米が他に逃げても打つ手がなかったのである。

江戸町人の台頭

京での没落した富商が多いなかにあって、白木屋《しろきや》は京から寛文二年（一六六二）に江戸に進出し、通三丁目に間口一間半の小間物屋を開くと、順調な商売により寛文八年に羽二重地を販売、延宝六年に縮緬・毛氈・紗・綾等の呉服販売をも扱い、江戸を代表する呉服店となったのであるが、もとは近江の大村彦太郎が慶安年間に京の寺の内に材木商を開き、木綿類・日用品販売を手掛けて成長してきたのである。

明暦の大火後の復興事業とともに江戸町人は逞しく成長を遂げていた。大火直後の明暦三年（一六五七）五月に江戸町人には銀一万貫が支給され、六月に大工・木挽・屋根葺・畳屋・石切・鍛冶屋など職人の手間賃が制限されることが家持や借家・店借らに触れられ、八月にその値段が定められて復興が進んだ。九月になると、大工・木挽・屋根葺・畳屋・石切・左官など諸職人仲間が手間料について申し合わせをするのが禁じられ、呉服屋・糸屋・綿屋・絹屋・物之本屋・紙屋・扇子屋・両替屋・鮫屋・薬屋・材木屋・竹屋・釘屋・槇屋・米屋・酒屋・肴屋・革屋・塗物屋仲間などが、新規加入者に礼金や振舞を強要したり、しめ売りや店借入れなどに干渉したりするのが禁じられた。

さらに材木問屋・米問屋・薪問屋・炭問屋・竹問屋・塩問屋・茶問屋・酒醬油問屋などの問屋にも、他国の船商人が問屋を通さず商売ができるよう、船商人への干渉を禁じ、さらにこれら商人仲間・問屋・諸職人仲間が一味同心して寄合って申し合わせをするのを禁じた。幕府は江戸の職人・商人の仕事や取引を活発にさせるとともに一定の歯止めを加えていったのである。

万治元年（一六五八）には日用（日雇い）の人足の賃金を定め、問屋仕入れの小間物・油・木綿・布・蚊帳・紙・煎じ茶など日用品を売り歩く振売りの調査を行い、それをもとに翌年に諸商売の鑑札制度を拡大した。鑑札が必要な商売を六種（絹紬、小間物など）、必要としない商売を二十六種、札銭（免許料）を出す商売を三種（古着買、煎茶売、髪結）に定め、肴売や菓子売など振売物の十六種については年齢制限（五十歳以上、十五歳以下）で許可をした。

このような幕府の政策もあって、職人・商人の生業が安定してゆき、江戸の復興が進んで人口が増えた。万治二年には本所・深川の低湿地開発が始まり、大名・旗本の屋敷地が造成され、三百町の江戸の市街地化が進んだことから、寛文二年に代官所支配下にあった芝・三田・飯倉より下谷・浅草にいたる街道沿いの町々が、町奉行所の支配地とされ、寛文十年には本所・深川の開発が終わり、ここには蔵屋敷や幕府の船蔵、木場・干鰯《ほしか》場・石置場などの貯蔵施設が設けられ、武蔵・下総両国に架かる両国橋で日本橋周辺の問屋街と結ばれた。

江戸町人の職人・商人の定着を物語るのが、貞享四年（一六八七）刊の藤田理兵衛『江戸鹿了《えどかのこ》』である。『京羽二重』の江戸版として編まれた地誌で、その巻五には江戸の通り別に属する町名と「町筋諸職売物」の商店の種類を記し、巻六に「諸師諸芸」として医師や絵師などの専門職、「諸職名匠諸商人」として各種職人や菓子所等専門業者、「問屋大概」として各種問屋の住所と名前や屋号を記している。職人や商人の名前と在所が記されるほどに彼らは江戸の町に定着していた。

大坂の町人と海運

京の大名貸商人が没落したのに対し、大坂の商人は大名貸に依存せずに幅広く商売を行っていて、大名貸を行っても、蔵元として大坂に置かれた藩の蔵屋敷の米の管理を行ったので、金融と米販売の両面から経営のリスクは小さかった。この大坂の繁昌の様子を伝えるのが延宝七年（一六七九）刊の水雲子編『難波雀』である。

『京羽二重』『江戸鹿子』の刊行以前に編まれた大坂の地誌で、大坂の町制や経済・文化・社会全般にわたる状況を記している。そのなかで目立つのが問屋の数の多さであって、江戸では諸色問屋が十四、小間物問屋・紙問屋が各五、諸国問屋・大坂舟問屋・墨筆問屋・櫛問屋・薬種問屋が各四、木綿問屋・蠟問屋・魚問屋が各三、鉄問屋・茶問屋・人参問屋が各二、きせる問屋・土人形問屋が各一家の計五十七家であったが、大坂はそれより十年も早い段階で、次表のように多種多数の計三百八十七家もの問屋が存在していた。

その問屋も江戸や京・長崎・土佐・尾張・紀伊・阿波・薩摩・北国など地域別にあって、紙問屋を見ても、岩国紙、山代紙、徳地紙、浜田紙、小川紙、かの紙、伊予杉原紙、厚紙、美濃紙など紙の特産地別に問屋がある。海運を通じての取引の多さが目立っており、江戸では記載のなかった船数が記されていて、廻船が百八十艘、茶船が千三十一艘など二千八百艘もの船が物資を運んだ。大坂の著しい発展が海運の確立によっていたことがわかる。

大坂をめぐっては、江戸―大坂―伊予の南海路、大坂―長崎の西海路、赤間関―松前の北海路が個々に結ばれていたが、寛文十二年（一六七二）に出羽の最上川水運が整備されるとともに、河口の酒田に貯蔵米蔵が設けられ、年貢米が海船に積み換えられ日本海を運ばれた。それにともない沿岸の寄港地が指定され、瀬戸内海を廻って大坂へと至る航路が整えられた。これまで敦賀や小浜で陸上げされ、琵琶湖経由で大津を経て京坂に運ばれていた奥羽や北陸諸藩の米の多くが、積み替えもなく大坂への大量輸送が安価にできたことから、西廻り航路により大坂の蔵屋敷に集中するようになった。

大坂中心の海運整備に尽力したのが河村瑞賢《かわむらずいけん》である。伊勢度会郡《わたらいぐん》東宮村の百姓の家に生まれ、江戸に出て土木工事で資産を増やして材木商を営み、公共事業に関わった。寛文十一年に幕領の年貢米を奥州から江戸に輸送する廻米について、東廻り航路の整備により容易にし、その翌年に西廻り航路をも整備したのであった。大坂は京・奈良を結ぶ陸運・水運の利もあって繁栄し、日本経済の中心となり、文化の中心京都、政治の中心江戸とともに「三都」と称された。

大坂の問屋（『難波雀』より）

紙問屋32、薪問屋27、長崎問屋21、八百屋物問屋20、材木問屋（土佐6、尾張4、紀伊国6、北国2、阿波2）、塩魚干物問屋19、江戸買物問屋17、木わた問屋17、生魚問屋16、煎茶問屋15、布問屋11、たばこ問屋11、京俵物買問屋10、

木蠟問屋9、梶めうしろかい樫木類問屋9、京薪買問屋9、木綿問屋8、舟板屋8、塩問屋7、鉄問屋7、舟板問屋7、炭問屋7、江戸廻し醬油屋7、肥前いまり焼物問屋6、薩摩問屋6、

江戸大廻し樽問屋4、北国肴問屋4、鰹ふし問屋4、江戸大廻し船問屋3、熊野炭問屋3、銅ふきや3、あい玉問屋3、京醬油屋3、鳥問屋3、熨斗問屋3、干物中買3、石灰屋3、

備後表問屋2、唐木問屋2、木地問屋2、備前焼物問屋2、紀州五器問屋2、砥石問屋2、ほしか問屋2、小刀庖丁中買2、

鮫問屋1、平戸鯨油問屋1、節乃問屋1、江戸回し問屋1、江戸廻し酒屋1、西国下し醬油屋1

航路整備とシャクシャインの乱

東廻り・西廻り航路の整備は、日本の政治・経済に新たな時代をもたらしたが、そのことと大きく関係するのが寛文九年（一六六九）に蝦夷地でおきたシャクシャインの乱である。蝦夷地を知行した松前藩では、稲作が適さないので河川流域の知行地を家臣に与え（商場《あきないば》知行権）、家臣はその知行地（商場）でアイヌとの交易で得た産物を、江差・松前・函館の三つの港に運んで、畿内や北陸から来た商人と交易してその利益を所得とし、藩は入港税を徴収し財源としていた。

寛文印知で松前高広は寛文四年五月十六日に江戸城に招かれ、「領知仕置の御朱印」を白書院で酒井忠清から渡されると（『柳営日次記』）、これを契機に松前藩は体制の整備に入った。寛文五年、財政難から、交易レートを従来の米二斗＝干鮭百本から米七升＝干鮭百本へと、一方的に変更したため、アイヌには不満がたまった。それに輪をかけたのがアイヌに交易を強要した「押買」や、鷹を捕獲する鷹侍、砂金掘り山師らの蝦夷地内陸部への進出であり、松前藩船の大網による鮭の大量捕獲もあって、アイヌの生業基盤が脅かされていた。

アイヌは河川の流域に集落（コタン）を形成してサケやマスを捕獲、山では狩猟、山菜・木の実の採集、簡単な農耕を行っており、そうしたなか、シブチャリ以東の太平洋沿岸に居住するアイヌ集団メナシクルと、シブチャリからシラオイにかけてのアイヌ集団シュムクルとが、慶安元年（一六四八）頃からシブチャリ地方の漁猟権をめぐって対立を深め、寛文八年に戦闘に及んだ。

そこでシュムクルの首長オニビシは、松前藩に兵具・兵粮を借用するため使者を派遣したところが、その使者が病死した。アイヌ側は日頃の松前藩への不満から、これが松前藩による毒殺であるとみなし、メナシクルの首長シャクシャインが蝦夷地のアイヌに蜂起をもとめたところから、寛文九年にアイヌが蜂起し、和人二七三人を殺害し、商船十七隻を襲った。

この松前藩への反旗の報告を受け驚いた幕府は、藩主の一族で旗本の松前泰広を派遣し軍事指揮にあたらせるなか、松前藩はアイヌ側に和議を申し入れ、その講和の席上で、シャクシャインら首長十五人を殺害したため、これによってアイヌは降伏するに至った（シャクシャインの乱）。

以後、幕府はアイヌの松前藩和人地や津軽などへの自由往来を禁じ、境界を設定してアイヌの居住・往来を蝦夷地に封じ込めたので、津軽・下北両半島に住んでいたアイヌは分断された。それとともに北方地域が安定し、寛文十一年の東廻り海路、翌年の西廻り航路の整備へと向かって、日本列島の海上交通網が整った。

長崎貿易の管理と陸上交通

延宝四年（一六七六）、佐渡から西廻りの江戸廻し海路の廻米が、安芸の豊田郡佐木島の難船で濡米になったので、東廻・西廻の海路の湊間の距離と風向きが調査された（『佐渡年代記』）。それには東廻では佐渡の小木湊から新潟までが二十四里、小木湊から瀬波までが三十七里とはじまって、粟島・飛島・酒田・秋田・戸鹿・能代・松前・南部・仙台・金華山・銚子などを経て江戸品川までの里程と風向き、西廻では小木から柏崎・今町・下関まで二百九十五里、下関から大坂まで四十五里、大坂から伊豆下田まで百六十四里、下田から江戸まで四十五里の里程と風向きが記されている。このうちの西廻り航路の整備によって上方船や西国船は日本海へと進出していったが、早くから蝦夷地に進出していた近江商人は、松前藩の家臣の商場の交易を任されており、運上金を納める場所請負制で取引を盛んに行い、蝦夷地海産物を小浜や敦賀経由で上方に販売するようになった。

対外貿易も長崎での貿易管理が新たな段階に入っていた。明暦元年（一六五五）に糸割符制を廃止し、相対売買仕方による自由貿易としたことから貿易量は増大したのだが、その支払いのために金銀流出が増えたので、これを抑制するべく、寛文十二年（一六七二）に「貨物市法」を制定した。これは「市法会所」が入札により輸入品の値段を決定して一括購入する制度であって、この取引で仕入れた品物は他の都市商人に売却され、差額の六割が長崎に還元され、それが長崎の市街整備にあてられた。

海上交通の整備も河川交通や陸上交通の整備と連動していた。徳川家康は朱印状によって各宿場に伝馬の常備を義務づけ、慶長九年（一六〇四）に日本橋を五街道の起点として定めたが、これをうけて徳川秀忠は政治的・軍事的に重要な五街道を幕府直轄とし、一里ごとに一里塚を築き、街道沿いに並木を植えることを命じた。東海道は寛永元年（一六二四）に完成し、江戸・日本橋から小田原、駿府、浜松、宮、桑名、草津を経て、京都・三条大橋までの五十三次、その延長部にあたる京街道（大坂街道）の四宿も加えて五十七次となった。

日光街道〈日光道中〉は寛永十三年（一六三六）頃に完成し、日本橋から千住《せんじゅ》、宇都宮、今市を経て日光までの二十一次。奥州街道〈奥州道中〉は正保三年（一六四六）に完成して、日本橋から宇都宮までの日光街道を経て、宇都宮から陸奥・白河までの二十七次であった。

こうして東海道、日光街道〈日光道中〉、奥州街道〈奥州道中〉、中山道、甲州街道〈甲州道中〉の順に五街道が整備されてゆき、その先へと延伸がはかられ、それにつながる脇街道も整備され、宿駅が整えられた。寛永十年に宿場の問屋に専用の飛脚を常駐させ、幕府がその費用として「継飛脚給米」を宿駅に支給する継飛脚の制度が整えられた。急ぎの場合、江戸・京都間なら片道六十六時間で運行できた。

万治二年（一六五九）に大目付兼任の道中奉行が置かれ、街道の伝馬・宿駅・飛脚などを管轄するようになり、寛文六年に『東海道路行之図』、寛文十二年に『東西海陸之図』などの宿駅の里数・駄賃・名所旧跡を記した道中図が刊行され、交通は著しく便利になった。諸藩の大名飛脚、大名・武家、町人も利用する飛脚屋・飛脚問屋なども発達した。紀州・尾張藩などの「七里飛脚《しちりびきゃく》」や、加賀藩の「江戸三度」、出雲松江藩の飛脚「七里飛脚」なども生まれた。民営の飛脚屋・飛脚問屋は寛文三年（一六六三）幕府の許可を得て開業したのに始まり、大坂・京都・江戸の三都を中心に発達し、大坂から毎月二・十二・二十二日の三度発する「三度飛脚」が生まれた。

三　浪人と道の巧者たち

商売の巧者

三都商人の活動や各地の商人の成長を活写したのが、六巻三十話からなる井原西鶴の『日本永代蔵』である。貞享五年（一六八八）に大坂北御堂前の書肆森田庄太郎を主版元に京都の金屋長兵衛、江戸の西村梅風軒を相版元に出版され、副題に「大福新長者教」とあって、仮名草子『長者教』に倣いつつ各地の商人の生態を描いた。

西鶴は寛永十九年（一六四二）に大坂に生まれた富裕な町人であったが、名跡を手代に譲って自由な暮らしに入り、俳諧を西山宗因《にしやまそういん》に学んで「阿蘭陀俳諧」と呼ばれ、「大晦日定めなき世の定め哉」などの句を詠み、浮世草子を書くようになった（『見聞談叢』）。その来歴から大坂の町人の事情に詳しかった。

巻一の三話では大坂の豪商金屋庄三郎が、「神通丸とて三千七百石積みても足かろく、北国の海を自在に乗りて難波の入湊に八木《はちぼく》の商売をし」と、大船神通丸による「八木」（米）の売買によって巨富を得たという。京の町人では、『町人考見録』に載る藤屋市兵衛が一代で千貫目の分限者となったことを紹介して、その借り家住まいに徹した吝嗇《りんしょく》ぶりや合理主義的な行動を語る（巻二の一話）。江戸の町人では『町人考見録』の著者三井高房の祖父高利が、「駿河町と云ふ所に、面《おもて》九間に四十間に、棟高く長屋作りして新棚を出《いだ》し、万《よろづ》現銀売りに掛け値なし、と相定め、四十余人利発手代を追ひまはし」と、現金売りと多くの手代を使う商売の切り盛りで繁昌した様を描く（巻一の四話）。

三都以外にも筆は及んで、巻二の五話では、出羽坂田（酒田）の舟問屋鐙屋惣左衛門がかってはわずかな人宿をしていたのだが、才覚によって栄え、諸国の客を引き請け「北国一番の米の買い入れ」をしているという。巻四の四話では、小橋の利助が入船の多い越前敦賀の湊での商いにより大問屋になったという。

ほかに奈良、大津、紀伊の太地、豊後の府内、伏見、駿府、長崎、淀などの商人について記すなか、所によって商売の違いがあると指摘し、「堺といふ所は俄《にはか》分限者稀なり。親より二代・三代続きて、古代の買置物、今に売らずして時節を待つは根づよき所なり」と、堺の朱座・鉄砲屋・薬屋仲間などは、仕入れてもすぐには売らずに時節を待って商売をしている、と記す（巻四の五話）。

西鶴は実際の話を記したのであり、その情報の入手先には俳諧に関わる知識が考えられる。松永貞徳の弟子松江重頼の俳諧作法書『毛吹草《けふきぐさ》』に、畿内をはじめ駿河の安倍川紙子《あべかわかみこ》、甲斐の甲州判、出羽の最上紅花、佐渡の金銀、出雲の鉄、備中の檀紙、阿波の材木、豊後の塩硝《えんしょう》など多くの名物が記されているように、俳諧師にとって名物は基本的知識であり、各地で句を詠んで交流するうえで、名物を知っておく必要があった。

西鶴に俳諧を指導した西山宗因は、肥後八代《やつしろ》の加藤家に仕えたが、牢人となって京都に移ってから、連歌師里村昌琢《さとむらしょうたく》の庇護を得て連歌師となり、正保四年（一六四七）に大坂天満宮連歌所宗匠に迎えられたが、松江重頼の影響を受けて寛文年間から俳諧に関心を向けるようになり、各地に赴いては俳諧を指導して談林風の創始者となったのである。

在郷商人と浪人の境遇

『日本永代蔵』は商売の巧者が長者となる成功譚を記すものだが、それとはやや違った視点から記しているのが巻五の三話の「大和にかくれなき木綿屋《きわたや》」川端九助である。九助は、地道な心がけにより小百姓から豊かな大百姓になった。農具・道具を工夫して稲や綿の収穫に励み、中国伝来の唐弓を用いて綿をこなし、「一日に三貫目づつ、雪山のごとく、繰綿を買ひ込み」と、繰綿を買って多くの人を雇い、大和では隠れなき綿商人になった。河内の平野、大坂京橋の富田屋・銭屋・天王寺屋などの綿問屋に送るとともに、摂津・河内から木綿を買い取って打つなどして、三十年余りに千貫目を稼ぎ出したという。農村生まれの在郷商人の活動を記しているのである。

その商品の木綿は戦国期に畿内から三河にかけての地域で生産されるようになって以来、需要の拡大とともに木綿商人は大きな利益を得るようになった。江戸で巨利を得た三井も元は伊勢木綿の商人であった。その木綿は畿内周辺から大坂の船積問屋に集められ、江戸の荷受け問屋に送られ、そこからさらに関東周辺へと販売されていった。常陸下館《しもだて》の中村兵左衛門家が記す明暦元年（一六五五）の店卸の帳簿からは、繰綿の取引を仙台・江戸・大坂などと行っていたことが知られており、同国真壁の中村作右衛門家でも、大和繰綿商人・大坂問屋・仙台商人と取引があって、常陸から陸路をさらに仙台に運ばれていた。こうした在郷商人の活動は上野《こうずけ》富岡、信濃松本、越前今立郡五箇村、近江日野など各地にも広がっていた。

『日本永代蔵』がもう一つ違った視点から記すのが、巻五の四話の常陸の分限者「日暮《ひぐらし》の某」が面倒をみていた牢人の話である。その牢人のうち学力があった森島権六は、厄介になった恩返しに四人の子に四書の素読をさせると、江戸に出て『太平記』読みとなり、小刀細工に器用な宮口半内は、木の細工物を江戸で売って銀子をため、芝神明で小間物売りになった。小歌・小舞をよくした大浦甚八は、江戸の坂東又九郎の芝居に入っており、武士の顔を忘れない赤堀宇左衛門は、知行五百石で召し抱えられ、後生を願った岩根番左衛門は、正直を通して仏の道に入り、好色の木塚新左衛門は、田町の茶屋で口三味線、太鼓持ちになったという。牢人が様々な道に進んで職業を得ていった様が語られている。

こうした牢人が広く職につくようになると、いつしか「牢人」の語は「浪人」と書かれるようになって、『日本永代蔵』も「浪人」の語を使用している。「牢籠の身」としての牢人から、本貫を離れ暮らした古代の「浪人」の語が用いられるようになったものであり、西鶴自身も「名跡を手代にゆづりて僧にもならす、世間を自由にくらし」(『見聞談叢』)といわれた浪人であった。浪人の語には「世間を自由にくらす」気分が漂っていた。

芸の巧者・役者

町人や百姓が職業に精を出すうちに、余裕が生まれて趣味や娯楽を楽しむようになるなか、成長したのが身体の芸能である。『慶長見聞集』巻七の十五話は、江戸の吉原の傾城町であげや町が造られ、能舞台を立てて舞楽・勧進舞・蜘舞・獅子舞・相撲・浄瑠璃の遊びが演じられ、僧俗老若貴賤が群集したと記すように、早くから身体の芸能に人々は群集していた。

斎藤月岑《さいとうげっしん》が著した江戸の総合年表である『武江《ぶこう》年表』には、寛永元年（一六二四）二月に中村勘三郎が中橋で歌舞伎芝居を興行したとあって、そこでは三味線を弾き、五、六十人の遊女が舞台に登場し、虎や豹の毛皮を使う豪奢な舞台を演出する遊女歌舞伎が行われていた。ところが寛永六年に遊女歌舞伎が禁止され、代わって若衆の役者が演じる若衆歌舞伎が注目を集めた。

その様について、「かの若衆どもの髪うつくしく結ひ、うす化粧して、小袖の衣紋尋常に着なし、ほそらかなる声にて小歌うたひ、はしがかりに練り出でたる」という舞を、「芝居のやから」「桟敷にある方々」が見物している、と浅井了意『江戸名所記』が記している。ここに見える「芝居」とは舞台を見物する芝の空間を意味し、桟敷から見物する客席とは違う見物席である。寛永十一年に葺屋町で村山又三郎が芝居を興行し（後の市村座）、寛永十九年には江戸の山村座が開場するなど、芝居興行が広がった。

しかし若衆歌舞伎も承応元年（一六五二）に停止令が出され、役者の前髪が剃り落されたことから、代わって成人の手になる野郎歌舞伎が広がった。遊女歌舞伎では踊りが主であったが、若衆・野郎歌舞伎では演技とセリフの劇的要素が強まってゆき、さらに野郎歌舞伎中心になると芸が重視されてきた。万治三年（一六六〇）に『野郎虫《やろうむし》』、その二年後に『剝野老《むきところ》』などの役者評判記が出版されるようになって、当初はその評判記も野郎歌舞伎の容色が中心に記されていたが、演技中心になっていった。

それとともに慶安三年に右近源左衛門が「海道下り」を演じて、女方の役柄が成立し、寛文年間に一幕・二幕と続く「続狂言」が成立して、寸劇からストーリー性をもつ劇的な世界が演じられるようになり、目の肥えた観衆の視線にさらされ、工夫が凝らされ、芸の巧者が生まれて歌舞伎の芸能が定着してゆき、多くの観衆が生まれた。万治三年に江戸に森田座が開場し、寛文・延宝の頃には中村座・市村座・森田座・山村座の四座に公認の証「櫓をあげる」ことが認められた。

寛文十二年の「当世百人一種」という「落書」には、「浄瑠璃ハ葦大夫観喜院」「能ハ宝生大夫」「謡ハ喜多七大夫」などの芸能と並んで、「歌舞伎ハ上村吉弥」と歌舞伎役者の名があり、歌舞伎役者にも巧者が現れたが、さらに「画師ハ狩野探幽」「博学ハ弘文院（林鵞峰）」「理学ハ伊藤源六（仁斎）」「心学ハ熊沢了介（蕃山）」「朱子学ハ山崎闇斎」など、百種もの職種の巧者が掲げられており（『談海』『翁草』）、様々な職種の専門家が芸を磨いて、職業を成立させていたのである。

俳諧文化の広がり

この時期の特徴の一つは全国的な文化の広がりにあるが、その点をよく示しているのが俳諧文化である。俳人の活動と、文化の担い手である町人の趣向とが合致し、俳諧は町人の間に広がった。松永貞徳の貞門風に続いて、西山宗因が自由・奇抜で軽妙な趣向の句（談林風）を詠んだことで一世を風靡し、町人に受け入れられた。「当世百人一種」に「俳諧八西山宗因」と見える。

延宝三年（一六七五）に宗因は田代松意《たしろしょうい》・野口在色《のぐちざいしき》らに請われて江戸に下って、『談林十百韻《だんりんとっぴゃくいん》』に「さればここに談林の木あり梅花」の発句を詠むなど江戸の俳諧に影響を及ぼし、江戸町人の田代松意が「恵み雨深し独活の大木一夜松」、遠江の材木商で江戸に住む野口在色が「花を踏んで洗足をしき夕かな」の句を詠んだ。

宗因の本拠の一つである京では、「伴天連社高政」と称された菅野谷高政《すがのやたかまさ》が「木食やこずゑの秋になりにけり」の句を、「洛の談林は大方常矩が門人」と称された田中常矩《たなかつねのり》が「魂を盗まれにゆく花見哉」の句を詠んでいる。大坂では井原西鶴が出たほか、因幡出身の岡西惟中《おかにしいちゅう》が「擂ばちやうごき出たる山のいも」の句を詠み、その撰になる『俳諧三部抄』には、宗因が訪れた美作津山の俳人四十六人の名が見える。

こうした俳諧の列島各地への広がりは、伊勢射和《いざわ》の商人の家に生まれた大淀三千風《おおよどみちかぜ》の旅にうかがえる。三十一歳で剃髪して奥州松島の瑞巌寺に身を寄せた三千風は、松島の雄島の庵室で俳諧に精進し、談林風の句を詠んで『松島眺望集』の刊行を構想し、四十余ヶ国の作者に松島の島々や地名を盛り込んだ作品を募集したところ、「作者五百余人、詠草《えいそう》のとめ句五千余韻《よいん》」という多数の詩歌が集まった。その間、延宝七年（一六七九）に一日二千八百句を独吟して句集『仙台大矢数《せんだいおおやかず》』を編み、巻頭句の「空花《くうげ》を射る矢数や一念三千句」から三千風と称した。

天和三年（一六八三）に全国行脚へと出発したが、その旅先は元禄三年刊の『日本行脚文集』によれば、日本海岸を丹波まで赴いて山城まで（巻一）、近江、伊勢、志摩（巻二）、畿内近国を廻り山陽道を経て、九州の豊後まで（巻三）、肥後・肥前から山陰の出雲まで（巻四）、伯耆から南下し美作・備前を経て四国を路して播磨・淡路まで（巻五）、近江から東山道を経て武蔵に入り東海道の駿河から甲斐・下総・常陸を経て仙台に戻るまで（巻六）、その後は江戸に出て東海道を上り伊勢・京都まで（巻七）と、ほぼ日本全国に及んでいた。

三千風は各地の自然に触れ、名所を訪ね、俳人・歌人・文人と交流を重ねた。甲斐に赴いた時には、市川の一瀬《いちのせ》調実《ちょうじつ》に句を贈ったが、この調実は陸奥岩代から出て江戸の俳諧を牽引していた岸本調和《ちょうわ》の弟子であった。甲府では柳町の伴野氏に宿をとり、松木安貞・森一峰・伴野長行らと交流し、連衆十三人の発句を載せている。元禄八年に相模大磯の草庵に入るが、ここは寛文四年（一六六四）に小田原の崇雪《そうせつ》が結んだ庵であって、三千風は西行の「心なき身にもあはれは知られけり」の歌に因んで庵の名を「鴫立庵《しぎたつあん》」と名付けて居住し、湘南地域に俳諧の種を蒔いた。元禄十四年の『和漢田鳥集』には小田原十七人、大磯十人のほか酒匂・藤沢・鎌倉など周辺の俳人の名が載る。

芭蕉は元禄二年に『奥の細道』の旅では仙台を訪れ三千風を訪ねたのだが、三千風は行脚の旅に出ていて留守であった。このことは『奥の細道』には記されていないが、同行の河合曾良の日記に「三千風尋ぬるに不知」とある。三千風は仙台周辺の名所を整えていたので、芭蕉らは三千風の弟子の画工北野屋加右衛門が描いた地図をもとにその名所を見聞している。

芭蕉の風雅

伊賀上野生まれの芭蕉が江戸に出て来たのは、その十七年前の寛文十二年、時に二十九歳であった。当初、江戸の俳人と交流して談林風の句を詠んでいたが、漢詩文を読むなか、新たな句風を目指して頭角を現し、「門人に其角・嵐雪」こと榎本（宝井《たからい》）其角《きかく》や服部嵐雪が入門してきた。

江戸の儒医であった其角は天和三年（一六八三）に『虚栗《みなしぐり》』を発刊、「日の春をさすがに鶴の歩み哉」の句を詠み、江戸の武士嵐雪は『若水』を刊行し、「元日や晴れて雀のものがたり」の句を詠んだ。甲斐出身で「目には青葉山ほととぎす初松魚《はつがつお》」の句を詠んだ山口素堂《やまぐちそどう》や、京から下ってきた伊《い》藤信徳《とうしんとく》らとの交流を経て、延宝五年（一六七七）に『江戸三吟』、同八年に『桃青門弟独吟二十歌仙《とうせいもんていどくぎんにじっかせん》』を刊行して宗匠の地位を確立すると、その冬に居を日本橋小田原町から深川の「芭蕉庵」に移した。

そこで老荘思想や仏教思想を学びその影響を受け、「老杜《ろうと》、茅舎破風《ぼうしゃはふう》の歌あり。坡翁《はおう》ふたたび此句を侘びて屋漏《おくろう》の句を作る」との感懐を記し、杜甫《とほ》の雨漏りの詩句から着想を得て、「芭蕉野分《のわき》して盥《たらい》に雨を聞く夜哉」の句や、「侘《わ》びてすめ月侘斎《つきわびさい》が奈良茶哥《ならちゃうた》」のような侘びの境地である、静寂で孤独な生活感に溢れた句を詠むようになって（『武蔵曲《むさしぶり》』）、俳号も桃青から芭蕉に代えた。

天和《てんな》二年（一六八二）の火事で芭蕉庵が類焼し、翌年に再建されて移ると、その頃からしばしば各地に旅に出た。翌天和四年の「のざらしを心に風のしむ身哉」と始まる『野ざらし紀行』の旅では、東海道を上って、美濃大垣や尾張名古屋の俳人と交流し、名古屋では野水《やすい》・荷兮《かけい》らと三十六句を連ねる連句（歌仙）を行った。その時の発句「狂句木枯らしの身は竹斎に似たる哉」は、狂歌師竹斎を我が身になぞらえて詠み、貞享二年（一六八五）に大津の俳人と交流して江戸に帰った。翌年には「古池や蛙飛びこむ水のおと」「名月や池をめぐりて夜もすがら」などの句を詠み、貞享四年からは『鹿島詣』や、『笈《おい》の小文《こぶみ》』『更級紀行』などの旅を続けた。

こうして元禄二年（一六八九）の西行五百回忌にあたり、その跡を訪ねたのが「月日は百代の過客にして、行かふ年も又旅人也」と始まる『奥の細道』の旅である。三月二十七日、弟子の曾良を伴って深川を出て、日光街道の千住宿《せんじゅしゅく》を振り出しに、下野・陸奥・出羽・越後・加賀・越前を通り、八月下旬に大垣に着くという約六百里に及ぶ長い行程であった。那須の余瀬《よぜ》、奥州の須賀川、出羽の大石田、新庄、羽黒山、鶴岡、塩越、酒田、越後の直江津、加賀の小松などで俳人と交流を重ね、多くの名句を詠んだ。

旅は苦難の連続だったが、陸奥出羽の境の尿前関《しとまえのせき》を経て出羽に入ってからは、人々に暖かく迎えられ、尾花沢では清風《せいふう》（紅花問屋鈴木道祐）に「長途のいたわり、さまざまにもてなし侍る」と、もてなされ、大石田では高野平右衛門亭で「五月雨をあつめて早し最上川」と詠み、「このたびの風流、ここに至れり」と記している。この辺りから芭蕉は改めて俳諧に思いを致すようになり、天地は不変、景色は変化する、俳諧は常に新味を求めても、求めるよい句は変わらない、という「不易流行」の考えが芽生えた。

変わらぬ本質と流れ行く変化と、その両面を見つめ、名句「夏草や兵どもが夢の跡」「閑さや岩にしみ入る蝉の声」「荒海や佐渡によこたふ天河」などの句を詠んで、旅を終えた芭蕉は、大津石山の幻住庵で俳文『幻住庵記《げんじゅうあんのき》』を書いて来し方を振り返り、新たな決意を示し、『奥の細道』の執筆にあたるなか、「軽くやすらかに、ふだんの言葉ばかり」を詠む「軽み」を求めてゆくようになった。

この蕉風俳諧は向井去来《むかいきょらい》・野沢凡兆《のざわぼんちょう》の編んだ俳諧選集『猿蓑《さるみの》』にうかがえることから、『猿蓑』は「俳諧の古今集」と称された。芭蕉は『笈の小文』のなかで俳諧の「風雅」を、「西行の和歌における、宗祇の連歌における、雪舟の絵における、利休が茶における、その貫道するものは一つなり」と記しており、日本の古典や自然に学び、中国の漢詩・漢文によって俳諧を理論づけたのである。

元禄七年（一六九四）十月八日に辞世の句「旅に病んで夢は枯野をかけめぐる」を詠んで、十二日に大坂で亡くなると、遺体は大津に運ばれ義仲寺《ぎちゅうじ》に葬られた。蕉風俳論書『去来抄』を著した向井去来や、蕉風の俳論書『三冊子《さんぞうし》』を著した伊賀の武士出身の土芳《とほう》、尾張の武士出身の内藤丈草《ないとうじょうそう》、加賀金沢の野沢凡兆、許六・杉風《さんぷう》・曾良・惟然《いぜん》・支考《しこう》・野坡《やば》など多くの門人が育った。

四　元禄文化の精神

廻国修行と彫像

大淀三千風や芭蕉は諸国行脚によって俳諧に新たな道を拓いたが、この時期に廻国修行を本旨とする仏教者の活動にもユニークなものがあった。承応三年（一六五四）に長崎興福寺の逸然性融《いつねんしょうゆう》の要請で来日した黄檗宗《おうばくしゅう》の僧隠元《いんげん》は、幕府から宇治に寺地を与えられ万福寺を開いたが、その隠元に参じた肥後生まれの鉄眼道光《てつげんどうこう》は、『大蔵経』刊行を発願し、諸国を行脚して施財《しざい》を集め、刊行を始めてから十二年後の天和《てんな》元年（一六八一）に完成させている。

その鉄眼の下で難波瑞竜寺で出家した京生まれの仏師・松雲元慶《しょううんげんけい》は、諸国を行脚するうちに豊前の羅漢寺で五百羅漢像を礼拝してから、その制作を発願、江戸に下って十数年をかけ元禄八年（一六九五）に完成させたが、目黒の五百羅漢寺にその大半が現存している。

江戸生まれの真言律宗の宝山湛海《ほうざんたんかい》は江戸の永代寺《えいたいじ》や高野山などに修学し、役行者《えんのぎょうじゃ》や白山を開いたという泰澄《たいちょう》を慕って、きびしい苦行体験を経て、不動尊・聖天信仰を鼓吹し、奈良の唐招提寺に不動明王像を安置し、生駒山に宝山寺を建てた。

異彩を放つのが、鉈《なた》や鑿《のみ》の荒々しい感触をのこす鉈彫《なたぼり》の技法によって、素朴で力強い神像・仏像をつくって遊行し、十二万体の制作を発願した円空《えんくう》である。寛永九年（一六三二）に美濃に生まれた円空は、庶民救済の神仏像の制作を本願として、寛文三年（一六六三）に美濃郡上《ぐじょう》の神明社《しんめいしゃ》に大照・八幡・阿賀田三神を造像し、寛文六年に弘前城下に現れて松前に渡り、蝦夷地で多くの観音菩薩像を造って、その数は今に四十五体が残る。約一年の蝦夷地滞在後は飛驒・美濃・尾張を中心に活動した。

円空仏　蓮田市提供

寛文九年の美濃の関の白山社に本地仏を納めて以降、仏像の背面にはその真言の梵字を書くようになり、名古屋の鉈薬師に群像を彫って納めるなど、円空特有の微笑仏を製作していった。その仏神像は前記三地域を中心に東北・北陸・関東の東日本に広く分布し、今に五千三百体強が残されている。美濃羽島の中観音堂の十一面観音像や名古屋龍泉寺の「馬頭観音像」、荒子観音寺の「木端仏《こっぱぶつ》」など、円空の素朴な仏像は芭蕉の「さび」に通じるものがある。

これと対照的なのが野々村仁清《ののむらにんせい》の「色絵藤花文茶《いろえふじはなもんちゃ》壺《つぼ》」（MOA美術館）や尾形乾山《おがたけんざん》の「色絵紫陽花文角皿」（ギメ東洋美術館）の洗練された陶芸の美である。仁清は丹波出身の陶工で、名は清右衛門、洛東の粟田口焼で修行、尾張で瀬戸焼を学び、茶人金森宗和《かなもりそうわ》の推挙で京都仁和寺門前で御室《おむろ》窯をひらき、上絵付法《うわえつけほう》をもとに色絵を完成し京焼を大成した。作品はロクロや彫塑による成形の妙に特色のある茶器・懐石道具など、富裕層むきの高級奢侈品で、茶壺では藤、山寺、吉野山、若松、けし、月梅など図様の意匠が独創的で、法螺貝や雉をモチーフの香炉は洒脱である。

この仁清の作陶に学んだ尾形乾山は、京の雁金屋《かりがねや》の三男で、仁清から元禄十二年（一六九九）に陶法修得の証として秘伝の陶法書を伝授され、装飾的で変化に富んだ高雅な意匠をうみだし、独特の絵付けをおこなった。その兄で絵師の光琳は派手好みの芸能を好んで、大胆な空間構成や鮮やかな色彩により『燕子花図屏風《かきつばたずびょうぶ》』『紅白梅図屏風《こうはくばいずびょうぶ》』を描き、その明快な造形美を特徴としていたが、乾山も色絵楽焼に学び、絵と書と陶を融合させた斬新な意匠で茶陶の世界に新境地をひらいた。

西鶴の才覚

芭蕉が亡くなった後の大坂の俳諧では、摂津伊丹出身の上島鬼貫《うえじまおにつら》が、談林風を経て「誠の外に俳諧なし」（『独言』）と悟って、世上の俳諧を看破し、詞より心に重きを置く「青麦や雲雀が上がるありやさがる」「行水の捨て所なき虫の声」の句などで、作為を加えず自然のままを詠む独自の俳風を開いた。この影響から摂津・河内・和泉辺には俳諧愛好者が多く生まれ、在郷商人三田浄久《さんだじょうきゅう》『河内鑑《かわちかがみ》名所記』は、元禄年間の南河内郡中では「女童」「山賤」までもが俳諧をもてあそぶようになったと記している。

談林風俳諧を出発点とした井原西鶴は、延宝元年（一六七三）春に大坂生国魂《いくくにたま》神社の南坊で万句俳諧を興行し（『生玉万句《いくたままんく》』）、同三年に妻追善の千句の興行（『誹諧独吟一日千句』）、同五年にも生国魂神社で一昼夜千六百句独吟を興行し、五月『俳諧大句数《はいかいおおくかず》』と題して刊行して、その序文に「今乂俳諧の大句数初て、我口拍子にまかせ」と矢数俳諧《やかずはいかい》の創始を主張したが、仙台の大淀三千風が三千句を詠むや、これに対抗して一昼夜四千句、二万三千句の独吟を行い「二万翁」と自称した。

やがて天和《てんな》二年（一六八二）には浮世草子『好色一代男』を出版するところとなった。芭蕉が仮名草子『竹斎』を読んで影響を受けたように、仮名草子を読むうちに持ち前の才覚から物語を書くことへと向かったのであり、自ら書くとともに挿絵をも描いた。その跋文によれば、門人の落月庵《らくげつあんさい》西吟《ぎん》が西鶴の許に来て、「余所には漏れぬ昔の文枕《ふまくら》」として重ねられていた「転合書《てんごうがき》」（いたずら書き）をあらまし写し取って出版したというが、当初から本格的に書くつもりだったのであろう。

話は主人公世之介の人生を『源氏物語』五十四帖になぞらえ、七歳から六十歳までの五十四年間を描き、『伊勢物語』の在原業平を思わせる世之介の交わった女・小人は、「たはふれし女三千七百四十二人、少人のもてあそび七百二十五人」もいたといい、数へのこだわりが認められる。その遍歴は京都伏見の撞木《しゅもく》町に始まり、兵庫、清水坂、仁王堂、奈良木辻町《きつじちょう》、江戸、橋本、鞆、小倉、下関、大原、寺泊、坂田、水戸、追分と各地に及んでいて、京の島原、大坂の新町、江戸の吉原、長崎の丸山などの代表的遊里で遊び、最後には天和二年に好色丸に乗って海の彼方の女だけの女護島《にょごのしま》をめざして船出し、それきり消息が絶えたという。

浮世草子の最初の作品が『好色一代男』となったのは、三大遊里である大坂の新町が寛永八年（一六三一）に、京の島原が寛永十七年に、江戸の新吉原が明暦三年（一六五七）につくられて、その所帯が整えられ、色の道に関わる作品を手掛ける環境が整っていたからであろう。延宝六年（一六七八）に藤本箕山《ふじもときざん》が著した色道論書『色道大鏡《しきどうおおかがみ》』の影響も大きかった。これは遊女評判記の一種であって、遊里で使われる用語の解説〈名目抄〉にはじまり、格式・作法、色道悟入《しきどうごにゅう》の階梯、起請文・誓詞など心中立て作法・故実、遊戯・音曲、遊女の手紙の書き方・用語、遊女の紋・名前、三都ほか官許の遊廓の沿革・行事・慣習、私娼、歴代名妓の逸話・奇聞、京島原の遊女の系譜、三都名妓の列伝、放逸無礼の徒への戒めなどに至るまで、遊里の基礎的知識を満載する。

『好色一代男』は好評で板を重ね、翌々年には挿絵を菱川師宣《ひしかわもろのぶ》が描く江戸板も出され、以後、好色物『好色五人女』『好色一代女』（ともに貞享三年〈一六八六〉）が続いた後、貞享四年には『武道伝来記』の武家物に手を染め、元禄元年（一六八八）に上層町人の長者ぶりを『日本永代蔵』に、元禄五年に中下層町人の悲喜劇を町人物『世間胸算用』に描くなど、その扱う対象・地域は広く、士農工商の道、色の道など道に生きる人生模様を記した。元禄六年に西鶴が亡くなり、遺稿集『西鶴置土産』の口絵には西鶴の肖像と、辞世の「浮世の月見過しにけり末《すえ》二年」の句が載る。

演劇作者としての近松

西鶴に十年ほど遅れて生まれた近松門左衛門は、父杉森信義が越前吉江藩に仕えていて牢人になって京都に移り住んだことから、京都で成長し公家に仕え、俳諧を山岡元隣《やまおかげんりん》に習った。この元隣は京の裕福な商人の家に生まれたが、体が弱くて家業を廃し、漢学・医術を修学して町医者となり、北《きた》村季吟《むらきぎん》に師事して俳諧・和学に通じ、寛文十一年（一六七一）に刊行した『宝蔵《たからぐら》』は、俳文のさきがけとして大きな影響を与え、それには近松とその父の句を載せている。

神沢杜口《かんざわとこう》の『翁草《おきなぐさ》』によれば、近松は公家の正親町公通《おおぎまちきんみち》に仕え、公通の使いで京で評判の浄瑠璃語り宇治加賀掾《うじかがのじょう》のもとに行ったのが縁となって、浄瑠璃を書くようになったという。浄瑠璃の芸は琵琶や扇拍子の伴奏で座頭が語る牛若丸と浄瑠璃姫との恋物語に始まり、伴奏に三味線を使うようになって題材・曲節の両面で多彩に展開してゆき、金平《きんぴら》・播磨・嘉太夫節《かだゆうぶし》などが盛んに語られるなか、人形操りと結んで人形浄瑠璃芝居が成立するところとなった。

加賀掾は和歌山に生まれ、芸道を志して一流を開いて宇治嘉太夫と名乗って、延宝三年（一六七五）に京の四条に宇治座を創設し、浄瑠璃を謡に近づけて節章《ふししょう》を解説し、その床本《ゆかほん》を公開するなど新機軸を打ち出したが、それと近松の文才とが合致したのであろう。

天和三年（一六八三）九月上演の『世継曾我《よつぎそが》』は、浄瑠璃のさわりを集めた『鸚鵡ヶ杣《おうむがそま》』の序文の記述により、近松が加賀掾に提供した作品であることが知られるが、これ以前から近松は作品を提供していたと見られる。『世継曾我』は曾我兄弟の恋人の虎と少将を主人公に据えて、遊里の場や恋慕・悲哀を情緒豊かに描いて評判をとった（『今昔 操 年代記《いまむかしあやつりねんだいき》』）。

翌貞享元年（一六八四）には加賀掾の弟子竹本義太夫《たけもとぎだゆう》が大坂道頓堀に竹本座を開いて『世継曾我』を語って評判をえている。義太夫は摂津天王寺村の百姓であったが、京に出て宇治加賀掾の弟子となり、延宝五年（一六七七）には四条河原に座を構えたもののうまくゆかず、地方巡業に出た後に大坂で旗揚げしたのである。このため加賀掾が義太夫に対抗するべく、一座を引き連れて大坂に乗り込み、浄瑠璃を書いていた西鶴に依頼して、『暦』『凱陣八島《がいじんやしま》』を上演した。その評判はよかったのだが、芝居小屋が火事にあって撤退して帰京した。

義太夫が近松に依頼して浄瑠璃を語った記念碑的作品が、貞享二年の『出世景清《しゅっせかげきよ》』であり、翌年の竹本座上演の『佐々木大鑑』で初めて作者「近松門左衛門」の名が見え、以後、近松は義太夫と組んで浄瑠璃の作品を書いてゆくのだが、歌舞伎の狂言作者としての近松の活動もこの少し前から始まっていた。

歌舞伎に「続狂言」が上演されるようになってから、戯曲性を備えた演目が求められ、福井弥五左衛門や富永平兵衛などの歌舞伎作者が現れていたが、浄瑠璃作者の近松も元禄六年（一六九三）に京の都万太夫座《みやこまんだゆうざ》での坂田藤十郎の芝居に台本『仏母摩耶山開帳《ぶつもまやさんかいちょう》』を書き、歌舞伎作者としての地位を築くとともに歌舞伎役者の地位を高めた。

歌舞伎の作者と役者

上方歌舞伎は狂言役者の近松と役者の坂田藤十郎の提携によって隆盛を極めた。坂田藤十郎は京の座本《ざもと》の坂田市左衛門の子で、老女形の名優杉九兵衛《すぎくへえ》、能の小鼓の名人骨屋庄右衛門に教えを受け、延宝四年（一六七六）の役者評判記にはその名がみえ、この年十一月の『滝口』の演技で「末たのもし」と絶賛された。同六年に大坂新町廓の名妓夕霧の死をうけての『夕霧名残の正月』（『廓文章《くるわぶんしょう》』）の藤屋伊左衛門役で人気を博し、この役をくり返し演じて和事芸《わごとげい》を確立させたのである。

元禄八年（一六九五）からの五年間、藤十郎は都万太夫座の座本となって、近松作の、同十二年の『傾城仏の原』で梅永文蔵、十五年の『傾城壬生大念仏』で高遠民弥の役では、やつし芸（貴人が身をやつす役柄）の完成した演技を示した。なお近松の浄瑠璃の代表作『曾根崎心中』は元禄十六年に書かれ、これは実際の心中に取材した世話物の第一作であって、お初・徳兵衛道行の場面の名文は、荻生徂徠《おぎゅうそらい》をして嘆息せしめたという。

　華やかで妖艶な上方歌舞伎に対し、江戸では金平浄瑠璃を歌舞伎化した勇壮活発な演技が人気を博していた。金平浄瑠璃は坂田金時の子金平が四天王の一人として超人的な力を発揮する演劇で、これを積極的に取り入れた市川團十郎は、延宝元年（一六七三）の『四天王稚立《してんのうおさなだち》』の金時役が初舞台であった。團十郎は甲州市川に生まれ、下総の成田近くで成長したといわれるが、詳しいことはわかっていない。

江戸に出て芝居の道に入り、最初は市川海老蔵を名乗っていたが、延宝三年（一六七五）から團十郎を名乗り、同八年の『遊女論』での不破伴左衛門が当たり役となって、貞享二年（一六八五）の、市村座での『金平六条通《きんぴらろくじょうがよい》』に坂田金平役において、初期歌舞伎の「荒武者事」に金平浄瑠璃の荒事《あらごと》を加味した荒事芸を成立させたのである。

　上方の和事芸は台詞に特徴があったが、江戸の歌舞伎はお国なまりの交錯するなか、身体を生かした荒事芸が人気を集め、独特の隈取りや誇張された衣装、荒々しい六方《ろっぽう》の足拍子、見得を切る所作などが大評判となった。團十郎の『勝鬨誉曾我《かちどきほまれそが》』『助六』『暫《しばらく》』は絶大な人気を博したが、元禄十七年（一七〇四）、市村座で『わたまし十二段』の佐藤忠信役を演じている最中、役者の生島半六に舞台上で刺殺されてしまう。この團十郎とならんで江戸で人気があったのが中村七三郎で、和事《わごと》を得意とし、曾我物では十郎を演じていたが、元禄十一年に上洛して京の観客を魅了した。

歌舞伎では立役、敵役、若女房、若衆方、花車方《かしゃがた》、道化方、子役など役柄の分化が進展し、立役・女形役者に名優があらわれた。上方では貞享年間の大坂で嵐三右衛門、その一座から初代竹島幸左衛門、藤田小平次、荒木与次兵衛などの名人、元禄期には京の竹島幸兵衛、山下京右衛門、坂田藤十郎が台頭し、女形の演技では上方の水木辰之助と芳沢あやめ、荻野沢之丞らの名が高かった。

上方歌舞伎に特徴的なのは「仕組み」の多くが「お家騒動」の筋をもつもので、騒動という危機的状況での様々な局面における、義理や人情、恋、因果、愁嘆などの演技は、役者に見せ場をあたえることになった。

芝居小屋と菱川師宣

歌舞伎の発展は芝居小屋の発展でもあり、京では四条大橋の東側に歌舞伎・浄瑠璃の芝居小屋が七か所、四条通り南北に面して立ち並び、大坂では道頓堀を中心に歌舞伎物真似・からくり物真似・狂言物真似など六か所が免許された。江戸では都座、村山座、山村座、森田座などが現れ、のちの堺町の中村座、葺屋町の市村座、木挽町の森田座など江戸三座の基礎がすえられた。

寛文期には幕府の芸能統制から町奉行公認の「名代」と称される興行権が必要とされるようにな

り、江戸では名代や座元・芝居をともに一人の持主が相続しており、中村座は勘三郎、市村座は羽左衛門が役者として興行権を持ち世襲的に興行するところとなったが、上方では直接興行をおこなう座本が芸団を編成し名代を借りて、劇場と契約を結んだ。

公許によって常設の小屋が整備されると、劇場施設の改良や拡充も進み、桟敷《さじき》・引幕《ひきまく》が使用され、板塀や筵屋根が設けられ、歌舞伎役者・浄瑠璃太夫・説経太夫・舞太夫の社会的地位が向上し、観客数も増加した。その歌舞伎小屋の様子は菱川師宣の描く『歌舞伎図屏風』にうかがえる。金地の屏風の右隻の華やかな舞台では一座の役者のフィナーレの総踊りが演じられ、それを賑やかな客席から観客が見物する風景を描いており、左隻には雑然とした楽屋に隣接する芝居茶屋での遊興の様子を描く。総勢二八五名の表情や姿態を巧みに描いた作品で、小屋の櫓に掲げられた銀杏の紋と看板の役者名から、元禄五年（一六九二）以降の中村座の舞台とわかる。

歌舞伎のような演劇、浮世草子の出版など多彩な娯楽の広がりとともに、絵画の方面で才覚を発揮したのが、『歌舞伎図屏風』の作者である菱川師宣であった。父藤原吉左衛門は京から安房の保田本郷に移ってきた縫箔師《ぬいはくし》で、師宣は明暦の大火後の江戸に出て御用絵師の技法を学び、町絵師として時代に即応した絵画様式を開拓した。当初は縫箔を職として上絵を描いていたのだが、古版絵入り本の復刻の挿絵や名所絵を描いて腕を磨いていった。

寛文年間は御用絵師の狩野派が全盛であったが、寛文美人、あるいは一人立ち美人と呼ばれる美人画も流行していた。無背景に立ち姿の遊女や役者を描く作品で、多くは左手を華麗な寛文小袖に懐手をし、右手に着物の褄をとり、画面の外を見やるポーズをとるもので、『縁先美人図』『美人遊女賛図』など、『伊勢物語』の話を素材にした歌舞伎の場面にヒントを得て描かれていた。

こうしたなかにあって、師宣は寛文十一年（一六七一）の噺本『私可多咄《しかたばなし》』、翌年の墨摺絵本「武家百人一首」に我が名を「菱川吉兵衛」と記し、絵入り本や絵本を数多く手がけ、延宝五年には地誌絵本『江戸雀』十二巻の挿絵を描き、延宝八年の『月次のあそび』の序文で「浮世絵」「浮世絵師」と名乗り、同年の『大和絵つくし』で「大和絵師　菱川吉兵衛尉」と署名し、故事や伝記、説話を大和絵で表現するとした。

悪所を描く絵師たち

師宣はその当世絵本、風俗絵本で評価が高まってゆき、仮名草子、浄瑠璃本などの挿絵にも研鑽に励み、絵入り本や、絵本の吉原もの、歌舞伎もの、名所記、風俗画でも個性を発揮して、元禄三年に遠近道印《おちこちどういん》の道中図『東海道分間絵図』を描いたが、これより前の寛文十年『江戸大絵図』では絵図師として遠近道印自身が描いていたものであり、今回は師宣が起用されたのである。

師宣の代表作『見返り美人図』は、寛文美人図とは違って、色の地に菊と桜の刺繡を施した着物を身につけた美人が歩む途中、ふと足を止めて振返る姿を描く印象的な作品で、榎本其角『虚栗』に「菱川やうの吾妻《あずま》俤《おもかげ》」と詠まれた。

師宣が屛風や絵巻、掛幅などに描いた肉筆浮世絵は、狩野派などの御用絵師が対象としなかった

布晒舞図（英一蝶）　重要文化財　遠山記念館所蔵

江戸の二大悪所である歌舞伎と遊里を描いた点に特徴がある。その『北楼及演劇図巻』は江戸の豪商松坂屋が菱宣の絵巻の断簡を集めて一巻に仕立てたもので、そこには吉原と歌舞伎の図が散りばめられており、年紀は寛文十二年とある。

師宣は大量製作のために工房に門人を組織して肉筆画を売り出し、さらに鑑賞性の高い風俗絵本で木版画の地位を高め、『吉原の躰』『江戸物参躰』『大江山物語』など墨一色で、稀に筆彩された独自の様式の版画を制作、大量印刷により価格が安かったことなどから、多くの人に好まれ、後の浮世絵の走りとなった。

師宣は狩野派に絵を学んでそこから画技を広げたのだが、狩野探幽の弟子安信の弟子である英一蝶《はなぶさいっちょう》は伊勢亀山藩の侍医の子で、師宣などと交わるなか風俗画や浮世絵を描くようになった。元禄十一年（一六九八）に醜聞事件に連座して三宅島に流されたが、江戸に戻ると画名を多賀《たが》朝湖《ちょうこ》から英一蝶に変えて旺盛に画業に励んだ。

その『布晒舞図《ぬのさらしまいず》』は白布を操り布晒舞を踊る少女と囃子方を生き生きと描いた作品『吉原風俗図巻』は新吉原の風俗を描いて、大川の猪牙舟《ちょき》、格子先、揚屋町、妓楼店先、妓楼奥の五場面からなるが、ともに三宅島配流中に描かれていた。ほかに『四季日待図巻』や『朝暾曳馬図《ちょうとんえいばず》』などがある。

久隅守景《くすみもりかげ》は狩野探幽門下の四天王と謡われるなか、そこから離れて四季の田園生活を愛情深く描き、その『四季耕作図屛風』は相当数描かれている。農耕生活を自然と一体になる理想郷と見て、鷹狩や鵜飼、釣り、水辺の納涼などの風景を描いている。その『夕顔棚納涼図屛風』は武将で歌人の木下長嘯子《きのしたちょうしょうし》の「夕顔のさける軒端の下涼み男はててれ女《め》はふたの物」に取材した作品である。

元禄文化の担い手たちは、近松がその辞世文で「世のまがひもの、からの大和の数ある道々、妓能・雑芸・滑稽の類まで知らぬことはなげに口にまかせ、筆にはしらせ、一生を囀《さえづ》りちらし」と書いたように、芭蕉にしても、西鶴にしても、広く多くの見聞や知識・思想に触れ、吸収して文化に新生面を開いて、その生業を職業として成り立たせていったのである。

4 公儀政治と大衆社会

一　徳川綱吉の政治

大老酒井忠清の政治

寛文十二年（一六七二）の「当世百人一種」に「威（光）ハ酒井雅楽頭《うたのかみ》忠清」と見える酒井忠清は、寛文六年に大老となって、久世《くぜ》広之《ひろゆき》・土屋《つちや》数直《かずなお》・板倉重矩《いたくらしげのり》らの新老中とともに将軍家綱を補佐し、公儀による全国支配整備に力があった、いわば政治の巧者である。忠清と親交のあった林鵞峰《がほう》は、忠清を「和柔寛厚」「敏捷頓悟《びんしょうとんご》」と、温厚ながら理解力にすぐれ決断が早いと評した。

ただ、「文字の談」がなく、儒学を好まないのが惜しい、と『国史館日録』（『本朝通鑑』の編集所「国史館」の日記）に記している。その日録はさらに幕閣について、「執政として久和牧（久世広之）は頗る文字を識る。板内膳（板倉重矩）は儒風を崇めること有り。且つ前橋（酒井忠清）は穎悟《えいご》、豊牧（阿部忠秋）は篤実、濃牧（稲葉正則）は敏捷にして達するなり」と評し、武家執政以来、当時の人物に及ぶ存在を聞かないとまで、幕閣の人々を高く評価したのであった。

やがて家綱の治世は後見役の保科正之《ほしなまさゆき》が引退し、老中の阿部忠秋が死没したことで、忠清に権力が集中してゆくようになった。その役宅が江戸城大手門の下馬札《げばふだ》前にあったので「下馬将軍」と称され、「重き御政道は皆雅楽頭（忠清）が計らひなれば、威勢自ら強く、諸大名もおもねり従ふ」とまで記されるような政治が行われていった。このことは、多くの諸藩で御家騒動が起き、解決が幕府に持ち込まれ、それに忠清が関わったことから、そのように見られたのであろう。

なかでも仙台藩六十二万石の伊達騒動は外様の大藩だっただけにその影響が大きかった。騒動は万治《まんじ》三年（一六六〇）に伊達政宗の孫綱宗《つなむね》の不行跡について、叔父の伊達宗勝、義兄の柳川藩の立花忠茂、義理の叔父で宮津藩の京極高国らの親族が相談して、岡山藩の池田光政を介し酒井忠清に事情を打ち明け、協力を要請したことに始まる。忠茂・光政・宗勝らが忠清邸に参会して相談した結果、忠清が綱宗に意見をしたのだが、綱宗が聞き入れなかったので、八月二十五日に忠清邸に関係者が集められ、綱宗の隠居と二歳の亀千代（伊達綱村《つなむら》）への家督譲与が命じられた（万治の伊達騒動）。

これで一件落着したかに見えたのだが、寛文《かんぶん》三年（一六六三）に伊達宗勝らの格式をめぐって、家老の奥山大学が幕府に訴訟をおこすと、逆に奥山の専横が訴えられて奥山が退けられ、奉行職の原《はら》田甲斐《だかい》宗輔が家老となった。その三年後の寛文六年、家老の伊達安芸《あき》宗重が領内で起きた境界争いについて、藩内での解決を断念し幕府に裁きを依頼した。これが寛文の伊達騒動の始まりである。

三月に月番老中の板倉重矩邸で審問があり、それに続いて忠清邸で評定が行われた。伊達藩家老の伊達安芸・柴田外記《げき》・原田甲斐・古内志摩《ふるうちしま》らが召され、老中稲葉正則、町奉行島田からの聴取があってそれが済んだところで、突如、原田甲斐が「我故」（おのれが故）と叫んで、伊達安芸や柴田に斬りかかって、安芸が死去し、甲斐も忠清家の侍に斬り伏せられ亡くなってしまう。

原田が殺害に及んだのは、おそらく藩内で処理すべき事柄を幕府に訴えた安芸の行動に、藩取りつぶしの危機感を抱いたからであろう。それが功を奏したのかどうかは明らかでないが、仙台藩はとりつぶしを免れて騒動は終わり、伊達宗勝は土佐山内家に預けられた。この時の忠清の動きに特に目立ったところはない。

続いて延宝二年（一六七四）には、越後高田藩で藩主松平光長の嫡子綱賢《つなかた》の死に伴って起きた家督争いに発する越後騒動においても、同七年に忠清が裁定にあたり、対立する二派のうち小栗美作《おぐりみまさか》の勝訴とした。当時、頻発していた諸藩の訴えについて、その処理に忠清が幕政の最高責任者としてあたったため、忠清の力が頼られ、時に賞賛され、時に批判・非難を浴びたのであろう。

徳川綱吉の親政の開始

延宝八年（一六八〇）五月に病弱だった将軍家綱が亡くなり、家光四男の綱吉が将軍になった。家綱には跡継ぎの男子がおらず、弟の「甲府宰相」綱重が二年前に亡くなっていたので、綱吉が家綱の養嗣子として江戸城二の丸に迎えられた。八月十九日には後水尾《ごみずのお》法皇が亡くなり、その直後の二十三日、綱吉は内大臣・右大将となって、将軍宣下を受けた。

綱吉は正保三年（一六四六）に生まれ、慶安四年（一六五一）に近江など諸国から十五万石を与えられ、承応二年（一六五三）に従三位・左近衛中将に叙任し、明暦の大火で神田館に移り、寛文元年（一六六一）に上野館林《こうずけたてばやし》藩二十五万石の藩主として「館林宰相」徳川家を形成した。基本的に江戸に在住し、家臣の八割も神田館に詰め、綱吉が館林に寄ったのは、寛文三年の家綱に随伴しての日光社参の帰路のみであった。

幕府設定の大名であったから、家臣は幕府から付けられており、それもあってか、幕府との関係には苦労が多く、延宝六年には藩の財政難で酒井忠清に収入不足を訴えている。忠清との関係はあまりよくなく、忠清の綱吉評価も芳しくなかったらしい。忠清は家綱の跡には朝廷から世継ぎを迎える案を披露したところ、老中の堀田正俊《ほったまさとし》が綱吉を迎えるよう主張したという噂も流れた（『徳川実紀』）。家綱の死の直前、京から有栖川宮が参府し、忠清がその慰労使をつとめたことからの噂であろうが、そうしたなかでの襲職だけに綱吉は将軍主導へと邁進した。

越後騒動の処分が確定していたにもかかわらず再審理を命じ、当事者の小栗美作と永見大蔵《ながみおおくら》を七月に呼び寄せたのをはじめ、大目付・目付、さらに寺社奉行・町奉行・勘定頭の三奉行らに直接に職務精励を指示する「面命《めんめい》」を行うなど、矢継ぎ早に手を打った。八月には老中の堀田正俊を農民統治担当の勝手掛に任じ、これに京都町奉行・勘定頭を付属させ幕領統治を協議させて、代官仕置令を出した。幕領の代官は「面々仕置」をよく行い、蔵入する諸民を困窮させぬよう、精を入れ職務に励んで勤めさせるように計らうべしと命じ、その仕置に粗略な輩は僉議《せんぎ》するとも伝えた。

閏八月に堀田正俊は「代官服務心得」八カ条を布達したが、その第一条には「民は国の本なり。御代官の面々は常に民の辛苦をよく察し、飢寒等の愁これなき様に申し付けらるべき事」とあり、第四条で「御代官の面々、常々その身を慎み、奢りなく民の農業、細かにこれ存知し、御取箇等、念宜しき様に申し付けるべく候」とあるなど、代官の実務の方針を示し、幕領所帯の本格的な整備に入った。また諸大名が老中に特別な配慮を依頼するのを禁じた。

こうした動きもあって、忠清が病を理由に大老を辞すと、すぐさま綱吉は忠清に逼塞《ひっそく》を命じ、翌天和元年には忠清の大手門前の邸宅を没収し堀田正俊にあたえ、さらに忠清が五月に亡くなると、翌月に越後騒動について、綱吉自身が「御前公事」を行い、小栗美作を「不忠の仕方、不届きの至り」として切腹、騒動をおこした永見大蔵を八丈島に流罪、藩主松平光長を領地没収とするなどの裁決を下し、「これにて決案す。はやまかり立て」と発したので、人々は震えたという。

他方で諸国に巡見使を派遣して諸大名の藩政を点検させ、二月には勘定役に対し総代官の年貢未進の調査を命じるなど、綱吉はこれまでの将軍とは違って、藩主として江戸で成長し幕政の動きを見てきたこともあり、新たな意気込みで幕政に臨み、政治の巧者を目指したのである。

代官仕置令を発した翌年には、勘定所に幕領代官の年貢未進を調査させ、翌天和二年に勘定吟味役を勘定頭の下に新設し、不正な代官を糾弾して大量に処罰したが、その数は天和元年からの九年間で二十六名に及んだ。大名にも職務精励を求め、「賞罰厳明」の方針で臨んだ。越後騒動で家臣統率に無能な高田藩主を改易したが、その一門の越前松平家系大名を内紛処理に不手際があったとして閉門・減封し、裁断に不正があったとして大目付の渡辺綱貞を八丈島に流している。

さらに父忠清が逼塞を命じられたのに遠慮を願わなかった子の酒井忠能を改易し、江戸の両国橋の架け替えに遅滞した上野沼田の真田信利も改易、武蔵岩槻の板倉重種や播磨明石の本多政利、大和新庄の桑山一尹《くわやまかずただ》らも勤務怠慢や藩政の失策を理由に改易・減封したのである。

天和の武家諸法度

綱吉の政治方針や政策には、勝手掛に任じた老中の堀田正俊の働きが大きかった。正俊は家光に殉死した正盛の子で、若年寄を経て老中に任じられ、天和元年（一六八一）に上野安中から下総古河に移封となり大老になった。著書の『勧忠書』に「自己の身命はすでに主君に献げてあるもの」と記し、主君には没我の心をもって絶対の忠誠を尽くすとしており、その対象は綱吉であった。

綱吉が代替わりの天和三年七月に発した『武家諸法度』十五ケ条は、起草は林家であったが、正俊の意見が取り入れられたものであろう。これ以前の寛文令が二十一ケ条なのに、今回は条数が少なくないが、第一条で「文武忠孝を励まし、礼儀を正すべき事」とあるのが重要な変更点であって、寛永令の「文武弓馬の道、専ら相嗜むべき事」とあるのとは違い、文武を奨励することを追加して、忠孝と礼儀の規定を入れている。

ただこの条文は寛文三年（一六六三）制定の『諸士法度』第一条にある「忠孝を励まし、礼法を正し、常に文道・武芸を心掛け、義理を専らに、風俗を乱るべからざる事」という規定を踏まえたものであり、今回は「諸士法度」を定めなかったことを考えれば、『諸士法度』の規定を『武家諸法度』に統合させたのであろう。諸士の勤めを諸大名にも求めたことになる。第三条の「人馬兵具等、分限に応じ相嗜むべき事」という規定も諸大名・諸士に相通ずる条文である。

すなわち第一条で忠孝に励めとしたのは、大名に対し綱吉に忠誠を尽くすよう命じたものであり、大名を官僚として捉えたことを意味している。すでに幕府の役職には役料《やくりょう》が与えられ、旧来の代官を罷免して新代官を任じるなど武士の官僚化の傾向が強まっていたが、それを一層進めて譜代大名も官僚化していったものと評価できよう。

なお第一条の「忠孝」の「孝」であるが、綱吉は母桂昌院への孝心あつく、母を江戸城中の三の丸に居住させ、従三位、さらに従一位にするなど厚遇していった。忠と孝とは、孝を尽くすことがすなわち忠であるという関係にあって、忠・孝は一体と考えられていた。

それもあって、天和元年五月には、諸国に「忠孝を励まし、夫婦兄弟諸親類にむつまじく、召仕之者に至る迄、憐愍を加ふべし。若し不忠不孝の者あらば、重罪たるべき事」という高札（「忠孝札」）を立てさせ、人民教化を進めた。天和二年三月に駿河富士郡今泉村の百姓の孝行を賞して年貢を免除し、林鳳岡《ほうこう》にその伝記を作成させている。

「武家諸法度」第一条の規定を広く庶民にも求めていったのであるが、その「礼儀を正すべき事」の規定に基づいて、武家の身分内での序列も明確化していった。延宝九年（一六八一）の徳川秀忠の五十回忌では、将軍と御三家、国持大名・四位以上大名、譜代大名の四位、諸大夫、他の官位にある大名、無官の大名などについて、それぞれの儀式空間や時間、衣装の区別を明確にし、序列化して礼の秩序を整えている。

文化政策の基調

学問を重んじた綱吉は、延宝八年（一六八〇）五月に死去した鵞峯《がほう》の跡を継承した林鳳岡（信篤、春常）や、鵞峯とともに『本朝通鑑』の編集にあたっていた幕府医師の子人見竹洞《ちくどう》に経書の討論を命じたのに続いて、鳳岡に『大学』の毎月の進講をも命じ、翌年二月には『四書』『五経』『小学』『近思録』の訓点を正してその献上を命じるなど、重用したが、それだけでなく天和二年（一六八二）七月に京から木下順庵を召し、十一月には儒員の津田長玄に初見の礼を許した。

天和三年十一月に徳川家創業に関わる歴史書『三河記』の校正編纂を林・人見・木下らに命じている。招致には至らなかったが、熊沢蕃山を招くために堀田正俊と側用人の牧野成貞《まきのなりさだ》に打診させたこともある。こうした儒学への傾倒と関係するのが、服忌令《ぶっきりょう》の制定であって、天和三年六月にその案文作成を林・木下・人見らに命じ、貞享元年（一六八四）三月に定めている。近親者が亡くなった場合、その近親の度合いによって喪に服する期間を定めたもので、大名や旗本に伝えた。

服忌の慣習は礼の秩序と、穢れを忌む神祇とが深く関わっており、朝廷や神社では行われていても、武家社会にはあまり広がらなかったのであるが、今回の公儀による服忌令の制定は五回の改訂を経て、死や血を忌む慣習を武家に植えつけていっただけでなく、その規定を町々の名主に写しとらせて、家持・借家・店借・地借の町人まで触れ聞かせたので、民間にも広がっていった。

綱吉は儒学とともに母の影響から仏教を深く信仰し、新義真言宗の亮賢《りょうけん》と隆光《りゅうこう》を護持僧に任じ、亮賢には護国寺を与えて創建させ、隆光には江戸城鎮護を祈らせ、次いで隆光の知足院を移転させて大伽藍の護持院となした。神祇では、かの百人一種に「神道ハ吉川惟足《これたり》」と見える吉田神道の吉川惟足を天和二年に幕府神道方に任じている。惟足は江戸に生まれ京で萩原兼従《かねより》に吉田神道を学び、江戸にもどって吉田神道を唱導して紀伊の徳川頼宣《よりのぶ》、会津の保科正之らの信仰を得たことから、幕府に召されたもので、儒学との習合を進めた神儒一致論を説いた。芭蕉の『奥の細道』の旅に随行した河合曾良《そら》は惟足から神道を学んでいた。

綱吉は儒・仏・神道だけでなく、天文暦学では渋川春海《はるみ》を幕府天文方に任じたが、春海は幕府碁師の安井算哲《さんてつ》の子で、陰陽道の土御門家において天文観測を行い、中国の『授時暦』に範をとって新暦を作成して朝廷に献上し、『宣明暦』に代えて『貞享暦』として採用された。さらに歌学では、松永貞徳に俳諧、飛鳥井雅章らに和歌・歌学を学んで古典の注釈書を多く著した北村季吟《きぎん》を招き、歌学方に任じて和歌や古典の研究をさせた。絵師では狩野派のほかに、京都から住吉派の住吉具慶《ぐけい》を招いた。その父如慶《じょけい》は土佐派を復興した土佐光則に学び、後西《ごさい》天皇の勅許により独立して住吉派を立てた逸材で、具慶はその画芸を継ぎ、大和絵系の伝統的な細密画法を江戸の地に移植した。

幕府がこの時期に召し抱えた人物を記す「延宝至正徳、芸者召出さる書付」という文書（国立公文書館蔵）には、「三百俵　儒者　木下順庵」「百俵十人扶持　医師　森雲仙」「百俵　神道者　吉川惟足」「百俵　天文職　安井算哲」「二百俵　医師幷歌学者　北村季吟」「百俵　儒者室新助（鳩巣）」などとあり、彼らは「芸者」として任用されたのであるが、その「芸」とは文武の芸であった。綱吉が深く学問や宗教・文化に関わるようになったのは、経済的繁栄とともに芸能・演劇が広まって、諸分野に職業の巧者が現れたことや、綱吉が江戸に育ってその文化に染まっていたことによる。

光圀と元禄文化

常陸水戸の徳川光圀も、元禄文化のただ中にあり、青年期に四書・五経を読んだことから、「士」とは学問をむねと励むべきもの、「仁義礼節の道」を知って「人倫の大義」を明らかにし、史書を読んで歴史上の「治乱」を鑑み、詩文を嗜む「誠の士」たらんと考えて行動するようになったという（『西山公随筆』）。

日本史の史書の編纂に乗り出し、寛文十一年（一六七一）に桓武天皇までの本紀二十六冊の草稿がなると、同十二年に駒込邸内の史局を小石川邸内に移し、『春秋左氏伝』序の「彰往考来《しょうおうこうらい》」に基づいて史局を「彰考館」と名づけた。その間の寛文五年に亡命してきた明の遺臣・朱舜水《しゅしゅんすい》を長崎から招いたが、舜水は経世済民の実理を重んじた儒者であって、天和二年（一六八二）に亡くなるまでその儒学と実学を結びつけた学風は水戸藩の学風となってゆく。

天和元年には曹洞宗の東皐心越《とうこうしんえつ》が長崎の興福寺にいるのを聞いて招請している。心越は詩才豊かで絵画・篆刻・書に勝れ、七絃琴を持参し、元禄二年（一六八九）に光圀の依頼で光圀母・久昌院《きゅうしょういん》の菩提を弔う『仏涅槃図』を描くと、光圀はそれに賛を書いて、母が帰依していた日蓮宗の久昌寺を整備し、京都から日乗を招聘して住職にすえ、そこに寄せた。本図はその後、甲斐の身延山久遠寺の所有に帰している。

修史編纂は神武天皇から後醍醐天皇まで本紀の清書を終え、天和三年（一六八三）に「新撰紀伝」百四巻が完成するが（後の『大日本史』）、その間にも史料調査のため使者を各地に派遣し、本紀の修正・紀伝の追加、南北朝史の編纂を進め、人見懋斎《ぼうさい》を初代彰考館総裁となし、舜水の弟子の安積澹泊《あさかたんぱく》が彰考館員になっている。綱吉は歴史のみならず地理への関心も高く、延宝元年（一六七三）に藩内北部を、翌年に南部を巡検している。

江戸への帰府に際しては通常の経路ではなく、下総から上総に出て上総湊から船で金沢に渡って鎌倉を見物している。水戸徳川家から住持を出していた英勝寺を拠点に、名所・名跡を訪ねて小石川藩邸に戻ると、この旅の記録を『甲寅紀行《こういん》』『鎌倉日記』としてまとめ、延宝四年に河合友水《ともみず》を鎌倉に派遣してその修訂を行わせ、友水死後にも鎌倉の現地調査を行わせて、貞享二年（一六八五）に『新編鎌倉志』八巻を刊行した。本書は現在も鎌倉研究に必須の書物となっている。

さらに建造した巨船「快風丸」で蝦夷地探検も行わせた。那珂湊を出た快風丸は、元禄元年（一六八八）に松前から北上して石狩まで到達し、塩鮭一万本、熊皮、ラッコやトドの皮などを積んで帰還している。元禄三年に隠居が許されると、翌年に久慈郡新宿《あらじゅく》村西山の隠居所（西山荘）に隠棲したが、水戸藩領の下野那須郡馬頭村に隣接する湯津上村《ゆづかみむら》にある那須国造碑の周辺の土地を買い取り、佐々宗淳《さっさむねきよ》に命じて碑の修繕や鞘堂《さやどう》の建設を行わせ、碑の近くの古墳（上侍塚・下侍塚）を那須国造の墓と推定して発掘調査を行わせた。今につながる学術調査の始まりである。

隠居を幸いに多くの調査・研究を行わせ、藩医の穂積甫庵《ほづみほあん》には『救民妙薬』を編ませて、薬草から約四百種の製薬方法を記させたが、契沖には『万葉集』の注釈書を依頼して『万葉代匠記』が著された。契沖は熊本藩加藤家に仕え牢人となった下川元宜の孫で、出家して高野山で阿闍梨となり、俳人の下河辺長流《しもこうべちょうりゅう》と交流して日本古典を渉猟し和学の基礎を築いた。

光圀は生存中に本紀・列伝を完成させることを考え、修史以外の編纂事業を縮小して史館員を増員し総勢五十三人であたらせた。こうして彰考館では、朝廷の恒例・臨時の朝儀・公事に関する『礼儀類典』、仮名の名文を収録する『扶桑拾葉集』、漢から明までの草書を抜き出した草書字典『草露貫珠《そうろかんじゅ》』、諸家の花押を集めた『花押藪《かおうそう》』が編纂された。

加賀の前田綱紀

加賀金沢の前田綱紀《つなのり》もまた元禄文化のただ中にあって成長した。父光高が正保《しょうほう》二年（一六四五）に若くして死去したので、三歳で家督を相続し、輔佐していた祖父利常が万治元年（一六五八）に死去したので、岳父の保科正之が後見となったが、寛文九年（一六六九）にその正之も後見を退いて、綱紀の親政が始まった。

それとともに若年寄役を側近として設け、職制や軍制を整え、農政では十村《とむら》制度を整備し、算用奉行・改作奉行・山奉行の下で十村が村方を支配するものとした。寛文九年の飢饉に際しては生活困窮者を助けるための施設（「非人小屋」「御小屋」「御救い小屋」）を設けたが、この施設には二千人近くを収容でき、米を支給し、医者を派遣しての医療体制も整えた。荻生徂徠は「加賀侯非人小屋を設けしを以て、加賀に乞食なし。真に仁政と云ふべし」と記している。九十歳以上の長寿者には扶持米を与えた。

利常の代に置かれた御細工所《むさいくしょ》は、正保三年に武具・細工・弓矢・鉄砲の四部門に編成され、それらの管理・修復や新造も行うようになっていたが、綱紀は貞享四年（一六八七）に奉行・小頭・御細工者数十人からなる機構へと整えた。その細工の種類は具足・兜・縫掛革《ぬいかけかわ》、刀鍛冶・研物などの武具関係や、針や小刀・紙・蒔絵・象嵌・茜染《あかねぞめ》など藩主の邸内用の細工など二十数種に及ぶもので、加賀鐙《あぶみ》など幕府や諸大名への進物もつくった。綱紀は能を嗜み、その腕前は能楽師に引けを取らなかったといわれていて、宝生流を加賀藩の能となし、将軍の前で披露したこともあって、能装束の誂えや修復も行った。

綱紀も学問を好んで学問・文芸を奨励し、書物奉行を設けて古書の多くを編纂・収集した。その書籍が収蔵された書庫は、新井白石に「加賀は天下の書府」と賛えられた。他家の古文書の保管にも意を注ぎ、京都の東寺の文書保存のために百合《ひゃくごう》の箱を送って「東寺百合文書」としてその保管につとめ、伏見宮・高辻家・高山寺の文書を補修し、娘婿三条西公福《さんじょうにしきんとみ》の三条西家に伝わる鎌倉期の日記『実躬卿記《さねみきょうき》』を発見して補修している。

綱紀自身が研究家で、百科事典『桑華字苑』を編纂したほか、古書・筆録を修正して『秘笈叢書《ひおいそうしょ》』、大部の古文書集『古蹟文徵《こせきぶんちょう》』を著し、工芸の実物標本を集めて『百工比照《ひゃくこうひしょう》』を著している。儒学の松永尺五や木下順庵、室鳩巣らを招聘し、また本草学の稲生若水《いのうじゃくすい》を招いて『庶物類纂』の編纂にあたらせた。これは大陸の古典籍に記載された動植物・農作物・金石などを書き抜いて、二十六類、千巻に編修する計画であって、若水生存中は完成しなかったが、門人の丹羽正伯の手によって延享四年（一七四七）に完成を見た。

こうした文運とともに金沢城下では俳諧が盛んで、天和元年（一六八一）に金沢上堤町麩屋五郎兵衛板行の句集『加賀染』には、金沢を中心に宮腰・七尾・松任・小松など二十か所の俳人の句が載っている。その金沢に芭蕉が訪れたのは元禄二年（一六八九）七月で、斎藤一泉亭において「秋すずし手毎にむけや瓜茄子」の句を詠んでいる。

二　元禄の政治と大衆社会

綱吉と元禄文化

綱吉は元禄文化を享受しながらも、庶民の奢侈や享楽を嫌っていた。天和元年（一六八一）五月、上野寛永寺参詣に赴いた時のこと、江戸浅草黒船町の豪商石川六大夫が華美な着物を着、妻女が豪奢な町屋を借りて見物しているのを咎めて、闕所《けっしょ》・江戸追放に処している。七月には諸職人が「天下一」と称して腕を競うのを風俗を乱すものとこれを禁じた。天和三年二月には町人の帯刀を禁じ、百姓・町人の衣服について、絹・紬・木綿・麻布のうちから分限に応じ着用するよう命じた。

出版統制も、早くは寛文十三年（一六七三）に江戸町奉行が板木屋と町中に対し、諸人の迷惑事や珍事の出版を届け出るように触れていたが、天和二年に越後騒動を『越後記』に記した虚無僧の一音を「無根の空事を流伝」したとして流罪に処し、同年の忠孝札の高札に「新作のたしかならざる書物、商売すべからざる事」と、不確かな出版物の取締りを諸国に触れた。

自身は文化を満喫して絵や書を好んで腕を振るい、堀田正俊に絵『虎図扇面』、柳沢吉保に絵『桜下馬図』と書『過則勿憚改』（過ちては則ち改むるに憚ること勿れ）を、加賀の前田綱紀には書『徳不孤』（徳は孤ならず）を与えている。「能狂」と言われるほどに能を愛好して能や囃子の会を頻繁に開き、自ら舞って人に見せ、側近や諸大名に舞うように強制した。

その最中の貞享元年（一六八四）八月、大老堀田正俊が若年寄稲葉《いなば》正休《まさやす》に江戸城中で刺殺される事件が起きた。正休は綱吉の近習から天和二年に若年寄となり、延宝二年（一六七四）の大洪水の淀川対策では、翌天和三年に大目付・勘定奉行とともに摂津・河内地方の調査を命じられるなどしていたことから、農政をめぐる対立があったとも見られるが、真相は不明である。

ただ、正休はその場で他の老中に斬り殺されてしまい、正俊の死とともに側用人三人が解任され、側用人として残った牧野成貞《まきのなりさだ》と新任の柳沢吉保とが綱吉の意を老中に伝える役を担い、幕政に深く関わっていったことを考えると、そこに綱吉の意思が働いていた可能性もある。

ともあれこの事件を契機に綱吉の政治は過激化していった。まず貞享元年四月に出版統制令を出し、指図も受けずに開板するのを禁じ、「公儀」批判に関わる記事や世の珍事を開板する時には、町奉行に届け出るように厳命、十一月の出版統制令では、町々の家主に命じて江戸の町中で小歌や流行事、変事を刷物にして売る者を調査させている。

続いて貞享四年六月には勘定組頭に総代官の会計検査を命じ、この調査に基づいて処分した代官は十七人に及んだ。様々な理由から貞享四年から元禄二年にかけて処分したのは、お目見え以上の旗本だけでも、側用人三人、若年寄一人、寺社奉行三人、勘定頭五人、勘定吟味役一人、納戸頭四人、大目付二人、目付一人、財政・民政役人など七十人にのぼる。

大衆文化と大衆社会

綱吉政権による民衆統制にも拘わらず、文化は華やかに展開していった。出版点数は増え続け、万治二年（一六五九）の約千六百点から、元禄九年（一六九六）には約七千八百点となり、種類も仏書・日本古典・漢籍や、日常生活に必要な知識を集めた重宝記・案内記などの実用書と様々であった。書店数も増えていた。江戸では明暦年間に十軒、万治・寛文の頃に二十六軒、延宝期には五十八軒、元禄期には八十軒と激増している。大坂でも寛文期十軒、延宝から天和にかけて二十六軒、元禄期には六十二軒と増えた。三都の本屋で本を仕入れ、販売や取次・小売を専門とする地方の業者も生まれていた。

それとともに大衆芸能が広がりを見せていた。相撲は神事相撲や寺社の造営費用を調達するための勧進相撲、武家の抱えの相撲取りによる大名相撲などがあるなか、広小路や四辻での辻相撲が娯楽として広がっていて、慶安元年（一六四八）五月から断続的に辻相撲の禁止が触れられたが、これは辻相撲熱が一向におさまらなかったことを意味していた。そのため相撲熱を吸収すべく貞享元年

（一六八四）に江戸での勧進興行を許可するようになった。元禄十五年（一七〇二）に柳川文左衛門・中川浅之助が願い出た深川八幡社境内での勧進相撲を許可して以後、勧進相撲を広く許可することで、禁止から相撲年寄による内部統制へと方向転換したのである。

歌舞伎については既に見たように盛んであり、能では四座の能役者を招いての大名能に対し、町人の間でも能が愛好された。勧進能も行われたが、貞享三年九月の小石川で行われた勧進能において「大小神祇組」の「かぶき者」が騒ぎを起こしたので、二百余名を捕えて十一人を打ち首にした。庶民の享楽には厳しく取り締まったのである。

江戸は人口が激増して百万都市となり、多くの出版物が流通し、交通が整備されて各地から情報が入り、公共事業も盛んに行われて経済が活況を呈し、大衆社会となっていた。元禄十三年から宝永八年にわたる十二年間の江戸南伝馬町名主高野家の「日記言上之控」は、その大衆社会の状況をリアルに記している。本文書は高野家の支配地（京橋の北側の地域）で起きた事件を町奉行所に提出した報告の控であって、全期間あわせて約九百の事件を報告している。

その約半数は欠落人《かけおちにん》で、ほかに盗人や捨て子・行き倒れ・自殺・犯罪など人事案件、義絶・勘当など家族案件、捨て物・落し物など遺失物件からなる。事件をおこした人々の職種は、瓜問屋・油売り、豆腐屋・質屋などの商人、大工・木挽・左官などの職人、絵師・仏師などの細工人が多く、彼らは様々な関係性を結んでいた。

元禄七年（一六九四）には、江戸の小間物問屋大坂屋伊兵衛の発案により、菱垣廻船の下り荷物の海難事故に共同で対処するために十組問屋《とくみどいや》（塗物店組《ぬりものだな》・酒店組・紙店組・通町組《とおりちょう》・内店組・釘店組《くぎだな》・表店組・薬種店組《やくしゅだな》・綿店組・河岸組《かし》）が結成されると、綱吉政権もそうした動きに対応して、元禄十二年に江戸の建築職人の肝煎を定め、「町中の家持」から「借家・店借・地借の職人」「弟子・手間取」もその指図に従うよう命じている。肝煎が設定されたのは大工方・木挽方・塗師方・錺方・鍛冶方・畳方・屋根方・壁方・桶方・瓦方・石切方・張付方である。

大衆社会状況は下層の商人や職人にのみ特有ではなかった。上層の大名や武士、町人にも認められる。元禄七年から同十六年の間の噂話を集めた『元禄世間咄風聞集』には、i・大名・旗本関係のトラブル・不始末・内幕話に始まり、ii・落首・落書・狂歌、iii・民間のニュース、iv・巷説、v・犯罪、vi・奇談・怪談・由来談、vii・落し咄、viii・雑知識・民間療法・地名・産物等々の雑多な話が、上層の人々から下層の人々すべてに及んで記されている。

大衆社会の構成

元禄の大衆社会の職業構成・階層構成を示しているのが、元禄三年（一六九〇）に刊行された『人《じん》倫訓蒙図彙《りんきんもうずい》』であって、当時の人々（「人倫」）の仕事や職業を図解している。寛文六年（一六六六）発刊の図解百科『訓蒙図彙』の好評から天和四年に『武具訓蒙図彙』、貞享二年に『難字訓蒙図彙』が相次いで刊行された流れに乗って、『訓蒙図彙』の「人物」篇を拡大し、人々の職業を分類・整理して図解して、出版したものである。

京都で出版されたが、江戸や大坂でも出版されていて、同年刊の『江戸《えど》惣鹿子《そうがのこ》名所大全《めいしょたいぜん》』に見える江戸の諸職名匠諸商人の項と比較すると、職種などに多少の違いはあっても枠組みは共通している。

その第一巻で「上貴き公卿より、庶人の賤きに至るまでの其の所作を、くわしく家々に尋ねて、来由をただし」と、公卿から庶民までの所作について調査を重ね、制作したことを述べた後、①公家・武家とそれに仕える人々を掲げ、第二巻「能芸部」では、②文武にわたる諸芸能者、第三巻「作業部」では、③産業・交通の従事者、第四巻「商人部」では、④呉服屋・御錦屋以下の商売屋、第五巻「細工人部」では⑤金彫師・絵師以下の細工職人、第六巻「職の部」では⑥大工・木挽き・左官以下の建築や衣食住の職人、第七巻では、⑦島原の茶屋や芝居などで働く人々と「勧進餬《もらい》部」として⑧鐘鋳勧進・針供養など勧進をする人々を掲げている。（次ページの表）

元禄の大衆社会は、①を頂部に、②以下が都市の民衆社会を構成し、⑦⑧がその底部ないしは周縁部をなすという八層のピラミッド構造をなしていたことが知られる。このようは大衆社会に対して綱吉が民衆教化策として出したのが、著名な「生類憐みの令」である。

貞享二年（一六八五）七月十四日、将軍御成の際の道筋に犬・猫を繋ぐことを禁じた。これは再令であってそれ以前から出されていた禁令であるが、十一月七日には、江戸城でも公家の饗応以外に鳥類・貝類・海老などの料理を停止するなど、この年から生類を保護する動きが強まり、翌貞享三年七月に大八車で犬や猫を轢くな、野犬への餌やりや生類の取引を禁止する等、「生類あわれみ」の

⑤「細工人部」

金彫師・絵師・筆師・珠摺・仏師・経師・表具師・櫛挽・印判師・縫物師・扇折・蒔絵師・時計師・針摺・縫針師・額彫・木彫師・面打・青貝師・角細工・錺師・象嵌師・銀師・幾世留張・無節竹師・鈴張・茶入袋師・巾着師・紙入師・眉作・人形師・衣装人形・張子師・雛師・楊枝師・茶杓師・物指師・箸師・刷毛師・嘉留多師・賽師・胴人形師・団師・しいし削・撞木師・楊弓師・造花師・形彫・推朱彫

⑥「職の部」

大工・木挽・左官・屋根葺・布瀑・柄巻師・天秤・鋳物師・鏡師・畳師・薄師・板木彫・籠師・表紙屋・秤師・編笠・檜物師・指物師・乗物師・珠数師・鞴師・水嚢師・白粉師・蠟燭掛・薬缶師・鞠装束師・宮殿師・小刀磨・鍛冶・琴師・弓師・仏具師・錫師・唐紙師・針鉄師・箒師・戸障子師・釜蓋師・竜骨車師・わく師・鋤鍬柄師・おさ掻・車作・竈師・紺屋・刀鍛冶・鑓鍛治・挟毛貫・小刀剃刀・臼師・糸車師・豆腐師・麩師・昆若師・素麵師・菓子師・餅師・粽師・煎餅師・道明寺師・興米師・麩焼師・飴師・地黄煎・焼餅師・飯鮨師・割肴師・香煎師・鎧・著込・絃・植虎皮師・雪駄師・尻切師・革師・滑皮師・桶結・足袋師・からうす・風呂屋・銀堀・継物師・鋳掛師・湯熨や・洗濁・綿摘・機織・鹿子結・木綿打・足打・烏帽子師・羽子板屋・絵馬師・鬘師・位牌師・龕師

⑦島原の茶屋・島原・久津輪・揚屋・傾城・野郎・縄手水茶屋・木戸番・狂言太夫・立役・親仁方・敵役・道化・小詰・浄瑠璃大夫・人形遣

⑧「勧進餬部」

鐘鋳勧進・針供養・庚申代待・門経読・腕香・箸供養・御優婆勧進・粟島殿・仏餉取・歌念仏・鉢ひらき・事触・大原神子・八打鐘・念仏申・鉢敲・代神楽・獅子舞・歌比丘尼・似瀬順礼・高足駄・与二郎・太平記読・猿舞・夷舞・文織・門説経・放下・住吉踊・猿若・四ツ竹・謡・風神払・門談義・雪駄直・船頭非人・姥等・節季候・万歳楽・鳥追・祭文・ごほうらい・厄払・物吉

『人倫訓蒙図彙』による人々の職業の分類

①
大臣・五摂家・清華・卿・羽林家・名家・羽林名家之外・新家・又・内侍司・女孺・奥様・御前様・若君・御児・姫君・御料人・御乳人・婆・御左進・茶小姓・御腰元・御物師・物縫・茶間・下女・小児・嫗・祖父・御父・乳人・烏帽子親・鐘付親・師匠・武将・臣下・奥家老・物頭・奉行・代官・横目・使者役・大小性・中小性・児小性・馬廻・歩行者・茶堂・別当・弓者・駕籠者・挟箱持・鑓持・草履取・立笠・台笠・水手者・門番・丈夫・勢兵・相撲・僧（法相・三論・倶舎・成実・律・華厳・天台・真言・禅・黄檗・浄土・一向・法華・時宗）・沙弥・沙弥尼・比丘・比丘尼・優婆塞・優婆夷・居士・能化・諸化・平僧・破戒僧・妻帯・山伏
②「能芸」
歌人・有職者・詩人・連歌師・俳諧師・鞠・神道者・学者・儒・筆道者・医師・針師・目医師・按摩・小児医師・歯医師・外科・金瘡・諸礼者・算者・弓・馬乗・鑓遣・太刀遣・鎌遣・居合・鉄砲・馬医・軍法者・茶湯者・庭造・立花・香嗅・目利・囲碁・将棋・双六・舞楽・籥・琴・琵琶・篋角策・笛・能・地謡・笛・鼓・太鼓・狂言・舞・尺八・一節切・料理・水練・座頭・御前
③「作業部」
茶師・農夫・種蒔・田植・耕・稲掻・牛飼・樵夫・柴売女・石売女・杣人・筏師・塩焼・渡し守・伏見下り船・蜑人・漁人・船頭・鵜遣・鯨船・猟師・綿師・炭焼・円座・筵打・土器師・瓦師・焼物師・火桶作・臥蓙打・占師・石伐・漆掻・葛根堀・蕨根堀・車遣・梃者・木鑓・乳子買・紙屑買・砂土売・魚荷持・飛脚・馬方・駕籠借・旅籠や・おちやない・談義坊売・山椒皮
④「商人部」
呉服や・御錦屋・糸や・椀家具や・唐物や・質や・古手屋・切屋・道具屋・持遊細物や・酒屋・醤油・酢・糀師・味噌屋・紙屋・小間物や・本屋・薬種屋・鮫屋・鍔屋・刀屋・両替や・銅屋・鉄や・瀬戸物や・荒物や・帷屋・綿屋・米屋・魚屋・八百屋・小鳥や・漆屋・砥屋・材木や・竹屋・竹皮屋・庭石や・下草や・榕や・挽茶や・薪や・莨屋・草履や・油屋・麵類売・焼豆腐師・口上商人・絵草紙売・粉や・石灰屋・臥座・木綿や・蚊帳や・植木や・蘭麝粉・扣納豆・法論味噌

志で対応するように命じ、ここに「生類あわれみ」の語が登場した。

生類憐みの令

貞享四年から本格的な生類あわれみ令が出されてゆく。正月に病馬を捨てること、二月に魚鳥類を生きたまま食用として売ることを禁じ、四月には捨て子の養育、傷ついた鳥類・畜類の扶助、犬への食事やり、「犬ばかりに限らず、すべて生類、人々、慈悲の心を本とし、あはれみ候儀」を通達している。これに違反し病気の馬を棄てた武蔵国の百姓十人を遠流に処し、鳩に投石し、吹矢で燕撃ちした旗本とその家臣を処罰した。

さらに元禄元年（一六八八）には鳥の巣がある樹木を切ったとして武蔵国新羽村の百姓を処罰し、同二年には病馬を捨てた陪臣十四名、百姓二十五名を神津島に流罪とした。犬の保護には特に意を用い、十月十日に病気の犬にも餌を与えるよう通達を出すなど、その保護は異常なほどであって、綱吉は「犬公方」と称された。元禄六年にその綱吉を風刺する文書が出回ると、犯人探索のために江戸の三十五万人から調書をとり、犯人の筑紫門右衛門を捕まえて市中引き回しの上、斬罪に処した。

元禄八年五月には喜多見・四谷・大久保・中野に犬小屋を作っている。たとえば二万五千坪の大久保や十六万坪の中野の犬小屋に四万二千疋の野犬を収容するもので、犬小屋の建設費用は関東諸国が負担した。相模高座郡羽鳥村は中野まで十五里あるが、元禄八年十一月に「から竹　百五十本」「ない竹　千本」が命じられて銭で納めている。犬小屋の維持費は江戸の町人が負担し、間口一間に金三分を納めた。多い時の中野の犬小屋は二百九十棟に八万二千疋の犬がおり、年間の費用は九万八千両に及んだ。同九年には犬虐待の密告者への賞金を定め、犬殺しの密告者への賞金を三十両と布告している。

この生類憐みの令は、基本的に生き物を殺してはならないという仏教の「不殺生戒」に基づくものであり、仏教徒である国王は、領内の民に殺生禁断令を発するものとされて、院政期の白河法皇は保安年間に殺生禁断令を発していて、その時には、山野で狩猟する者、浦で釣りをする者がいなくなったという（『今鏡』）。綱吉の生類憐みの令もこの考えに基づいて、国王として人民を統治する立場から発していたのだが、動機は仏教の慈悲心だけではなかった。

元禄七年十月、老中が諸役人に向け、一連の法令が「政道」のためのもので、下々の者まで「仁心」をもてば間違ったことにはならない、という将軍のお考えによるものであり、よくよく守るよう伝えるよう申し渡している。儒教の「仁政」に基づく人民教化の意味合いもあった。

駿河の久能山東照宮にある『稼穡《かしょく》図屏風』は、民衆が稼穡（農事・農業）に勤《いそ》しむ様子を描く作品で、為政者たる武士が民の苦労を思い起こし、自らの政治姿勢を正すようにという鑑戒《かんかい》画であるが、これが綱吉自筆と伝わっている。まさしく綱吉の考えが認められる。

綱吉の信任が厚く、その命に忠実な柳沢吉保は『観用教戒』において「釈迦・孔子の道は、慈悲を専らにし、仁愛を要とし、善を勧め悪をこらす」ものであり、仏教と儒教は「車の両輪」であると記している。こうした仏教と儒学の両面からの民衆教化政策であれば、その行き過ぎを止めることは容易でなかった。

綱吉の儒学志向

綱吉の儒学好きは元禄三年(一六九〇)から著しくなる。七月には幕臣に対し『大学』を自ら講じ、以後、毎月一度『四書』を講じることとし、諸役人に学問を奨励、近臣の邸宅への御成の際には儒書の講書が慣例となった。そうした綱吉の意向に沿って編まれたと見られるのが、元禄三年頃に成立した全国の大名の藩政の状況を評した『土芥寇讎記《どかいこうしゅうき》』であって、それには大名二百四十三家の家族・系譜・略歴・領知・家老・行跡などその所帯が調査され収録されている。

書名は『孟子』巻八「離婁章句下《りろうしょうく》」の「君の臣を視ること土芥《どかい》の如《ごと》くなれば　則ち臣の君を視ること寇讎《こうしゅう》の如し」に基づくもので、その書名からして儒者らの手になると考えられる。内容は、江戸からの里程、石高、立藩事情、米産・払い米の良否、年貢所納率、家中知行の形態、在江戸給の種類、国役の有無、勝手の良否、禽獣魚柴薪等特産の有無、家臣団の組成、家民の風俗、政道の寛厳、土地柄の上下など、まことに詳細で、特に大名の性格・行状については、その才知、文学、武道・武芸、人遣い、仕置、性の傾向、智愚、逸話、世評に至るまでを記している。

たとえば徳川光圀について、文武両道を学び、仏道を修行し、学者を招いて学問の興隆につとめている、と記している。仙台藩の伊達綱村を「才知利発也、文武両道共に心掛あり」、薩摩藩の島津綱貴《つなたか》を「文武両道を心掛（中略）家民に至るまで哀憐をたれ」と評するなど、文武について特に触れるのは、天和の『武家諸法度』第一条「文武忠孝を励まし、礼儀を正すべき事」の規定に照らしてのものであろう。

湯島聖堂大成殿　（財）斯文会（フォトライブラリー提供）

津軽藩の津軽信政《つがるのぶまさ》は山鹿素行の教えをうけ、吉川惟足から神道を学ぶなど好学の藩主であったが、次のように厳しい評価となっている。

信政、才智発明成りと云へども、奸智にして利欲深く、利根過たり。文武を好むこと更に甚し。然ども身を修め、心を正しくする心学には非ず。外を飾りて信なし。武道も亦謀計をのみ宗として、努《ゆめゆめ》以て御老中へ取り入れんとし、家士を使ふに以てたらし、更に信なく偽多し。仁義を学ぶ似者なり。

文武を好んでも、まったく実がないという。信政の信奉した山鹿素行が幕府から危険人物と見られていたことや、信政が貞享四年（一六八七）に下野烏山藩《からすやまはん》の那須氏の改易に連座して閉門となっていたことなどからの評であろう。本書が綱吉に提出されていたかどうかは明らかでないが、いずれにせよ綱吉は諸藩の内情を把握していたことであろう。

綱吉は儒学を諸藩に奨励し、元禄三年には上野の忍岡《しのぶがおか》の林家の家塾と孔子廟とを湯島台に移転させて孔子聖堂を建設して昌平坂と命名し、その大成殿の文字を自ら書して掲額させている。翌四年正月に林鳳岡《はやしほうこう》に束髪を命じ、法名春常を信篤と改名させ、大学頭《だいがくのかみ》に任じた。それとともに幕府の儒者である木下順庵・和田春堅・林春益《しゅんえき》らをも還俗させ、僧侶の身分から解放したことから、儒者の幕府内での地位が確立することになった。二月には聖像が湯島に移されると、綱吉は大成殿に参って儒礼を執り行い、祭祀用に千石を寄進し、儒学は幕府の官学となった。元禄五年六月に尾張・紀伊・水戸の三家及び甲府・加賀の大名に『大学』を講じ、加賀の前田綱紀には『中庸』を講じさせたから、諸藩にも儒学が広がっていった。

寺社の造修復と朝廷への対応

綱吉は生母の桂昌院が深く神仏に帰依していたこともあって、仏教信仰にも篤く、亮賢死後には、隆光を信任し、元禄四年（一六九一）から隆光の知足院別院に頻繁に参詣して、一切経を奉納し、隆光を僧正、次いで大僧正に任じ、知足院を護持院と改称して大伽藍を造成した。元禄五年五月の家綱の十三回忌の法要には、諸宗あわせて百四十六の新地の寺院を旧跡を継ぐものとして認めるとともに、以後、新寺院の創設を認めないとした。
寺社の造営や修復には金をかけ、日光、伊勢神宮、熱田神宮、春日社、鶴岡八幡宮、駿河浅間社、久能山東照宮、石清水八幡宮、比叡山、高野山など、その修復費だけでも金二十万両、米八千六百石にも及んだ。なかでも元禄三年の日光東照宮の修復工事は、仙台藩の手伝い普請ではあったが、幕府も金十三万両余と米八千六百石を支出した。

東大寺の大仏殿は、永禄十年（一五六七）の松永久秀の兵火により焼失して以来、荒廃していたが、貞享元年（一六八四）に僧公慶《こうけい》が諸国に勧進を行って元禄五年に大仏開眼供養が行われた。しかしその後の造営が続かず、公慶が桂昌院や隆光を通じ支援の申し入れをすると、それが綱吉に伝わり、綱吉は「天下安全、武運長久、庶民快楽」の祈禱という名目で、幕領・諸大名領から強制的に資金を集める勧化を認め、宝永五年（一七〇八）に大仏殿が完成して供養が行われた。

こうした綱吉による寺社の修復・修造には朝廷対策の側面もあった。幕府や水戸藩が歴史書を編むなか、朝廷の存在に改めて関心を注がれるようになって、幕府の手で朝廷の儀式や祭礼を整備し、改めて朝廷を守護する幕府の存在を明示することが目指された。

延宝七年（一六七九）に石清水八幡宮の放生会が二百十四年ぶりに復活しそれの助成をしている。この機運に乗じた霊元《れいげん》天皇は、翌年に後水尾《ごみずのお》院が亡くなると難波・東園などの近習を取次に任じ、武家伝奏の花山院・千種らを通じて「朝廷復古」をめざした。

天和二年に関白の鷹司房輔が関白を辞めると、幕府との協調をはかっていた左大臣近衛基熙《このえもとひろ》の順番であったが、右大臣の一条兼輝を関白に任じて朝廷再興に取り組んだ。貞享四年には東山天皇に譲位して霊元院政を始めると、文正元年（一四六六）以来途絶えていた大嘗祭の挙行を幕府に要請した。これには幕府は乗り気ではなかったのだが、大嘗会にともなう禊行幸については行幸禁止を理由に拒否したものの、要請を認めて大嘗会が翌年に復活した。

ただ幕府は譲歩したものの、霊元院政に歯止めをかけていた。朝政の運営については関白・武家伝奏・議奏が諸事相談して行うこと、上皇が禁裏の政務に口を挟まないようにすることを伝えたのである。元禄三年に一条兼輝が関白が辞すと、関白に近衛基熙を任じるように要請し、基熙が関白となったことで、霊元院政は機能しなくなった。

禁裏御所は天皇―関白―武家伝奏・議奏、院御所は上皇―院伝奏・評定衆という異なる系列からなる別個の機構が成立し、それとともに朝廷は幕府との協調路線を歩んでいったので、武家伝奏は朝廷が人選して幕府の了承を得る方式へと代わった。

元禄七年に賀茂社の葵祭が復活し、十年には天皇山陵の調査が行われ、京都所司代の命で南都奉行が大和山陵図、大坂城代が河内・和泉・摂津の山陵図を製作し、計六十六陵が修復されるなど、幕府主導で朝儀の復興が進んだ。

幕府財政の窮乏

綱吉が多くの寺社の修造や朝廷対応、諸大名の屋敷への御成、困窮した諸大名・旗本への拝借金対応など多額の支出をしたことにより、民間経済は活況を呈したものの、幕府財政は著しく悪化していた。寛文元年（一六六一）に江戸城の金蔵には三百八十万両あったのだが、減少の一途をたどっていた。この状況に加え、佐渡金山など鉱山からの金銀産出が減り、慶長金銀の損傷が著しくなっていて、貨幣流通量の増大に対応できなくなった事情もあわさり、貨幣改鋳の提言が出されるようになり、ついに元禄八年にはそれへと踏み切った。

これの実行にあたったのは成長してきた財務官僚である。延宝二年（一六七四）に勘定方に列し、同五年に畿内の延宝検地を行い、元禄三年（一六八〇）に佐渡奉行となって生産量の落ち込んでいた金山の再生をはかり検地を行い年貢の収量を増やすなど、幕府の財政部門を歩み実績をあげてきた勘定吟味役の荻原重秀《おぎわらしげひで》が中心となり、勘定組頭三人、勘定四人が改鋳にあたった。純度八四・二九％の慶長小判を五七・三％の元禄小判に、八〇％の慶長銀を六四％の元禄銀にしたのである。

当初は幕府手持ちの金銀をあてていたが、やがて市場に流通する金銀の回収につとめ、元禄金千三百四十一万両、元禄銀三十二万六千貫が流通するようになり、市場の慶長金八百八十二万両、慶長銀二十八万七千貫が回収された。この改鋳によって五百万両の益金が生まれ、幕府財政は一息ついた。このことが可能だったのは政治が安定していて、その信用で通貨が安定していたからである。ただ金銀の品位の引き下げに差があって、元禄金が三二％、元禄銀が二〇％の引き下げで銀高傾向が強まり、金銀の公定相場が崩れる影響も出た。

荻原ら財務官僚は元禄十年には地方《じかた》直し政策も進めた。幕府は寛永十年（一六三三）に旗本の大番・書院番・小姓組番の三番士の組織替えにともなって、千石以下の者への加増と、蔵米取りから地方知行への変更を行ったが、元禄十年に五百俵以上の旗本への蔵米支給をやめて、知行地を与える「御蔵米地方直し令」を発令した。対象となった旗本は約五百五十人、支給されていた蔵米額は三十四万俵にのぼる。

それとともに、検地を行って、知行地割替えの地方直しを実施し、地方直しと関係のない旗本二百人から知行地の一部または全部を上知《あげち》して代知割を行った。この上知では関東の知行地が対象とされ、江戸に隣接する生産性の高い地域や広大な山林、多額の運上金のある地域が幕領とされ、代知には中部・近畿地方があてられたので、年貢米の運搬経費が節減されることになった。幕領は綱吉初政の延宝八年に石高三百二十六万石、年貢量九十四万石であったが、この間に百八万四千石、年貢米が四十四万三千石増加した。

検地や地方直しを行った勘定頭の荻原、勘定組頭の辻、勘定の石井以下八名のうち六名が綱吉の神田館からの吏僚であり、彼らを登用するのに力があったのが側用人の柳沢吉保である。吉保は父が幕臣から館林藩主綱吉に仕えた安忠で、自身は延宝三年（一六七五）に小姓組を勤め、綱吉の将軍襲職とともに幕臣の小納戸《こなんど》となり、元禄元年十一月には若年寄上座の側用人として一万二千石の大名に取り立てられ、元禄三年には二万石加増となった。『土芥寇讎記』は大鳥藩主の吉保について「信あれば徳ある故に、上意にも叶ひ、家繁昌すと見へたり」と高く評価した。本書が吉保に近い儒者の手になると考えられ、そのままには受け取れないものの、否定する材料はない。

側用人は将軍と老中・若年寄とを取り次ぐ役職であって、政策に直接に関わるわけではないが、将軍の吉保邸御成が五十八回もあり、新井白石『折りたく柴の記』が「天下の大小事、みな彼の朝臣の心のままにて」と記しているように、将軍の寵臣として政治を支え、将軍の手足となる官僚を配置したのであった。

全国支配の取り組み

金銀貨の改鋳とともに綱吉政権は全国支配の強化を目指した。早くは貞享三年（一六八六）四月に幕領・私領を問わず鉄砲改めを命じている。寛文期の鉄砲改めが関東の農村に限っていたものを全国に拡大したもので、町や村でも鉄砲の種類と所持者を登録させ、猟師や足軽以外の百姓の鉄砲使用については鳥獣対策用の鳴物としてのみを認めた。鳥獣を保護するとともに鳥獣の害を防ぐことを両立させる措置であった。

元禄七年（一六九四）には宿駅制度を整備し、宿駅に人馬を常備するため周辺の村々に夫役を課す助郷制を拡大した。宿場から二・三里以内の村からの定助郷《じょうすけごう》、それ以遠の村からの大助郷《だいすけごう》を東海道・中山道に設け、宿問屋に助郷帳を置いて幕領・私領の別なく、人夫を徴発した。

これにより宿場を介して地域文化の形成を促すことになったが、百姓の負担が増大したため、宝永四年（一七〇七）に助郷の村にのみ負担をさせず、国役として幕領・私領の別なく一国単位で費用を徴収し、宿駅の費用にあてる策を荻原重秀が提案したが、新井白石などが助郷の村の疲弊は役人や伝馬不足であるとしてこれに反対し、実現はみなかった。

元禄九年には正保の国絵図製作から五十二年たっていることから、綱吉は国絵図と郷帳の作成を老中の土屋政直に命じ幕閣に伝えた。正保図は国内の体制整備と海防政策が関連していたので、大目付が担当したが、今回は寺社奉行の井上正岑《いのうえまさみね》を総裁として、町奉行能勢頼相《のせよりすけ》、勘定奉行松平重良、大目付安藤重玄らがチームを組んで遂行した。

国ごとに絵図の調進を担当する絵図元の藩を定め、当初は正保の国絵図を貸し出して修正箇所のみを描く方針であったのだが、絵図の様式を完全に統一して国境を明確にするように改められた。「国境・郡堺、ただ今論所これあり。内証にすまざる儀は、公儀に訴へ、裁許うけ候やう」「国境・郡堺のほかの出入りは裁許に構なく絵図仕立て申さるべき」と、国境・郡堺の別を明らかにする厳密さを求めた。「御領・私領、寺社領の高、仕分け無用に候」と、領分の区別は必要ないが、「郡色分け紛れざる」と、郡区分を明確にして石高のない村も描かせる純粋な国郡図であった。日本全国は公儀の支配地であり、私領、寺社領は公儀によって与えられたものと明示したのである。

絵図の料紙には大型で上質な越前紙（「越前生漉間似合紙《きずきまにあいし》」）が用いられ、幕府御用絵師の狩野良信が清書して美麗な絵図が制作された。元禄十二年三月に最初の壱岐国絵図が提出されて、十五年十二月の播磨国絵図の提出まで六年に及ぶ大事業であって、提出された国絵図は本郷の絵図小屋で繋ぎ合わされ、「日本御絵図」が作成された。これには松前藩による蝦夷地図、薩摩藩による琉球国図が含まれており、綱吉は眼下に日本国を捉えることとなった。

国絵図とともに作成された郷帳には、村ごとに貢納の石高が列記され、郡・国ごとの村数と石高が書き入れられている。全国の収納高を把握する意図によるものである。領知関係の記載はなく、作成の途中で検地が行われたので、その新知行高が記された。二部作成され、一部は勘定所に、一部は幕府の紅葉山文庫に保存され、以後の幕府財政上の基本帳簿となった。

三　元禄政治への失望

政治への不満と江戸大火

綱吉の治世は民間の隅々まで取り締まろうとしたため、様々な不平・不満が起きていた。その世相を記した作品に戸田茂睡《とだもすい》の日記『御当代記』がある。茂睡の父は駿河大納言徳川忠長の付人渡辺忠であり、茂睡は駿府城で生まれた。江戸に出て伯父戸田政次の養子となり、岡崎本多家に仕官したものの、延宝八年（一六八〇）頃に出家し隠棲して茂睡と称した歌人であって、最初の江戸の地誌『紫の一本《むらさきひともと》』を著したほどに江戸の世上に敏感であって、『御当代記』の記事は延宝八年五月から元禄十五年（一七〇二）四月まで残されている。

天和二年（一六八二）七月に彗星が現れて江戸の童が噂した。国のまつりごとが素直であれば天は順、悪ければ天は逆となる、天に変異が現れた時は政治を改めるべきなのに、政治に慈悲がなく万民の困窮を救うことがない。天和三年には江戸城の門松が倒れ、五月に日光山で地震が起き、六月には江戸本町で、手拍子で踊りが行われた。これらは為政者に警告を発したものだと人々が噂したという。このほか、「諸人困窮」「商売もならず、諸色は高価」について、繰り返し記している。出版されなかっただけに、綱吉批判の内容となっている。

元禄四年に公儀の役人、大名、歌舞伎役者、吉原の遊女などを、百人一首の歌に装って諷した『百人男』が摘発されており、元禄十一年には絵師の英一蝶が三宅島流罪となった。尾張藩の御畳奉行朝日重章《あさひしげあき》が記す『鸚鵡籠中記《おうむろうちゅうき》』は、「江戸の有様、戦々競々たり」「しばらく聖経賢伝に御心よせ給ふといへ共、御行跡驚奇にして人意の外に出る事多し」と、江戸から伝わる噂を記している。

綱吉政権は公儀に不平・批判を記した出版を取り締まり、不穏分子の行動を徹底的に穿鑿して捕まえたので、表面上は大きな問題は起きなかったが、溜まった抑圧は何らかの切っ掛けで爆発するものであって、元禄十一年の江戸大火はまさにそれにあたる。山下門外の京橋南鍋町の仕立物屋・九右衛門宅から出火した火事は、南風に煽られて多くの大名・旗本屋敷を焼き、神田橋の外へと延焼し、駿河台から下谷、神田明神下、湯島天神下、さらに浅草にも拡大した。

寛永寺境内でも本殿や新築の仁王門、厳有院《げんゆういん》（徳川家綱）廟を焼いて、火は三ノ輪から千住に及んだ。日本橋方面に広がった火は両国橋を焼いて本所に及び、半日以上燃え盛って大雨によって鎮火した。大名屋敷八十三、旗本屋敷二百二十五、寺院二百三十二、町屋一万八千余が焼失したのである。

この年八月に柳沢吉保が造営責任者として着工していた寛永寺の根本中堂、文殊楼、仁王門が落成し、九月六日に根本中堂に掲げる東山天皇宸筆の「瑠璃殿」の勅額《ちょくがく》が到着したその日に出火したので、火事は「勅額火事」と称され、綱吉の日光社参は延期となった。「火事と喧嘩は江戸の花」と言われ、江戸では火事が頻発していた。これまでにも「振袖火事」と称された明暦三年（一六五七）の大火、天和二年の芭蕉庵を焼いた「八百屋お七の火事」などがあって、これらは江戸が大都市として発展するなかでの大火で、その呼称も出火元や出火原因からつけられてきたのである。

しかし今回はそれらとは違って、江戸の発展もがピークに達していたこともあり、「勅額火事」という呼称からわかるように、大火は人心を政治に向けさせたのである。しかもこの年にはもう一度大火があった。

赤穂事件

人心に不満がくすぶるなか、元禄十四年（一七〇一）三月十四日に赤穂城主浅野内匠頭長矩《あさのたくみのかみながのり》が、江戸城松の廊下で吉良上野介義央《きらこうずけのすけよしひさ》に刃傷に及ぶ事件が起きた。東山天皇の勅使と霊元上皇の院使が江戸城の白書院で綱吉に面謁する直前の出来事であって、接待役の浅野が高家肝煎の吉良に小刀を振って斬りかかり、吉良は額と右肩を斬られ、その逃げ惑ったその跡は血で染まり、浅野は幕府留守居番の梶川与惣兵衛《かじかわよそべえ》に取り押さえられた。

この一件は柳沢吉保、老中格の松平輝貞、若年寄が相談の上、綱吉に報告されて、浅野・吉良のもとに目付が派遣されて事情を尋ねると、浅野は申し開きをせず、己の宿意によるものであって、前後を忘れて事に及んだのでどんな仕置も受ける、と語り、吉良は怨みをうけるような覚えはなく、浅野の乱心と見える、と語ったという。

この結果、浅野は「折柄と申し、殿中を憚らず、理不尽に切り付け候段、不届きの至極」という理由で、一関藩邸に預けられ即日に切腹となり、吉良は「御構えこれなく、手疵養生いたす」ようにと伝えられた。血や死の穢れを忌み嫌って服忌令を定めていた綱吉には、朝廷の使者を迎えての時節柄といい、殿中という場所柄を弁えない暴行といい、浅野の行為は許しがたかった。激怒したことであろう、同じ切腹でも庭先で行わせて名誉を踏みにじり、赤穂浅野家の改易、赤穂城の明け渡しを命じ、弟で旗本の浅野大学長広を閉門に処した。

殿中での刃傷事件はこれまで三件あったが、いずれも被害者は貞享元年（一六八四）の大老堀田正俊のように殺害されており、被害者が生存しているのは初めてのことであった。しかもそれへの咎めがなく、刃傷に至る事情も明らかではなかったので、そこから問題が生じ広がった。

事件を受けて、浅野家の家臣の間には「主人片落ち切腹仰せ付けられ」（『堀部武庸筆記』）と、喧嘩両成敗法に違えるものであると、綱吉の裁断への不満が口に出た。浅野家は家老の大石内蔵助良雄を中心に協議し、籠城や追腹が検討され、浅野大学による浅野家再興の道が探られ、大学の閉門が決まり、浅野家再興の道が閉ざされたため、主君の敵である吉良を討つ道が選択された。

元禄十五年十二月十四日、大石良雄以下四十七人は吉良邸に侵入して、吉良上野介を討ち取り、一行は吉良邸から引き揚げ、吉良の首を長矩の墓前に供えて幕府に報告し、幕府の指示に従って切腹を遂げた。当時、主人の敵を討つ事件は多くなく、珍しかった。彼らを動かしたのは「武士のいきどをり」であり、「武士の名利」を守ることにあった。

寛文三年制定の「諸士法度」の第一条には「忠孝を励まし」「常に文道・武芸を心掛け、義理を専らにす」とあって、大石らは、幕府の「忠孝」を励まし、「義理を専ら」にする政策にそって敵討ちに臨んだのであるから、幕府の政道を間接的に批判したことになる。

赤穂事件をめぐっては、新井白石の推薦で幕府儒官になった室鳩巣が『赤穂義人録』を翌年に著わして以来、多くの著作が現れ、武士の在り方や政道との関わりなどが議論されることになる。事件から八年後の宝永七年（一七一〇）には歌舞伎『鬼鹿毛無佐志鐙《おにかげむさしあぶみ》』『太平記さされ遺志』『硝《さざれいし》後太平記《ごたいへいき》』、浄瑠璃の『碁盤太平記』など、事件を『太平記』の世界に移して脚色上演された。

元禄大地震の影響

元禄十六年（一七〇三）十一月二十二日にマグニチュード八・二と推測される大地震が関東諸国を襲った（元禄の地震）。「十一月廿二日の夜半過ぐるほどに、地おびただしく震ひ始て、目さめぬれば、腰のものどもとりて起出るに、ここかしこの戸障子皆たふれぬ」と、地震で目を覚ました新井白石が、仕えていた甲府藩の藩邸に向かうと、「おほくの箸を折るごとく、また蚊の聚りなくごとくなる音のきこゆるは、家々のたふれて、人の叫ぶ声なるべし。石垣の石走り土崩れ、塵起こりて空を蔽ふ」と、地震に驚いて騒ぐ人々の動きを記している（『折たく柴の記』）。

柳沢吉保の『楽只堂年録《らくしどうねんろく》』によれば、「希有の大地震によりて吉保・吉里急で登城す。大手の堀の水溢れて橋の上を越すによりて供の士背に負て過ぐ」とあり、吉保が急いで登城したところ、江戸城の大手門付近の堀の水が溢れるほどだったという。

小田原城下では地震後に大火が発生し、城の天守が焼失し、小田原領内での倒壊家屋は約八千戸、死者約二千三百に及び、東海道の諸宿場での家屋倒壊の被害は川崎宿から小田原宿まで顕著だった。地震は十二月十八日にやっと震動が止み、江戸では江戸城諸門や番所、各藩の藩邸や長屋、町屋などに建物の倒壊はあったものの、被害は軽微であった。

ただ綱吉は怯えたことであろう。天和三年（一六八三）に日光で地震、元禄十年に相模・武蔵で地震があって鎌倉の鶴岡八幡宮の鳥居が倒れている。元禄四・五年に綱吉に謁見したドイツ人医師ケンペルは、殿中には地下室があって雷が鳴る時にはその地下室に綱吉がゆく、と記しているように、将軍の御座所には地震の間があった。綱吉は江戸の護持院や畿内近国の伊勢以下二十二社や延暦寺・東寺に国家安全の祈禱を命じた。

地震の被害が及んだ地域を、柳沢吉保が「今暁の地震、武蔵・相模・安房・上総・下総・伊豆・甲斐七箇国にかかれり。その中にてもわきてつよきは安房・相模」と記しているように、被害は地震とともに起きた津波に襲われた相模湾岸・房総半島南部に大きかった。鎌倉では流死者が六百人、八幡宮の二の鳥居まで海水が押し寄せた。房総半島では波の高さが一〇メートル以上に及んだ地域があり、死者は六千人を超えた。半島南部では地盤が隆起して野島が陸続きとなり、海岸段丘が所々に生まれ、そこに多くの漁村が生まれた。

地震の影響で元禄十七年三月十三日に宝永と改元されたが、地震を契機に綱吉の政治への意欲は減退したのであろう、頻繁に行っていた諸大名邸への御成が元禄十五年四月二十八日の加賀前田家への御成以後、なくなってしまう。続いて宝永元年（一七〇四）四月に紀伊の徳川綱教に輿入れをしていた娘の鶴姫が亡くなったのも大きな打撃となった。すでに嫡男の徳松が天和三年に亡くなっており、これで実子はいなくなった。そのため綱吉は甥で既に四十一歳に達していた甲府徳川家の綱豊（兄綱重の子）を跡継にすることとし、宝永元年十二月五日に家門・譜代に伝え、十二月九日に綱豊が西丸に入って家宣と称し、代わりに柳沢吉保が甲府城主となった。

それとともに綱吉への不満の声は、家宣への期待の声へと変わってゆく。翌年六月に母の桂昌院が亡くなったのも孝行息子の綱吉には痛手であった。『金地院隆光日記』四月二十一日条は、綱吉が病の母の脈をうかがい腹と背をあん摩する様子を記しているが、その手厚い看病の労もみのらなかった。宝永二年三月に右大臣となった綱吉は、『論語』為政篇から「思邪無（思い邪《よこしま》無し）」と書していたが、天変地異に怖れを抱いていた綱吉を、さらに動揺させる事態が発生した。

宝永大地震と富士大噴火

宝永四年（一七〇七）十月四日の宝永地震（マグニチュード八・四）は、震源がしばしば巨大地震を起している南海トラフであって、その被害は東海道、紀伊半島、四国におよび、死者二万人以上、倒壊家屋六万戸、津波による流失家屋は二万戸に達した。有史以来の最大規模の地震である。

その余震が続くなか、十一月二十三日に富士山の南東斜面から白い雲のようなものが湧き上がり、急速に大きくなって噴火が始まった。東斜面に高温の軽石が大量に降下し家屋を焼き田畑を埋め尽くし、噴煙の中に火柱が見え、火山雷による稲妻が飛び交うのが目撃された。噴火は十二月三日まで続いたが、相模の足柄上郡山北村の記録によれば、十一月二十三日から十二月八日まで砂が降り続き、一面砂でうずまったという。砂降りの範囲は二十里におよび、風向きから相模・武蔵の麦作が全滅した。

江戸では白石が「よべ地震ひ、この日の午時雷の声す、家を出るに及びて、雪のふり下るがごとくなるをよく見るに、白灰の下れる也。西南の方を望むに、黒き雲起こりて雷の光しきりにす」と、昼前から雷鳴が聞こえ、黒雲が広がって空を覆い、雪のような白い灰が降ってきて、大量の降灰で町は昼間でも暗くなり、燭台の明かりをともさねばならなかった、と記している。

富士山近くの降灰の被害は甚大で、山北で一メートルを超え、平塚から神奈川にかけて二〇センチから三〇センチも積もったという。小田原藩は二年前に酒匂川《さかわがわ》の洪水により周辺の村々の田畑が流失していたところへの砂降りであったから、酒匂川は河床が上昇して翌年には大洪水となった。藩は被災地への食料供給を実施したが、十分に救済できず、藩主の大久保忠増《おおくぼただます》が幕府に救済を願い出て、幕府は周辺一帯を一時的に幕府直轄領とし、伊奈忠順《いなただのぶ》を災害対策の責任者となし、翌年の閏

富岳百景「宝永山出現」(葛飾北斎)　国立国会図書館所蔵

正月に被災地復興の「諸国高役金」への拠金（石高百石に対し金二両）を全国の幕領・大名領に課して財源とした。宝永五年中に金四十九万両弱、銀二貫目弱が集まり、被災地救済には六万二千五百両余に使われたが、その残りがどう使用されたか不明という（『蠹余一得《とよいっとく》』）。

翌宝永五年、金銀貨のほか、大銭という品質の落ちる銅貨を鋳造し、寛永通宝十枚相当の価値で通用させようとしたが、経済の混乱を招いた。江戸城の北側に御殿を造る計画を進め、民家移転を図ったが、秋から全国的に麻疹《はしか》が流行し、十二月初旬に家宣が発病、加賀藩に嫁いでいた松姫も発病した。

二人は中旬に回復したものの、二十八日から今度は綱吉が発熱し、翌宝永六年正月三日、麻疹と診断され、十日朝に病状が急変して死去した。享年六十四。家宣は綱吉の枕元に柳沢吉保を呼んで、生類憐みの令は死後も続けるようにという綱吉の遺命だが、罪を蒙るものが何十万にも及んでおり、この令を廃さないと土民は苦しみから逃れられない、と語ったので、吉保はその考えは孝行になるでしょう、と答えて同意したという（『徳川実紀』）。綱吉の遺言は無視されたのである。なお柳沢吉保は家督を吉里に譲って引退し、正徳四年（一七一四）に元禄年間に作庭した駒込の六義《りくぎ》園《えん》で没している。

四　正徳の治と新井白石

家宣政権の政策と武家諸法度

将軍となった家宣は四十八歳、綱吉の政治を間近で見ていただけにその政治の一新を図った。側用人の松平輝貞・松平忠周《ただちか》を罷免し、甲府藩の家臣二百名を幕臣となして、そのうち寵臣である間部《まなべ》詮房《あきふさ》を側用人に起用した。詮房は浪人から甲府藩に仕えるようになった清定の子で、元禄十二年（一六九九）に用人となり、宝永元年（一七〇四）の将軍継嗣で側用人、老中格として老中会議に出席して合議に加わるとともに、その結果を将軍に報告し、また人事案件の伝達や政策立案の取次などにより家宣政権を支えた。

詮房のもとで政策立案には侍講《じこう》の新井白石と、宝永六年二月新設の「御用方右筆」とが当たったが、もう一人の側用人である本多忠良のもとには右筆は置かれなかった。白石は明暦の大火直後に上総久留里藩土屋利直の家臣新井正済《まさなり》の子として生まれ、利直に仕えていたが、延宝五年（一六七七）に起きた土屋家の内紛に連座して追放された後、天和二年（一六八二）に大老の堀田正俊に仕えるも、元禄四年（一六九一）に堀田家を去って再び浪人となった。その間に木下順庵の門人になり、順庵の推薦で元禄六年に甲府藩の徳川綱豊に仕えて侍講となり、その信頼を得て将軍となった家宣の諮問に応えて政策立案に関わるようになったのである。

綱吉の死の十日後に生類憐みの令が停止され、二月の大赦によって幕臣二十名、大名家臣三七三七名が赦免され、赤穂事件の遺児たちも赦された。中野などの犬小屋の入用金の負担が停止され、酒造者に課されていた運上金が廃止された。この間に白石は正月に「急務三か条」を進言し、朝廷の皇子・皇女の処遇に関して述べ、二月には幕府財政について幣制改革を進言をし、四月には長崎貿易にも進言している。こうした白石の進言や提言によって生まれたのが宝永七年四月制定の『武家諸法度』である。

当初、草案の作成は林信篤（鳳岡）に命じられたが将軍の意に叶わず、白石に命じられ、二月に白石が草案を提出して発令された。その十七ケ条からなる条文は仮名交りの和文で、白石が条文を解説する『新令句解《しんれいくかい》』を付すというもので、これまでにない法度であった。天和令との違いは第一条に明解にうかがえる。「文武の道を修め、人倫を明かにし、風俗を正しくすべき事」と、「忠孝を励まし」の一文が削除されて、代わりに「人倫を明かにし、風俗を正しくすべき」という条文が入っている。

忠孝を励ますとあったのは、将軍に対するものであったが、ここではその主従関係の面からではなく、『新令句解』に「文を以て治を致し、武を以て乱を定む」とあるように「士君子の道」として、「学を講じ、芸を習ふ」などの修養につとめることで、これに沿って「父子親あり、君臣義あり、夫婦別あり、長幼序あり、朋友信ある」の五つの教え、すなわち「人倫」を明らかにして、上下の間の「風俗」を正すとしている。

この治者としてのあるべきつとめを記した第一条に続いて、第二条では「国郡家中の政務、各その心力を尽し、士民の怨苦を致すべからざる事」と、治者として政務に力を入れ、「家中の上下」の士や、「農工商等」の民の怨みを招かぬよう命じている。儒学に基づく撫民政策、仁政を意図した法度であった。綱吉政権もこの方針ではあったのだが、治者の側に人倫にもとる行為や風俗を乱す行動が多発していたことから、こうした規定を正面に据えて定めたのである。

対外関係と礼文政治

文武の修養のうちの武についてはどうか。第三条で軍役の兵馬の整備、第四条で参勤交代、第五条で城郭の新築禁止について定めるなど重視するかたわらで、第六条で諸役・諸番役の勤めについて役人が権勢や公儀の威をかり私的な営みをするのを禁じ、公務に精勤するよう命じ、第七条では賄賂を禁じた。この二か条は役人の綱紀粛正を意図したもので、これまでの武家諸法度には規定されておらず、権勢に依拠した不正に厳しい態度で臨んだ。

第十七条は天和令にない「耶蘇の厳禁」であるが、これにはイタリア人在俗司祭シドッティが宝永五年（一七〇八）八月に屋久島に上陸して捕えられた事件と関係がある。翌年十一月に江戸小石川のキリシタン屋敷で白石はシドッティの尋問にあたって、シドッティの人格と学識に感銘を受けたが、シドッティも白石の学識を理解して信頼し、互に敬意を持って接し対話した。これによって白石は宣教師が西洋諸国の日本侵略の尖兵であるという認識が誤りであると知ったのである。

そこで「耶蘇の厳禁」を掲げつつも、シドッティの扱いについては、切支丹、伴天連を見つけ次第、拷問にかけ、転宗させる幕府の方針とは異なる意見を上申している。それは上策として本国送還、中策が囚人として幽閉、下策が処刑であったが、幕府は中策を採用し、宣教はしてはならぬという条件で切支丹屋敷に幽閉した。切支丹屋敷は寛永二十年（一六四三）に筑前に不法入国し、江戸に送られたイタリアの宣教師を収容するために作られていた。なお白石はシドッティの渡来の事情や尋問の内容、獄死に至る経緯を『西洋紀聞』上巻に記し、正徳二年に江戸参府中のオランダ人などから尋ねた海外事情をその中・下巻と『采覧異言《さいらんいげん》』とに記し、対外認識を深めていった。

法度の第十二条は衣服居室、饗宴や贈答などの規定で、従来は奢侈を理由に単に倹約を命じていたのだが、ここでは「礼文の節」に基づいて、名分を守ることを求めた。社会の秩序に適する礼法の体系を整備し、人々に社会的職分の自覚を促そうする儒教的理想主義に基づいていた。すでに宝永六年八月の江戸城での重陽の節句の儀式に出仕する万石以上の武家ついては、花色の小袖を着用するよう装束規定を設けている。

さらに白石は『武家官位装束考』を著し、「百年にして礼楽興る」という歴史観から「武家の旧儀により て万代の礼式を議定あるべきは、まことに百年の今日を以て、その期なり」と、幕府成立から百年を期して、朝廷の官位制度には規制されず、中国や朝鮮から低く見られない、武家独自の官位を構想しており、古代にあった勲位制度に基いて、老中に勲一等を与えることなどを主張した。

この意見は受け入れられなかったが、外に向けての礼法は受け入れられ、琉球使節や朝鮮通信使の待遇が整えられた。両使節は将軍の代替わりを祝賀するために来日するもので、琉球使節は宝永七年(一七一〇)十一月十八日に謁見が行われており、江戸城本丸御殿の大広間の上段の間に将軍が座し、中山王の使者は中段の間に献上の太刀目録を置いて、下段の間に座しており、外国の使者並みの扱いを受けた。朝鮮通信使の謁見は正徳元年(一七一一)十一月一日で、これを迎えるにあたっての礼法の諮問を受けた白石は、従来とは異なって朝鮮国王から日本宛ての国書に「日本国王」と書すことや一行の待遇の簡素化・費用節減をはかることを提言した。

幕府は寛永十三年(一六三六)の朝鮮通信使の初来日に際して、日本宛て国書には「日本国王」ではなく「日本国大君」とするように要請して、朝鮮側はそれを嫌いつつも受け入れた経緯があった。将軍を「大君」としたのは、大君の語が中国では天子を意味し、「日本国王」は冊封体制下の呼称なので相応しくないと考えてのことであったが、白石は、大君の称号が朝鮮では王子の嫡子をさし、国王よりも身分が低いことや、日本では天子の意味になるので天皇に失礼にあたることなどから、

朝鮮通信使来朝図（羽川藤永）　神戸市立博物館所蔵
photo: Kobe City Museum/DNP art com

国王号を求めたのである（『国書復号紀事』）。

白石の提言は朝廷との関係を重く見てのものであるが、ただ朝廷の秩序とは別に武家は「天」から授けられたと考えていて、天皇と将軍とは「共主」の関係にあって、将軍は「国王」として天皇を守護し、天皇は天子として将軍を守護すべきであるとし、そのことから「武家の世の栄えをも衰えをも、ともにせさせ給ふべき」であり、天皇の子孫を冷遇するならば、徳川家の子孫が栄えることも望めないと見ていた（『折りたく柴の記』）。

当時、朝廷では皇太子以外の皇子が出家するのが慣例となっていて、天皇家継続のために新たな宮家の創設を望まれていたので、幕府は宝永七年に東山天皇の第六皇子直仁親王の宮家設立を認めることになった。室町期の伏見宮、江戸期の桂宮・有栖川宮に続く、第四の世襲宮家（閑院宮家）の誕生であるが、これは武家において将軍家綱・綱吉の子孫が絶えたという現実を踏まえてのことでもあった。

経済政策

家宣政権の政策に影響を与えていた白石の前に立ちはだかったのが、勘定奉行の荻原重秀《おぎわらしげひで》である。法度第七条に「貨賂《かろ》を納れて権勢の力を仮り、秘計を廻らして内縁の助を求む」という賄賂禁止条項を入れたのは、重秀の存在を意識してのものであったと見られる。

家宣の将軍就任直後、重秀は新将軍の御座所の新築経費の捻出を理由に、金銀貨の改鋳を願い出たことがあって、家宣はこれを退けつつも、白石に意見を聞いてきた。白石は調査して、重秀の報告した幕府の財政状況には偽りが多いと見て、その行動に疑いの目をもつようになったという。

白石は、幕府の出費拡大の穴埋めのため、元禄八年からの貨幣改鋳によって、金銀の如き天地から生まれた大宝に混ぜ物をした結果、天災地変を招いたのであり、これによる悪政は前後にその類を見ない、と酷評していた。しかし重秀は年貢収入が予想外に多いとして御座所の建設を進め、宝永六年十一月に完成するが、その経費は七十万両に達した。さらに『武家諸法度』の公布日には乾《けん》字金《じきん》・永字金・三宝銀《さんぽうぎん》を改鋳し、二朱金を廃止した。乾字金とは裏に乾の字の極印がある小判で、慶長小判と同じ含有率に戻したものであるが、重量が半分だったから、元禄小判の回収には至らなかった。さらに正徳元年に重秀は四宝銀《しほうぎん》を新鋳するなど、金銀貨の新改鋳の実施に積極的だった。

これに対して白石の不正追及の手は厳しく、正徳二年六月、幕府の勘定所は天下の財源を預るところであり、人財を得る必要があるとして、激務を一人（荻原重秀）で処理するのは無理なことなので、勘定吟味役を再び置いて幕領の年貢、代官の適不適を調べるよう進言した。これが認められ萩《はぎ》原美雅《わらよしまさ》・杉岡能連《すぎおかよしつれ》二人が勘定吟味役となって、八月に巡見使が全国の幕領十か所に派遣された。

さらに白石は九月に勘定所の激務を一人で処理していた勘定奉行重秀の罷免を訴えた。これまでに二度罷免を訴えており、二度目の訴えでは、家宣から真の人財は得難く、目下のところ国家の財政をつかさどらせる適当な人財はいない、と退けられたのだが、九月十一日の三回目では、白石が「かかる姦邪の小人、用ひさせ給ふ事の御あやまり」を記した「荻原重秀弾劾書」を提出し、意見が通らない場合は、「御奉公のほどももはやこの時を以てその限りとは存じ定め候」と、侍講を退任させてほしいと迫ったので、その強い意志に押されて重秀は罷免となった。

その罷免後一か月で家宣は亡くなっているので、家宣は後継ぎの四歳の家継の政治を考え、白石の進言をいれたのであろう。死後の後継者には、ひとまず尾張の徳川吉通《よしみち》に譲って、幼い家継の成長後に将軍にするかどうかは吉通の判断にまかせることとし、家継に不幸があった場合は吉通がそのまま将軍となるという考えについても白石に諮問したところ、白石はそれでは二つの党派（吉通派と家継派）の対立が起きるので、家継をすぐに将軍にしたほうがよいとの意見を出し、その意見が通ったという。

こうして家継政権下においても白石は経済政策に関与した。元禄金銀および宝永金銀を回収し、乾字金や四宝銀を慶長金銀の品位に復帰させ、良質の正徳金銀を鋳造する政策を主導した。ただこれについては通貨不足のため旧貨との割合遣を余儀なくされた。長崎貿易にも関わった。

大量の金銀が海外に流出して、長崎貿易そのものが困難となっていたので、長崎奉行大岡清相《おおおかきよすけ》とともに貿易を縮小する政策（海舶互市新例《かいはくごししんれい》、正徳新例とも）を打ち出したのである。銀・銅の産出能力に見合う輸出量と貿易船数を設定し、これを中国船とオランダ船に守らせ、貿易不振で困窮した長崎町人には貿易出来高にかかわらず配分銀や飯米を保証するものとした。外国船から出る積戻りの不満には、物々交換の代物替で補い、統制の難しい中国船には、貿易制限の順守を約束した船に「信牌《しんぱい》」（貿易許可書）を与え、取引を許可した。以後、長崎貿易はこの政策で推移してゆく。

『折りたく柴の記』の執筆

正徳三年（一七一三）四月に将軍になった家継が、三年後の正徳六年（一七一六）四月に八歳でなくなると、白石は致仕し五月に間部詮房とともに任を解かれたが、その「丙申の十月四日」に自伝『折りたく柴の記』を起筆している。上中下三巻の上巻は、「父にておはせし人は」と父のことに始まって綱吉が亡くなるまで、中巻は次の将軍家宣が亡くなるまで、下巻は正徳六年に家継が亡くなるまでを記している。

書名の「折りたく柴」とは折って焚く柴の煙、つまり荼毘《だび》の煙のことで、後鳥羽院の歌「思ひ出づる折り焚く柴の夕けぶり　むせぶもうれし忘れ形見に」に基づいている。家継が亡くなった記事で終えていて、恩顧を受けた将軍との関わりを祈念しつつ、自伝を書くに至ったのであろう。

序文は「我が子共」に「おやおうぢの御事」「おやにてありしものの前代の御めぐみをうけし事」を知らせるため、「今はいとまある身」であれば、「心に思ひ出るをりをり、過ぎにしことども」を記したといい、この本を読んで、父や祖父の苦労、先代から受けた恩をよく理解し、「忠と孝との道」にそむかぬようにしてほしい、と望んでいる。

本書からは元禄・宝永から正徳期の政治・社会・文化の動向が窺えることから、白石の生涯を振り返りつつ見てゆくことにしよう。上巻は父母の思い出に始まって、明暦三年（一六五七）に生まれてからの活動を記している。万治三年（一六六〇）に四歳で『太平記《たいへいき》評判《ひょうばん》秘伝《ひでん》理尽抄《りじんしょう》』の講釈を聞いて質問をし、寛文五年（一六六五）に日に四千字の手習いをし、父の手紙を代筆し、寛文九年（一六六九）には十三歳で仕えていた土屋利直の代筆をした。

学問への目覚めは延宝元年（一六七三）の十七歳の時、中江藤樹《なかえとうじゅ》の『翁問答《おきなもんどう》』を読んで、「聖人の道といふものある事」を知って「これより此道にこころざし」を切に抱くようになったという。『翁問答』は「人間一生の道は何か」を問い、孝について検討し、真偽の学問、真儒と偽儒、文武・法律・天道などの儒学の根本問題を取り扱っており、それが学問への道を導いたのであろう。

師に恵まれないなか、京の医師の江馬益庵から『小学《しょうがく》』『四箴《ししん》』などの書を紹介されてそれを独学で読み、詩文の勉学をするうちに「冬景即事」と題する七言律詩を初めてつくり、これを批判した人に応えて初めて文章もつくり、「学文」への志が強くなったが、そのことは父に知らせず、母にだけには知らせていたという。

延宝二年（一六七七）に仕えていた土屋家を追放されて浪人となったが、同じ志の人々と経史・詩文や俳諧なども学んで楽しんだ。俳諧は宗因の談林風で、『江戸弁慶』に「比礼振りし竜女の声やつたの花」の句などが桐陰の号で収録されている。芭蕉の句と競い合ったこともあった（室鳩巣『兼山秘策』）。詩文では京都から連歌師が来て漢詩・和歌を唱和した時、京の医師宮井道節の「倭字題の雪」に応じて日本の故事によって七言律詩を作って、賞賛を浴びたという（室鳩巣『可観小説』）。白石は元禄文化の広がりを享受していたのである。

侍講への道

大きな転機となったのは、天和二年（一六八二）三月に大老堀田正俊に仕えたことにある。幕政の中心にいた正俊に接したことで、政治の世界のみならず様々な世界を知ることになる。たとえば来日した朝鮮使節と会見して、詩集『陶情集』を見せて序文・跋文を得たり、正俊の家臣の朝倉長治の娘と結婚している。白石は正俊について「当代などはこれなき人」と語っており、その政治手法と考えは後に「正徳の治」に生かされることになった。

二年後に正俊が殺害され、貞享三年（一六八六）に正俊の子正仲が山形に転封となったので、それに随行して紀行文『山形紀行』を記したが、これと詩集『陶情集』とを人づてに見た木下順庵に会ってから、順庵の門に出入りするようになった。この順庵の白石への影響は絶大であって、ここに白石の学者への道が開かれた。

順庵門下の室鳩巣は加賀藩に仕え、江戸に出て順庵の弟子となっていたが、順庵の博学について、天下の書で読まないものなく、古今の言葉で記憶されないものなく、何事にも通じていたという（『錦里先生小伝《きんりせんせいしょうでん》』）。白石は経史の学でその影響を受けており、歴史観や史学研究法、史料の扱いなどの実証主義的史学は順庵の教えによっていた。「証なく拠なく疑わしき事は、かりそめにも口より出すべからず」（『人名考』）という順庵の戒めを守った。順庵門下の室鳩巣や雨森芳洲、祇園南海、榊《さかき》原篁洲《ばらこうしゅう》、南部南山、松浦霞沼《まつうらかしょう》、三宅観瀾《みやけかんらん》、服部寛斎、向井滄洲《むかいそうしゅう》ら（白石も含めた「木門十哲《もくもんじってつ》」）との交流により多くを学んだ。

こうして堀田家に仕えて大いに勉学に励んだが、元禄四年（一六九一）の長男誕生にあわせて堀田家を去って浪人となり、塾を開いて生活の資を得るようになる。そうしたなか順庵の推薦で元禄六年（一六九三）に甲府藩主徳川綱豊（後の家宣）に四十人扶持で仕え、その桜田館の儒者となった。『新井白石日記』がこの年から残されているのは、期するところがあったのであろう。

十二月十八日に綱豊に拝謁し、二十六日に『大学』を講義し、翌元禄七年正月から五経の講義に入って『詩経』『書経』など次々と講義し、御書物御用に従事、司馬光《しばこう》『資治通鑑』『春秋』『易経』なども講義した。元禄八年には和漢の図書目録の書き出しを命じられたので、順庵と相談して目録を提出したところ、綱豊秘蔵の六経の書を下賜されている。こうして好学の君主への講義を通じ学問への意欲が高まった。綱豊からはしばしば黄金や衣服、書物など特別な恩寵があり、元禄十三年には家康時代からの大名の系譜と伝記の作成を命じられて、慶長五年から延宝八年に至る『藩翰《はんかん》譜《ふ》』十巻を作成し進呈している。

この間、綱豊の近くにあって綱吉の政治や政策を批判的に観察していたことが、綱豊改め家宣の政策立案へとつながった。家宣に日本の歴史を文徳《もんとく》天皇から徳川氏の創業期までを進講し、徳川政権の必然性と正統性を語ったが、これが礼文政治のバックボーンとなった。正徳元年に越後村上領の八十五カ村の訴訟の裁決があって、大庄屋の非行から農民側の勝訴となるが、この時に白石は「天下無告の民、いづれの所に来たりてうったふべき」と語って、「民の父母たるべきもの」としての将軍の立場から親切で綿密な調査を命じるよう主張していたのが通ったのである。

歴史学者としての生き方

白石の歩んできた道は、儒者の範疇では捉えきれないものであり、それは広い意味での学者の道である。役者、芸者、作者、儒者など文化を担う職業が広範に成立していた時代において、学者の道を歩むようになったのである。元禄三年（一六九〇）刊行の『人倫訓蒙図彙《じんりんきんもうずい》』は巻二の能芸部で「学者」について「世俗学者と称するは儒者をいふなり」と記し、儒者について説明を施した後、「医は医学者、歌は歌学者、それぞれの師あるなり」と記している。儒学のみならず様々な領域を専門とする学者が生まれるようになった。

天明八年(一七八八)刊行の『学者角力勝負付評判』は、勧進元として菅原道真の菅家、行司に桃花老人(一条兼良)・朱舜水・林羅山の三人を配し、「元禄年中より天明八年迄、日本博士書籍院にて角力興行仕り候」と、元禄年間からの学者を林家の下での相撲取に見立てた相撲番付を載せていて、その大関は熊沢蕃山、関脇は荻生徂徠、西の大関は白石、関脇は伊藤仁斎となっている。番付が元禄年中から始まっているのは、学者が元禄年中から確かな社会的地位を獲得するに至ったことを物語っていよう。

白石が『折りたく柴の記』に「世の中の事、なに事もあれ、見聞かむほどの事、ただにはうち過べからず。よくよく其事を詳にすべき事なり」と記すが、これは歴史学者の考えそのものであり、それもあって学者としての生き方を自伝に記し、歴史書『読史余論』を著したのである。鴨長明は自伝『方丈記』を書いて、遁世して日野に方丈の庵を建てて住み、和歌を詠み琵琶を弾く自由を謳歌するなか、六十歳になって仏道修行への自戒の念が湧き、「不請《ふしょう》阿弥陀仏」と三遍唱え建暦二年(一二一二)、新たな修行の旅に出たが、白石が齢六十を期して自伝を記したのは、我が生き方を子孫に伝えたかったからであろう。

それもあって白石は『折りたく柴の記』執筆を期に、新時代を見据えて次々に著作を書いていった。古代史についての享保元年(一七一六)の『古史通《こしつう》』、享保四年には日本の古代語の字書『東雅《とうが》』と琉球の使節(程順則《ていじゅんそく》・名護親方寵文《ちょうぶん》、玉城親方《たまぐすく》朝薫《ちょうくん》ら)との会談で得た情報等をまとめた『南島志』、翌五年には蝦夷地に関する地誌『蝦夷志』、没後の元文二年に出版された武家故実書『本朝軍器考』を書き、六十九歳で享保十年に亡くなるまで著作を書き続けた。

なかでも家宣に行った日本史の講義案をもとに著わした『読史余論』では、摂関政治から徳川政権成立に至るまでを「本朝天下の大勢、九変して武家の代となり、武家の代また五変して五代に及ぶ」という、公家の時代の変革を「九変」、武家の時代のそれを「五変」と捉えた独自の時期区分により叙述している。徳川政権の正統性を論じるとともに、「百年にして礼楽興る」という歴史観に基づいて「武家の旧儀により万代の礼式を議定あるべきは、まことに百年の今日を以て、その期なり」と、徳川政権成立から百年して新たな政治に向かうべきことを人々に訴えたのである。

『和漢三才図会』の世界

白石が江戸にあって政治に深く関わって日本の在り方を考えたのに対し、白石とほぼ同じ時代を生きた大坂の医師寺島良安《てらじまりょうあん》は、日本に関わる知識の総体を示すべく、絵入り百科事典『和漢三才図会』を正徳三年(一七一三)に著している。

明の王圻《おうき》が一六〇七年に刊行した『三才図会』を縮約し、それに加えて日本の文物自然について説明をしたものであって、三才とは『易経』の天・地・人を意味していた。

良安は承応三年(一六五四)生まれで、出身は秋田能代とも、大坂の高津ともいわれるがよくわかっていない。医師の和気仲安に医学を学び、大坂城の御城入り医師となって法橋《ほっきょう》になった。師の仲安から医者たる者は宇宙百般の事を明らかにする必要があると言われ、医学を通じて身につけた漢語解読の能力によって多くの文献を読んで、『三才図会』に出会ってその日本版を約三十年余りをかけて編纂したのである。

『三才図会』百六巻は天文・地理から鳴獣・草木まで十四門からなるが、『和漢三才図会』は百五巻で天・人・地の三部からなっていてその対象は広い。版元は大坂杏林堂で、天の部（一から六巻）は天文・天象から歴日吉凶まで、人の部（七から五十四巻）は人倫・親属から化生虫・湿生虫までの、人が使う物や人の周りに生きる動物を記す。地の部（五十五から百五巻）は土地類・水類から菽豆類・造醸類まで、地に関わる石や鉱物、地理、植物を記し、各項目は漢名と和名で表記し、本文は漢文で解説している。

医師の関心に相応しく、人の生きとし、生きてゆく上での知識を示し、それを図解している。本の扉の裏に「法皇御所　叡覧」と印刷されていて、霊元上皇の叡覧を賜り、大学頭林信篤と医学の権威和気伯雄の序文が掲げられていて、多くの読者を獲得したのであった。

その人の部のうちの人倫の部を見ると、元禄三年刊行の『人倫訓蒙図彙』にある職業が多く見えており、個別の分野で詳しく記された事象をまとめたところの、総合的な百科全書であって、この時代の知の体系、見取り図が表現されている。

5　幕藩制と吉宗政権

一　吉宗政権の制度設計

藩主から将軍に

正徳六年（一七一六）四月、将軍徳川家継《いえつぐ》が早世したことにより、徳川将軍家秀忠の男系男子は絶え、尾張・紀伊・水戸三家のうちから将軍を迎えるところとなった。筆頭の尾張家であるが、吉通《よしみち》が正徳三年に亡くなり、子の五郎太も同年に死去し、吉通の異母弟継友《つぐとも》が藩主となっていた。この継友には間部詮房《まなべあきふさ》や新井白石らの支持があったのだが、家宣の正室天英院《てんえいいん》や家継の生母月光院らは、紀伊家の吉宗を支援しており、この吉宗については、儒者の室鳩巣《むろきゅうそう》が「日頃、勇力の御聞へ、これ有り」と記すなど（『兼山秘策《けんざんひさく》』）、紀伊藩政での手腕への期待があった。

吉宗は貞享元年（一六八四）十月に光貞の四男として生まれ、元禄十年（一六九七）に将軍綱吉にまみえて吉宗と名乗り、越前丹生郡《にゅうぐん》三万石の葛野《かずらの》藩主となったが、葛野藩に赴くことはなく、宝永二年（一七〇五）に長兄の藩主綱教《つなのり》が死去して、頼職《よりもと》が跡を継ぐも、同年に父光貞が亡くなり、さらに頼職も病死したため、吉宗が二十二歳で紀州家の藩主となった。

吉宗にとってこの藩主時代の政治が大きな意味をもっていた。紀州藩では年貢収量は比較的安定していたが、江戸屋敷の火事や、綱吉の娘と藩主の結婚、綱吉の御成《おなり》、光貞と頼職の葬儀などに多額の費用を要したため財政難に悩んでいた。そこで吉宗は財政再建のため出費抑制に取り組み、自らの衣服をはじめとして質素倹約につとめ、家臣や領民にもその励行を命じ、紀州城下に町廻りの横目を巡回させて監視した。宝永五年に小役人ら八十人を整理し、家中から二十分の一の差上金として五パーセントの禄高を宝永七年四月まで課した。和歌山城大手門前に訴訟箱を設置して訴願を募り、文武を奨励し、孝子への褒賞も行った。

収入増加のために勘定方役人の井沢為永《いざわためなが》や学文路村《かむろむら》庄屋の大畑才蔵を登用して、大規模な灌漑用水工事を行わせた。井沢は算術・土木技術に優れていたことから藩の勘定添奉行に任用したもので、大畑は紀ノ川の北岸に全長十一里の小田《おだい》井用水を開いて、紀ノ川流域の新田開発を行い、著書に『地方の聞書』(才蔵記)がある地方の巧者であった。二人は多くの用水・溜池を開鑿・改修した。基幹産業の漁業では、熊野の鯨組に瀬戸・湯崎で二度、軍事訓練を兼ねた大規模な捕鯨を実施させて観覧し、熊野灘の鯨山見《くじらやまみ》から和歌山城まで狼煙を使う海上保安の連絡網を設けた。

こうして財政が改善すると差上金を返却し、将軍就任時には藩の繰越金が金十四万両、米十一万六千石となった。この実績を引っ提げての将軍誕生であり、まさに待望されての将軍であった。正徳六年七月、「近年大喪うち続きしかば京にて改元あり」(『徳川実紀』)と、幕府で葬儀が続いたために、正徳から享保元年(一七一六)と改元され、吉宗はその八月に将軍となった。

将軍就任が家康の没後百一年目にあたることもあり、吉宗は「元祖血脈への復古」を目指し、「諸事権現様(家康)御定の通り」と家康の方針にそって「天下の御政務」にあたると標榜したので、旗本からは「天下の御長久の基と群臣安堵し奉り候」と期待され(『兼山秘策』)、紀伊藩政の経験を活かした政策を展開することになった。幕閣の老中については、吉宗が将軍となるのを援助した「援立の臣」として留任させて抵抗を少なくして幕政にのぞんだ。

吉宗の政治方針

吉宗が最初に行ったのは鷹狩と鷹場の復活である。鷹狩は綱吉の生類憐みの令で停止されていたままであったが、享保二年（一七一七）五月に亀戸・隅田川で復活して行っている。鷹狩そのものは古代の天皇が好み、嵯峨天皇が『新修鷹経《しんしゅうたかきょう》』を勅撰し、白河天皇が嵯峨行幸で鷹狩を行って、よき時代と後世に謡われたのであるが、中世の武家はあまり好まなかった。だが戦国大名が好むようになり、鷹の贈答は大名間の外交に利用されていた。

家康も大いに好んでいたのだが、政権を握ってからは諸大名や公家の鷹狩を禁じ、一部の大名にのみ認めることで、鷹狩を王者の独占物とした。鷹狩好きの吉宗はその家康に倣って王者の立場から鷹狩を復活させたのである。ただ鷹狩を復活させたとはいえ、綱吉の政策を覆したわけではなく、たとえば享保二年の代替わりの『武家諸法度』は、綱吉の天和令に戻しており、その第一条「文武忠孝を励まし、礼儀を正すべき事」に見える「文武」の「文」の政策は、基本的に綱吉の政策に沿っていて、他方の「武」を強調する形で鷹狩を復活したことになる。なおこれ以後、『武家諸法度』は変更されずに代替わりごとに出されていった。

吉宗は家康・綱吉の政策を継承して政権を発足させたことから、直前の白石が関わった政治との違いを示す必要があった。そこで白石が行った朝鮮通信使を迎える儀礼の変更については、朝鮮から日本への宛所を「日本国大君」へと戻し、簡素化されていた通信使の待遇を厚くした。側用人も廃し、新たに御側御用取次を設け、紀州藩以来の家臣である加納久通・有馬氏倫《ありまうじのり》らを任じた。彼らは将軍を補佐し、将軍と幕閣の間の連絡役として重要な役割を果たすことになる。また紀州藩の隠密御用の藩士を将軍の隠密御用の広敷伊賀者《ひろしきいがもの》に任じ、様々な情報を入手させ、これは後に御庭者と称された。

老中は留任としたが、享保二年に阿部正喬《あべまさたか》が辞任したのにともない、岡崎藩主で若年寄、京都所司代の要職を歴任していた水野忠之を起用した。水野は享保七年に勝手掛老中として幕府の財政改革に取り組むことになる。数少ない抜擢人事では、享保二年二月に松野助義が老齢で町奉行を辞任したのに代えて、山田奉行・普請奉行を勤めた大岡忠相《おおおかただすけ》を登用している。

町奉行は江戸市中の武家地・寺社地を除く町地を支配し、町及び町人に関する行政・立法・警察・消防を担当し、寺社奉行・勘定奉行とともに評定所に出席、幕府の政策決定にも携わった。それに任じられた忠相は四十一歳、北町奉行中山時春が任じられたのが六十三歳であるのと比べても著しく若かった。また享保三年に勘定吟味役とした辻守参《つじもりみつ》は、農政に関する意見書『辻六郎左衛門上書』を記した地方の巧者であった。

吉宗は藩主の時から林信篤《はやしのぶあつ》に講義を受けており、将軍になる直前の五月にも召して種々尋ねていて、信篤には期待するところはあったが、林家の学問をあまり信頼しなかったらしく、湯島の聖廟とは別に、享保四年に高倉屋敷（学館）において室鳩巣や木下菊潭《きのしたきくたん》・服部寛斎《はっとりかんさい》ら木門の儒者に経書の講義を行わせた。その一人の室鳩巣は正徳元年（一七一一）に白石の推薦で幕府の儒官となり、正徳五年に君臣道徳や武士道を論じる『名君家訓』を著していたが、それを吉宗が気に入ったらしく、享保七年（一七二二）に侍講となった。

だが、儒学に「不案内」であった吉宗に、鳩巣は、「委しく申し上げ候ても、御得心遊ばされ難く候」ということで、「唯道理を第一に申し上げ候様」と道理に基づいて助言することのみになったという（『兼山秘策』）。吉宗は実用の学問を重視していたのであり、その点で吉宗のそば近くで大きな影響を与えたのは、江戸城中奥につとめた茶坊主の成島道筑《なるしまどうちく》であって、諸学万般にわたる知識をもって法律や朝廷の旧儀などを調査し、日々、吉宗に進講して「日講官」と称されたという。

財政再建に向けて

将軍吉宗の喫緊の課題は財政再建にあったので、まずは前代から続く財政難解消のため、長崎奉行に貿易の実態調査を命じたところ、輸出額と貿易船の制限を設定した正徳の長崎新例には一定の効果があるとの報告を得て、その継続を指示し、「信牌」を所持しない唐船による抜荷対策については、享保二年（一七一七）に抜荷の購入を禁じ、豊前・筑前・長門諸国に唐船追放を命じた。これにともなって享保五年に小倉藩の役人は停泊中の唐船に乗り込んで帰国させている。

吉宗は財政支出削減のために自ら絹の着物を避けて綿服を着用して実践するとともに、広く倹約を命じ、大奥の経費削減をはかった。その際、役人に命じて大奥女性の中から美人を書き上げさせ、その五十人ほどに暇をとらせたという（『兼山秘策』）。美人ならば大奥を解雇されても大丈夫であるとの思いからであった。

享保四年には評定所の事務経費削減を狙って「相対済《あいたいす》まし令《れい》」を出した。多くの「公事」（訴訟）によって評定所が繁忙を極めていた。この年の江戸町奉行所が扱った公事は二万六千件もあり、そのうち貸借関係の「金公事《かねくじ》」が二万四千件に達していた。そこで今後は金公事を取り上げず、当事者同士の直接交渉で済ませることにした。これによって経費の削減を狙うとともに、困窮する旗本・御家人の救済をはかろうとしたのである。この経費削減は、寺社修復費にも及んでゆき、年間千両以内に抑えた。

ただ朝鮮通信使の来朝には手厚い待遇をする方針であり、経費が膨らむことになるが、享保四年六月に畿内から東海道沿いの国々十五か国に対し、高百石に金三分余の国役金を課し（国役令《くにやくれい》）、それを上方から江戸への人馬の通し費用にあて、あわせて助郷《すけごう》の負担を軽くしている。この国役による負担抑制策は、享保五年五月の諸国堤川除普請令《つつみかわよけぶしんれい》にも認められる。大河川の堤防護について、国持大名や二十万石以上の大名には従前通り自普請で行わせるが、それ以下については幕府が主導して十分の一ほどを負担することとし、その残りを国役によって徴収し、普請工事を町人に請け負わせることとした。幕領・私領の別なく課す国役によって公共工事の幕府負担を少なくしたのである。

享保四年五月に法度・機構の見直しを諸役人・諸番頭に指示したところ、新規の申し出がなかっため、翌五年八月五日に改めて寺社・勘定・町奉行と勘定吟味役、京・大坂・長崎・日光・駿府・堺の各奉行に対し「統治心得」として伝え、それとともに、評定所を構成する三奉行に、刑罰の基準について予め定め記すよう命じ、法令の整備を進めさせ、機構の整備に入った。

勘定所の事務機構を公事方と勝手方に分け、公事方に訴訟・請願を担当させ、勝手方には幕領の年貢収納・河川用水、金銀米銭の出納、旗本の知行割や代官の手当てなど財務一般を扱わせることとし、勝手方の下に年貢収納を担当する御取箇所方、新田開発担当の新田方、幕臣への知行・俸禄支給を担当する知行割方、街道担当の道中方などの分課を配した。

大都市江戸への対策

巨大都市化した江戸の対策も重要な課題であって、これには町奉行の大岡忠相をあたらせた。江戸は人口が百万、町数が正徳三年（一七一三）には九百三十三町に達していた。町奉行のもとで町年寄が江戸惣町の支配を担当し、その町年寄は樽屋・奈良屋・喜多村の三家が世襲して、町奉行からの触《ふれ》を町名主に伝え、新地の地割や受け渡し、人別の集計、名主の任免、商人職人の統制、公役・冥加・運上の徴収など多くの業務を担っていた。

町名主は町年寄のもとで、町触《まちぶれ》の伝達や人別改めをはじめとして、個別の町の町用・公用に関わっていた。家康入府以来の草創名主、寛永期までに成立した古町名主、その後に生まれた平名主、寺社領門前を支配する門前名主などからなるが、名主役は専業として世襲され、数町の支配にあたることも多かった。その数は正徳五年に一九六名に達し、日本橋組合、霊厳島組合、斯波組合、神田組合、浅草組合など地域ごとに名主組合がつくられていた。

町奉行の忠相が最初に着手したのは防火対策である。木造家屋の密集する町人地では火事が頻繁に発生していた。奉行就任直後の享保二年（一七一七）二月に神田の護持院が焼失したことから、跡地を火除地《ひよけち》とし、以後、火災跡地を火除地としていった。翌年五月には町家を立ち退かせて火除地をつくる方針を示し、享保四年三月に相生・八軒・松永各町、神田元乗物《もとのりもの》・佐柄木《さえき》・本銀《ほんしろがね》・紺屋各町を収公して火除地にし、同五年にその地に家財道具などの持ち込みや群集するのを禁じた。

火消し体制も強化した。これまで「大名火消」と旗本・御家人の「定火消《じょうびけし》」が中心だったが、享保三年十月に「町火消」の設置を命じ、町火消組合がつくられた。これは「出火の節の儀、この度、絵図を以て、組合極めなされ候間、絵図朱引の通り相心得、組合外えは出し申すまじく候」という、延焼防止と駆け付け消火にあたる組合であり、町毎三十人一組からなり、享保五年八月に町火消組織は「いろは四十七組」に編成された。

だがこれだけでは延焼は防げないので、忠相は町家を瓦葺にして飛び火を防ぐ案を、町名主に提示したのであるが、家屋が重さに耐えられないと反対にあった。そこで土で柱を隠し漆喰仕上げの塗屋造りを提案すると、これも反対にあった。しかし、あきらめずに享保八年に横山町・市ヶ谷門前、十四年に麴町など、可能な範囲で瓦葺や塗屋造りを進めていった。

火事と並んで大きな課題が物価高である。米穀の増産の結果、需要よりも供給が上回って、米価が値下がりし、逆に需要に供給が追いつかない諸物価高が生じていた。米価の値下がりは米に依存する武家にとって死活問題であるから、酒造制限を撤廃したり、生産地の米を貯え置く「置米」を命じたりしたが、その効果は一向にあがらなかった。諸色物価高は庶民の生活も脅かしていたので、消費の抑制や新規商品の禁止をはかった。

享保五年五月に幕府は、「諸色潤沢に候とも、猥りにつかひ捨て申さざる様」と、多くの品々が潤沢になっているからといって、使い捨てなどをしてはならない、主食である米穀と医薬品のほかの増産や新製品の生産を禁ずる、という触れを出し、翌六年七月には、女子供の遊びに関わる羽子板、雛、雛道具、人形、破魔矢などの色や飾り、大きさまで制限する触れを出すなど、倹約令を繰り返し出した。

しかし物価高は容易におさまらず、当然、批判もあった。『享保世話』には、次のような話が見える。今度、「娑婆世界」でたいそうな倹約が実施された。「釈尊極楽への御触」「閻魔王より地獄への触」が出されたので、死人が持参する六道銭はこれまで鬼にやっていたが、今後は集めておいて極楽の修理料に使うものとする。地獄の釜の蓋を開け、罪人に綺麗に着飾らせ娑婆に出していたが、今後は経かたびら一枚だけで出すことにした。

小石川養生所と教化・教育

吉宗はこうした民間からの意見や批判を聞くべく、享保四年(一七一九)に「願いの筋、相立ち候はば、取り上げ吟味いたし候」と、道理に適う訴願ならば取り上げるという触を出し、同六年にはその訴願の手続きを定め、享保六年閏七月には、日本橋に高札を立て、目安箱を評定所前に毎月二日、十一日、二十一日に置くので、政治上の有益な意見や役人の私曲に関する情報を提供するように求めた。

これに応じたのが小石川の町医師小川笙船《おがわしょうせん》であって、翌七年正月に目安箱に投書し、困窮者や孤独な者のための「施薬院《せやくいん》」建設を提案した。吉宗が町奉行大岡に検討させた結果、小石川薬園内に養生所が建築されることになった。建築費二百十両で建てられ、病人長屋、薬煎室、薬部屋、薬調合室などからなり、十二月四日に開業となった。笙船父子や小普請組の医師が病人の療養にあたり、年間二百九十両強で運営され、享保八年八月十八日の入院患者は五十七名、外来患者は三百十四名となり、日本初の総合病院として発展していった。

吉宗は人口の流入の著しい江戸の美化にも力を注いだ。享保二年に隅田川の堤の左右に桜を、享保五年には北郊の飛鳥山に桜を植えたほか、南郊の御殿山に吉野の桜を植えるなど、江戸近郊に行楽地を形成していった。また風紀を整えるため、新吉原の遊郭の外にある寺社門前の岡場所で営業する私娼を取り締まり、享保五年にはその遊女の抱え主や遊女を置く家主の家財を没収して追放に処した。この措置は、享保七年の江戸の町方人口が男三十一万、女十七万とあって、女性が著しく少なく、参勤交代により武士が家族を故郷においていた事情もあってのことである。

吉宗はさらに民衆教化のため、明の洪武帝の六ケ条の訓戒を解説した范鋐《はんこう》の『六諭衍義《りくゆえんぎ》』を入手したことから、その大意を室鳩巣に和文で記させた『六諭衍義大意』を、享保七年（一七二二）に出版すると、たまたま鷹狩で訪れた先の武蔵足立郡島根村の医師吉田順庵が手習所で法令類をテキストにしていたのを知り、広く『六諭衍義大意』を手習師匠に頒布した。

元禄八年（一六九五）に笹山梅庵《ささやまばいあん》が『寺子制誨之式目《てらこせいかいのしきもく》』を、正徳四年（一七一四）に堀流水軒《ほりりゅうすいけん》が『寺子教訓書』を出版するなど、手習所は広がっていた。宝永七年（一七一〇）には貝原益軒が『和俗童子訓』を出版しているが、これは総論上下・随年教法、読書法、手習法、教女子法からなる五巻の啓蒙的な学習論であって、「四民ともに、其子のいとけなきより、父兄・君長に仕ふる礼儀・作法をおしえ、聖経をよましめ、仁義の道理をやうやくさとしむべし。是根本をつとむる也。次にものかき、算数を習はしむべし」と、士農工商の四民の教育の重要性とその早期教育をすすめており、女子教育にも及んでいた。

民間の私塾も盛んになっていて、享保二年に大坂平野郷の含翠堂《がんすいどう》、同八年に江戸深川の会輔堂、同九年には、大坂の豪商五人が出資して、朱子学者で『靖献遺言《せいけんいげん》』を著した浅見絅斎《けいさい》に学んだ三宅石庵《みやけせきあん》を学主に迎えて懐徳堂《かいとくどう》が開設され、同十一年に石庵の弟子中井甃庵《なかいしゅうあん》の申請で官許された。

全国の行政と国勢調査

吉宗は将軍就任早々に老中を呼んで、幕府一年間の年貢収納高を質問したところ、すぐに答えられなかったという。そのこともあり、紀州藩主から将軍になっただけに、幕領のみならず私領（大名領）を含んだ全国的体制の構築・整備を目指した。幕領の統計は『大河内家記録』や向山誠斎《むこうやませいさい》『誠斎雑記』から知られるが、『誠斎雑記』の記事が享保元年（一七一六）に始まっているのは、この時期から政策の基礎をなす統計が本格的に整えられていったのであろう。

さらに吉宗は幕府文庫の絵図を見て、元禄図の不備を見つけ、享保二年に日本総図の再編を命じている。勘定奉行大久保忠位を責任者となし、実務を正保図編集の北条氏長の子氏如《うじすけ》にあたらせたが、享保四年からは正確を期して、数学者関孝和の門人の建部賢弘《たけべかたひろ》にあたらせた。国境の基準となる山（見当山）を選定し、それとの方角を計る望視調査を行わせるなどして、享保八年に一応の成立を見、さらに離島調査で別図も作成し、最終的には享保十三年に完成した。

享保六年六月に全国の面積・戸口の調査を行ったことも特筆される。「諸国領地の村々、田畑町歩、郡切りに書き記し、ならびに百姓・町人・社人男女・僧尼等、その外に至る迄、人数都合領分限りに書き付け差出さるべく候」という触を出した。このうち面積調査は郡・国単位で集計され、戸口調査は武士を除く百姓・町人・社人・僧尼が領域単位で集計され、奉公人、「又もの」（陪臣）は除外された。享保十一年二月にも同調査を行っており、以後、古代の戸籍を手本にして、その後も子年・午年の六年毎に行うことになった。

国役令や勘定所の機構整備も全国的体制整備の一環であったが、さらに書物への関心の高かった吉宗は、天体観測や本草学など自然科学・技術の振興を考え、享保五年に漢訳洋書の輸入の禁を緩和し、同七年に幕府の紅葉山文庫で欠本になっていた『本朝世紀』『律集解《りつのしゅうげ》』『令』『弘仁式』など十七点の書物を公示して提出させた。

そのかたわら違反出版物の取り締まりには厳しく、享保七年十一月に出版条目を発し、儒書・仏書・神書・医書・歌書などで新説を交えた「猥な」新刊書の発行を禁じ、既出版の好色本の類を絶版にさせ、奥書に作者と出版元を実名で記させるとともに、公儀批判の本の出版を禁じた。

物産の国産化政策も推進した。正徳三年（一七一三）に対外貿易の振興のため国産糸を奨励していたが、それを引き継いだ政策であって、採薬使《さいやくし》を諸国に派遣して薬種を探査・採集させ、享保四年に朝鮮人参の図や性状を対馬藩に問い合わせている。享保五年には丹羽正伯《にわしょうはく》・野呂元丈《のろげんじょう》を箱根・日光・富士山で薬種を採集させ、植村左平次を幕府の薬草御用に任じた。植村・丹羽らは享保六年に畿内近国や東国で採薬を行っているが、その採薬事業は全国に及んだ。野呂が郷里の伊勢に送った書状に「このたび薬草一事興起、諸山から珍物ども出し候」「後世まで本朝の重宝」「国家のため相成候」と記し、薬草採取の意義を語っている。

それにあわせて幕府直営の麻布の薬園から移転していた小石川薬園の規模を拡大するとともに、享保五年には駒場薬園を設け、六年に小石川薬園は四万五千坪となった。享保七年七月には江戸の伊勢町に和薬改所を置き、八年から唐や西洋の薬種を積極的に輸入するようになり、その検査体制も整えた。

上米令と新田開発令

吉宗は財政再建策について室鳩巣に意見を求めたことがあり、京や大坂の富裕な商人から借金するのがよい、という提案だったので、吉宗は「左様の儀は当分の儀」とこれを退け、享保七年（一七二二）五月十五日、水野忠之を勝手掛老中に任じ、本格的な財政再建に取り組んだ。

再建策は「納り方之品《おさまかたのしな》」（年貢の増徴）と「新田等の取り立て」の二つがはかられ、審議の上、当面の策として七月一日に諸大名への上米を賦課することになった（上米令《あげまいれい》）。これは大名に石高一万石につき米百石を幕府に献上させ、その見返りとして参勤交代を、半年在府・一年半在国に緩和する措置をとるものである。この上米令の発令にあたっては、旗本に編入された御家人が増え、切米や扶持米が増加しており、このままでは城米が不足して対処できず、御家人のうち数百人は扶持を召し放つ事態になるということを理由にあげている。

これは「御代々御沙汰これなき」もの、これまでになかった沙汰であり、苦渋の決断であって、「御恥辱を顧みられず、仰出され候」と、大名に求めたのであった。この結果、上米の年間の総額は十八万七千石にのぼった。

経費削減策の第二弾は足高《たしだか》の制の採用である。享保八年に役職別に基準高を設けて、就任した役人の知行高が基準に達さない場合、その不足分を在職期間中に限って支給することにしたのである。たとえば八百石の旗本が基準高三千石の町奉行になった時には、幕府から二千二百石を支給するとした。この措置により小禄の者も役職に相応する俸禄を受けることができ、人材の登用が進んで、石高加増による財政膨張も抑制できた。

これらは緊急対策であったが、抜本的増収策が「新田等の取り立て」の審議から出された新田開発令である。享保七年七月二十六日に日本橋に「新田開発奨励」の高札を立て、幕領と私領の境界地での新田開発の申請について、五畿内では京都町奉行所に、西国・中国筋では大坂町奉行所に、北国・関八州では江戸町奉行所に出すよう命じ、さらに九月二十八日には私領の地先《じさき》の山野海浜の新田開発を公儀が行うこととした。

新田開発は寛文期に積極的に試みられていたが、飽和状態になっていて、各地で問題が生じたこともあり消極的になっていたのを転じて、積極策をとるようにしたのである。開発が不可能、あるいは開発から除外されていた土地を見つけ、その地の開発を促したもので、民間の力を借りるとともに、公儀も積極的にあたった。すぐ八月九日に下総の佐倉・小金牧の新田開発を代官の小宮山昌世《こみやままさよ》が行ったが、昌世は農政の要書『田園類説』を著した地方の巧者で、前年に代官に登用されており、その開発によって佐倉・小金新田の年貢の十分の一を与えられた（代官見立新田）。

利根川と鬼怒川の合流する北部に広がる飯沼の開発は、これまで計画されたものの進捗がなかったが、日本橋の高札を見た飯沼湖畔の尾崎村名主左平太が、岡田・猿島・結城三郡の村々を語らい開発を申請してきた。一万両を拝借し、紀伊藩から幕府勘定方に転じた井沢為永の指導を得て、享保十二年に干拓工事を完了させ、千五百町、石高一万四千石、三十一ケ村の新田が生まれた。

日本橋に住んで幕府御用の硫黄商を営んでいた竹前小八郎も、高札を見て日本海に臨む越後蒲原郡の紫雲寺潟の開発を申請し、五年余の歳月をかけた難工事の末、新田が千七百町歩、四十二の新田村が生まれ、竹前家は五百町歩を与えられた。

武蔵足立郡では見沼溜井《みぬまためい》の水を用いていた下流域での用水不足の解消と、見沼を干拓するために、利根川から三万間の水路（見沼代用水）を引く計画が立てられ、享保十年から翌年にかけて現地を井沢為永が検分・測量して着工し、埼玉・足立両郡内十五万石弱を潤した（見沼代用水新田）。武蔵野新田は享保七年に地方御用兼務となった大岡忠相の指揮下で開発が進み、多摩郡に四十、入間・高麗郡ともに十九など計八十二新田で、石高一万二千石の畑地が生まれた。

年貢増徴と百姓強訴

新田開発が進められるなか、享保十一年（一七二六）八月に三十二ケ条の新田検地条目が定められるが、その間に年貢の増徴も図られた。年貢の徴租は収穫時に稲の作柄を定め収穫量を推定し、年貢を徴収する検見取法《けみどり》が主に行われていたが、数年間の年貢の平均高を算出し、一定期間、作柄の豊凶にかかわりなく年貢を徴収する定免法《じょうめん》について、享保三年（一七一八）から検討に入って、「享保六年迄は諸国一同検見取に候処、同七寅年より年季に限り、定免相初申候」（『刑銭須知《けいせんすち》』）と、享保七年から実施された。

検見取法では、稲作の多品種化など農業の進展にあわなくなっていたことや、検見役人の不正も頻繁に起きていたことがあって、定免法を採用したのであるが、これを機に免率を変更して増収へとつなげる動きもおきた。幕府の勘定吟味役の辻守参が著した『地方《じかた》要集録』によれば、定免法は上層農民に有利で、小百姓に不利であるといい、武蔵川崎宿名主の田中丘隅《たなかきゅうぐ》の『民間省要』も、村落の上層の者が善政と喜んだと記していて、上層農民には有利な徴租法であった。

しかし過分な損亡が起きると農民には不利になるので、村全体が願い出た時は定免法を止めて検見取法を採用することとされた（有毛検見法）。また畿内・西国では、耕地の三分の一が畑地であるところから、三分一銀納として徴収されていたが、享保七年にその三分一銀納法を止めることを伝えて、村との間で銀納の換算率を引き上げる交渉をして、増徴につなげようとした。

こうした新田開発や年貢増徴などにより、幕領の総石高が享保七年の四百万石から同十五年には四百五十万石に増加し、年貢収納高も二十万石ほど増えている（『大河内家記録』『誠斎雑記』）。

当然、年貢増徴ともなれば、百姓の反発は大きかった。諸藩でも財政難に直面しており年貢増徴に踏み切っていたから、百姓の反発が起きていた。享保元年に石見浜田藩では飢饉から年貢事前割当制を導入しようとしたところ、城下に百姓が強訴して、五年間の容赦とされた。翌二年には鳥取藩で年貢減免・救米を求めて城下への強訴があった。備後福山藩・周防岩国藩でも減免が求められ、享保三年には備後三次藩、広島藩と、中国地方で連続して強訴がおきるなど全国的に広がった。

享保三年の上野館林藩、同五年の陸奥白河藩などでの強訴には、警戒した幕府が享保六年二月に「百姓、何事に依らず大勢相催し、神水を呑み誓約致し、一味同心徒党ケ間敷義、堅く制禁之事」という百姓の徒党を禁じる法令を出した。しかし享保七年に陸奥の幕領信夫・伊達両郡の川俣・大森代官所に赴任した岡田俊陳《おかだとしのぶ》は、同九年に定免法を実施し、その子俊惟《としただ》も同十二年に十年定免法での年貢増徴を試みたので、同十三年の凶作で困窮した百姓は、翌年に一揆を起こして代官所に詰めかけ、埒があかないので福島城下に逃散する事件がおきた。年貢増徴とともに各地で強訴が起きていたのである。幕府はこれには一歩もひかず、たとえばその後、九州日田の代官に移った岡田俊惟は九州幕領の年貢増徴に邁進していった。

二　士農工商の身分と制度

徂徠の『政談』

吉宗の政治や政策をひととおり見てきたが、この政治についてはこれまで「享保の改革」と称されてきた。しかしこれを改革と評価すべきであろうか。改革ならば何を改革したのであろうか。家康の時にはまだ政治が整ってはいなかった。家光の時に国家支配のシステムは整いつつあったが未完成であった。綱吉の代になって全国支配の整備が進んだ。しかし吉保がそれを改革したものとはとてもいえそうにない。

すでに見てきたように、吉宗は「元祖血脈への復古」を目指し、「諸事権現様（家康）御定の通り」「天下の御政務」にあたると標榜し、綱吉の政治を継承して『武家諸法度』も天和令と全くおなじものを出している。そうであれば改革というよりも、吉宗の代になって幕藩制が確立したと見るべきであろう。そこで吉宗がいかなる考え方で政治を進めてきたのかを見ておこう。

吉宗は多くの人々に意見を求めた。享保七年（一七二二）には側衆の有馬氏倫《ありまうじのり》を通じ、幕領代官の小宮山昌世の書いた『地方問答書』を取り寄せ、儒者の成島道筑を通じて提出された武蔵川崎宿名主の田中丘隅の意見書『民間省要』を読むなど、地方の巧者の意見を取り入れて新田開発や定免法採用の参考にした。

侍講の室鳩巣からも享保六年に『論語』の進講を受けて以来多くの意見を聞いたが、すでに見たように経済政策にはあまり反映されなかった。同じ学者でも吉宗の政策に影響を与えたのが荻生徂徠《おぎゅうそらい》であり、吉宗は享保六年に徂徠の『太平策』を読んでその所説を知るところとなったらしい。徂徠の孫荻生鳳鳴《ほうめい》『由緒書』は、享保七年以後、徂徠は毎月三度ずつ側御用の有馬氏倫宅に招かれ「御隠密御用」を勤めたと記している。吉宗は徂徠の意見をしばしば聞いていたのであるが、その徂徠の意見をまとめた『政談《せいだん》』が著されたのは享保十一年、翌年四月に徂徠は吉宗に拝謁しているが、それは『政談』を吉宗が読んでのことであったろう。

徂徠は寛文六年（一六六六）に綱吉の侍医荻生方庵《ほうあん》の子として生まれ、十四歳の時に父が所払いになったので、母方の上総本納の鳥居家に寄寓する田舎暮らしをするなか、独学で儒学などを学び、二十五歳で父が赦にあって父とともに江戸に戻ると、三十一歳の時に柳沢吉保に仕えて将軍綱吉に拝謁し、その公用日録の作成や綱吉の一代記『憲廟実録《けんびょうじつろく》』の編纂に従事した。

宝永六年（一七〇九）の綱吉の死と吉保の引退にあって茅場町に住んで、私塾の蘐園塾《けんえんじゅく》を開き弟子を養成し、正徳四年（一七一四）の『蘐園随筆』で広く世に知られるようになった。やがて宋学に違和感を抱いて、享保二年に『弁道』、同五年に『弁名』『論語徴《ろんごちょう》』を著し、秦・漢以前の古文の読解に基づく解釈学（古文辞学）の立場を鮮明にした。

徂徠はその『答問書』に「見聞広く事実に行きわたり候を、学問と申す事候故、学問は歴史に極まり候事に候」と記しており、白石と同じく歴史学者の一面もあったが、『政談』における徂徠の言は現実を直視して論を立てる政治学者であったといえよう。その『政談』では、巻一で「国のしまり」、巻二で「財の賑」、巻三で「人の扱」と、政・財・官三領域に関する意見を記した後、巻四の「雑」では、様々な領域の課題と対策を語っている。

全体の考えの基本は、巻末で「肝心の所は、世界の有様、当時は皆旅宿の境界なると、諸事の制度なきと、此二つに帰する事也」と記しており、「旅宿の境界なる」こと（旅人のように居場所が定まらない状況）と、「諸事の制度なき」こと（諸事にわたって制度がない）の二点にあった。「旅宿の境界なる」ことについては後に触れることにして、ここでは「諸事の制度なき」ことについて見よう。

「制度」の発見

徂徠は「制度」について「法制・節度の事也」と定義し、さらに「衣服・家居・器物、或は婚礼・喪礼・音信・贈答・供廻りの次第迄、人の貴賤・知行の高下・役柄の品に応じて、それぞれに次第有を、制度といふ」と記しており、制度を定め整える必要性を力説した。古代の聖人が制度を定めたことから、上下の身分の差別が定まり、贅沢を抑えて世の中が豊になった。だが、時代が下って古の制度は用い難くなり、大乱も起きて制度が滅んでしまったので、新たに制度を定めねばならない、と指摘する。

物の道理のわからぬ人は、制度は今もあるかに思っているが、それは「今の代にある格」（世の中の成り行きで生まれてきた習慣）であって、「誠の制度」（本当の制度）ではない。本当の制度とは、過去の歴史を振り返り、未来を予測し、世の中が平和でいつまでも豊かになるよう、君主が計らって定めるものである。制度を定めないため、「衣服より家居・器物等迄」、諸般にわたって貴賤の「階級」が定まらず、贅沢がおさまらない。江戸の城下では「せわしなき風俗と制度なきとの二つ」が加わって、武家の輩は「米を貴ぶ心なく、金を大切のもの」と思うようになって、武士は身上を商人に吸い取られて窮乏している。

このような現状認識から、礼法に基づく制度、つまり幕府の財政の仕方や諸大名、旗本・御家人の困窮を救う制度、物価や金銀の量、貸借の制度などをいかに定めるかを具体的に提案した。その基本は倹約にあって、「上下倹約を守り、奢なきようにする仕方、是にまさるものなし」と、倹約に勝るものなく、「公儀」から「上は大名より下は小身の諸士に至るまで」、さらに「町人百姓共」にも倹約を推奨し、倹約の具体的仕方について述べている。

徂徠は、古代中国の夏・殷・周の三代の聖人のやり方で世の中がよく定まり、日本でも「淡海公」

（藤原不比等）が唐にならって律令格式を定め、一国を治める形が生まれた、という認識から「制度」を発見し、それをこの時代に採用すべしと主張したのである。この「制度」への見方はすでに『太平策』でも主張しており、「制度を立てかへることは」「制度を立てかへると云は」などと繰り返し力説していた。

吉宗の政策はこの徂徠の考えを先取りしたものであって、その政治は制度を定め整えることをめざしていたのである。徂徠の考えはそれを跡付け、理論化したものといえよう。すでに見たように吉宗は制度の根幹となる法令の整備に入っており、幕藩制の制度整備へと進んでいた。明・清の律を荻生物七郎や成島道筑らに研究させ自らも法律書を学んだが、その愛読書は古代の『延喜式』だったという。享保五年（一七二〇）には評定所の三奉行に対して幕府の民事・刑事訴訟に関する法令や判例・取り決めの整備を指示し、これに応じて享保九年に『法律類奇』八十六ヶ条が編纂されている。

この時代の精神は改革ではなく、吉宗・徂徠に共通して制度の整備や構築にあった。

士農工商と武士

徂徠の主張する制度の中核をなしていたのは、『太平策』で「士農工商に分れたるも、天然の道には非ず、民を安ずる為に聖人の立ておきたまふ道なり」と記しているような、士農工商の制度であった。最初に「天下遂に武家の世となる。種姓は武士なりとも、天下国家をたもちては人君なり。奉行諸役人となりたらんは、卿大夫なり」と指摘し、士農工商の「士」の存在を措定し、続いて吾身が君子であり、学問により才智を広め、文により国家を治める自覚をもって行動する武士像を提示し、その上で、士農工商の上にある天子について、「天命をうけて天子となり、諸侯となれば、民を安んずるは、天子諸侯の職分也」と、天命によって天子・諸侯（国主）になったのであるから、民を安んずるのがその職分であるという。ではその武士の職分とは何か。

山鹿素行《やまがそこう》は寛文六年（一六六六）刊の『山鹿語類』で、統治者である「君」を補佐する存在として「士」を措定し、その「道」や「職分」を説いた。士は「耕さずしてくらい、造らずしてえ用い、売買せずして利たる、その故何事ぞ」「士としてその職分なくんば、有るべからず。職分あらずして食用足しめんことは遊民と云ふべし」と、職分を尽すことがその肝心であるといい、士の職について「士の職と云は、其の身を顧に、主人を得て奉公の忠を尽し、朋輩に交りて信を厚くし、身の独りを慎んで義を専らとする」と、主人への忠、朋輩との信、自身の義をあげている。

室鳩巣は正徳五年（一七一五）刊の『名君家訓』において、「古より四民とて、天下の人を士農工商の四色にわかちをき、それぞれに主どる所の職をつけ申事にて候。しかるに農は耕作をつとめて米穀を出し、工はあるひは梓匠となりて室屋をかまへ、あるひは陶冶となりて器物をつくり、商は売買をいとなみて有無を通じ、此三民にて天下の用をたし申候」と、農工商の三民の職分について記した後、「扨《さて》、義理と申もの一つをば、士の職と定申事にて候」と、士の職分を義理に求めた。

徂徠は、士農工商について、「農は田を耕して世界の人を養ひ、工は家器を作りて世界の人につかはせ、商は有無をかよはして世界の人の手伝をなし、士は是を治めて乱れぬようにいたし候へ共、相互に助けあひて、一色かけても国土は立申さず候」と、その職分について治者と記し、農と工商との関係について「本を重んじ末を抑ゆるといふ事、是又、古聖人の法也。本とは農也。末とは工商也」と、工商が盛んになって農が衰えれば、諸国は難義をすることになるという農本主義の立場にあったのである。

このような農人像については、下野烏山の医者で俳人の常盤潭北《ときわたんぼく》が享保十一年(一七二六)に著した『百姓分量記』にも認められるものであって、「それ民は国の本也」と始まり「中にも農人は四海の命の本」と記し、百姓を次のように位置づけた。

凡そ上にある物を天と称し、下にある物を地と称す。天は高く尊し。地は低く卑し。百姓は地の配当にて卑しき物と、分量を落とし付、農業を大事に勤むるが、天より与へられたる職分を尽すと申す物なり。

百姓は天地のうちの地にあって、卑しまれて身の程を落としても、農業を大事と勤め、天から与えられた職分を尽すものであり、そのことから「天の道を守るが故に、人を万物の霊長と尊び申候」と、天の道を守るが故に、人は万物の霊長と尊ばれるのであって、百姓なくして人の道はない、とその存在の重要性を説いた。「天子、諸侯、卿大夫、士、庶人と分量は違いあれども、道に替りはなき」と、どんな身分でも「道」に変わりなく、庶人も君子として尊ばれるとみていた。

町人と百姓の道を説く西川如見

徂徠から低く位置づけられた町人であったが、西川如見《にしかわじょけん》はそれを積極的に捉え、その心得るべきことを『町人囊《ちょうにんぶくろ》』に記している。慶安《けいあん》元年（一六四八）に長崎に生まれた如見は、寛文十二年（一六七二）に木下順庵《きのしたじゅんあん》門下の南部草寿《なんぶそうじゅ》から木門の実学を学び、向井元升《むかいげんしょう》に伝わる天文暦学に造詣があったことから、「天文暦術は、民に時を授る要務」と考えていた吉宗に、その天文学が認められ、享保四年（一七一九）に江戸に招かれて幕府に仕えた。天文学の書『天文義論』『天文精要』や外国の地誌・貿易に関する『華夷通商考』を著すなか、享保四年に長崎の町人の存在を通じて著したのが『町人囊』であり、京の柳枝軒《りゅうしけん》から出版されて多くの人々に読まれた。

全五巻は「ある人の云く」と始まる文章からなり、人の言を引用する形で教訓を記してゆく。冒頭で「ある人の云く、町人に生れて其みちを楽しまんと思はば、まづ町人の品位をわきまへ、町人の町人たる理を知てのち、其心を正し、其身をおさむべし」と語り、町人の道を楽しむのには、町人の品位、町人の理をわきまえ、心を正して身を修めるべきである、と町人のあるべき姿を記し、それは「聖人の書」から考えられるものであると、町人を人倫の中に位置づける。

人間には天子、諸侯、卿大夫、士、庶人の五つの品位があって、この「五等の人倫」を日本にあてはめれば、天子は禁中様、諸侯は諸大名衆、卿大夫は旗本の物頭、士は無官の旗本、庶人は諸侍ほかとなって、庶人はさらに四つの「品」(身分)があってそれが四民、士農工商であって、士は諸侍、農は耕作人で百姓、工は諸職人、商は商売人のことで、これら五等・四民が「天理自然の人倫」であると、身分秩序を整理する。

この四民なくしては五等の人倫は成り立たないのであり、四民のうち工・商を町人といい、町人は百姓より下座にあったのだが、天下が貨幣経済になって金銀財宝を司るのは町人なので、その「品」は百姓より上にあるようなものとなっている。そうした制度下における町人像について、「下に居て上をしのがず、他の威勢あるを羨まず、簡略質素を守り、分際を安んじ」るべきであり、町人同士で楽しみを共有すれば、「一生の楽み尽る事なかるべし」と説き、「畢竟、人間は根本の所に尊卑有べき理なし」と語って、町人の尊厳を強調した。

この『町人嚢』に続いて、二年後には『百姓嚢』を著わした。「百姓といふは士農工商の四民総ての名なり」と始まり、いつのころからか商工を町人、農人を百姓というようになったと指摘した後、「人倫ありて、おのおの所作を営むに先農業なり。人は食なければ命なし。次に衣なくしては人倫にあらず。この故に第一に、農人出て穀をつくりて食とし、麻を植て衣となし、衣食ありて後、家宅造りて住所とす。是を人間の三養といふ」と指摘して、百姓=農人こそが人倫の根底をつくっていると説いている。

ただ時代が下って世界の金銀が町人の手に移ったため、百姓の風俗がいやしく見られ、侮られる世になったが、この賤しめられる風俗こそ百姓長久の「本なるを」幸いと思って、奢侈の振舞いなく四民の下座にへりくだり、公の掟を恐れ謹み、「子孫の驕をいましめ」農業を怠りなくして正直を守り、家内の人を憐れみ恵み、郷党の信実を本とするならば誠の道にかなう、と百姓のあるべき像を語っている。

地方の巧者田中丘隅

百姓のあるべき像を地方巧者の立場から語るのが田中丘隅（休愚）『民間省要』である。丘隅は武蔵多摩郡平沢村の名主の子に生まれ、東海道川崎宿の本陣田中兵庫の養子となり、宝永元年（一七〇四）に四十二歳で家督を継いで名主・問屋を兼ね、享保四年（一七一九）九月に子孫への訓戒十四か条の『走庭記《そうていき》』を著して子に家督を譲り、翌年に西国行脚の旅に出、江戸に遊学などした。享保六年の六十歳の時、長年の経験に基づいて『民間省要』を著したところ、これが翌年に成島道筑《なるしまどうちく》を通じて吉宗に献上されたのである。本書は乾坤二巻の十五編からなり、乾の部では、士農工商における百姓を位置づけ、年貢や小物成などの賦課、田地・用水・川除などの普請は百姓の重圧にならないようにすべきという地方役人の心得を記し、坤の部では、宿駅・伝馬・道中に関わる人々の諸問題、国土に妨げをなす人々について論及している。そのなかで農業を行う百姓を次のように位置付けている。

「士農工商の名分れて、四民と成といへど、元と天子・国王と言奉るも、隔てなくして皆𡈽より出るなり」と、士農工商と名は分かれていても、もとは天子・国主も四民から出たのである。四民はともに家を起こしても、その功を子孫に伝えるのは難しく、自分の器量が優れ、地の利、人の和によって天の時にかなったものだけが、その業を起こしたのである、と指摘する。

四民は、その官位に従って身の分限を不都合ないようわきまえるべきであり、四民それぞれに慎み恐れるべしと記している。四民のうちの士の奢りは、飲酒・色欲・慢怒・美麗によって様々な弊害が起き、工は、得る者が四民の内で勝る者はないが、飲酒や博奕、淫楽などの世の奢に苦しむことが多い。商家は、四民の下にあったが、金銀を自由にするなか心は四民の上にあり、士農工ともにそれに従うような風潮になっている、それだけに身の奢りを慎むことが特に求められる。

総じて「上一人より下万民に至る迄、その国を治め、その家を斉る事、其の品各別なりといへど、心を用る事は以て一つなり」と、四民がそれぞれ身を慎み、奢りのないよう強調しており、この考えは徂徠にも、如見にも共通する。

なお丘隅は『民間省要』を上覧した後、享保八年に井沢為永の指揮下で武蔵の荒川や多摩川、六郷・二ケ領用水の川除普請御用に携わり、同十一年には相模酒匂川の治水工事を行うなど、地方巧者の本領を発揮し、十四年に新田開発と用水管理の功で地方奉行を兼ねた大岡忠相支配下の支配勘定格となっている。

士農工商はあくまでも身分論であって、現実の身分の在り方はもっと多様であったのだが、このように制度として四民それぞれの職分が論じられるなか、新たな地平が開かれてゆき、やがて四民平等の考えが芽生えてくることになる。

三　多様な身分編成

遊民と戸籍制度

士農工商の職分や在り方が説かれたとしても、士農工商の身分制は理念型であって、これによって様々な身分が把握されたわけではなかった。それから外れた存在はどう捉えられていたのであろうか、見ておこう。『町人嚢』は「四民の外の人倫をば遊民といひて、国土のために用なき人間なりと知るべし」と、四民以外の存在を「遊民」と記し、徂徠の『政談』も「ぼていふり・日用取りなどの遊民も、在所をはなれて御城下に聚る」「日用をやとふよりして、御城下に遊民おほく集り」と、在所をはなれた遊民が日用（日雇い労働者）に雇われて城下に多く集まっていると記している。

「遊民」とは、士農工商の制度から外れた存在であって、『政談』が根本の問題の一つとして指摘した「旅宿の境界なる」こととはその点に関わっていた。大量の人口流入によって江戸は無秩序状態になっていて、犯罪が多発し、治安が悪化、風俗が乱れていた。そこから財政や金融・経済の問題も生じていた。

参勤交代による武士の江戸集住によって、「諸国の工商悉く御城下に集ひて、町の家居夥敷《おびただしく》成り、北は千住より南は品川まで立続く」と城下町が膨張したことで、「旅宿の境界」という状況となっていたのである。

この大衆社会状況にどう対応すべきか。徂徠は提言する。「江戸町中並びに武家屋敷のしまり」と題し、盗賊や追剝、博奕の類が横行する事態については、それを取り締まる盗賊奉行や町奉行支配下の歳番・牢屋見回り・町廻りを職務とする与力や同心、目明しなどが抱えている問題点を指摘し、武家屋敷も町方のように木戸をつけ、木戸番を置き、肝煎に命じて警戒を怠らず、武家地・町人地ともに整備すべしとする。

次に「出替奉公人《でがわりほうこうにん》のしまり」については、出替奉公人の欠落（契約期間中の逃亡）や取逃（金品の持ち逃げ）、引負《ひきおい》（使い込み）が多く生じているのは、彼らの雇い主や請人、家主などの在り方に問題があるので、それへの対策である「よろしき制度」は、出替奉公人が出てきた田舎において、名主が代官・地頭に報告できるように「戸籍」をつくることが重要であると説く。

この「戸籍」は、治の根本に立ち返り、法を立て直すための、人を地に付ける制度であり、人別帳のことであるが、今の世の人別帳ではなく、村・所の屋別に、家々の亭主や家内の人数、譜代の者まで残らず記し、嫁、養子、子についてもその死や出家などをも記すものである。これによって「日本国中の人、江戸も田舎も皆所を定めて、是はいづくの人といふ事を極る仕形」、すなわち日本中の人の住所が定まり、いずこの人かとわかることになる。

その目的は、「田舎」では農業を、「御城下」では工商の業を、それぞれ勤めぬ者はいないようにすることにある。さらに「路引《ろいん》」という「旅人道中の切手」の制度により、道中を往来する者を把握するのもよいのだが、この制度は戸籍がしっかりさえしていれば必要はない。ただ戸籍制度を整えても、業の勤めをしない人々が存在する。たとえば「しまうたや」(仕舞屋)といって、財をなして業をやめ、工商の勤めをせずに、町屋敷を人に貸して収入を得、屋敷に「家守」を置いて奉行所との交渉をさせる者、田舎でも大百姓が自分で農業をせずに田地を小作につくらせ、江戸の仕舞屋のように暮らす者がいるが、こうした行為は禁じ、「実なる筋の家業」を勤めるように計らわねばならない。

では浪人についてはどうか。武家に奉公してその人別に編入されているが、武家から離れたので、就職するまでは町や村に居住していても、商人でも百姓でもなく旅人に近い存在であって、帰るべき郷里をもたないので店借として扱う。道心者《どうしんしゃ》については、その頭がおらず所属がないので、鰥寡《かんか》孤独《こどく》の身寄りのない者と同類であり、剃髪時の師匠を保証人となし、店借同様に扱う。寺方の隠居・旅僧の類は寺門の前に限って置くのがよい。

戸籍による町支配

徂徠は士農工商の身分制で把握できない人々には戸籍制度を整え、人をその住居において把握するのがよいとしたのである。昔は普請などで日用を雇わなかったが、今は金で日用を雇うため城下に遊民が多くなっている。これに対しては「をのづから他所へ出たる者を人返しする事に成るべし」と、人返しによって戸籍の地に戻せば、城下の遊民は少なくなると考えた。

城下の町には本百姓のような家持と水呑百姓のような店借がいるので、その家持も店借も「何年

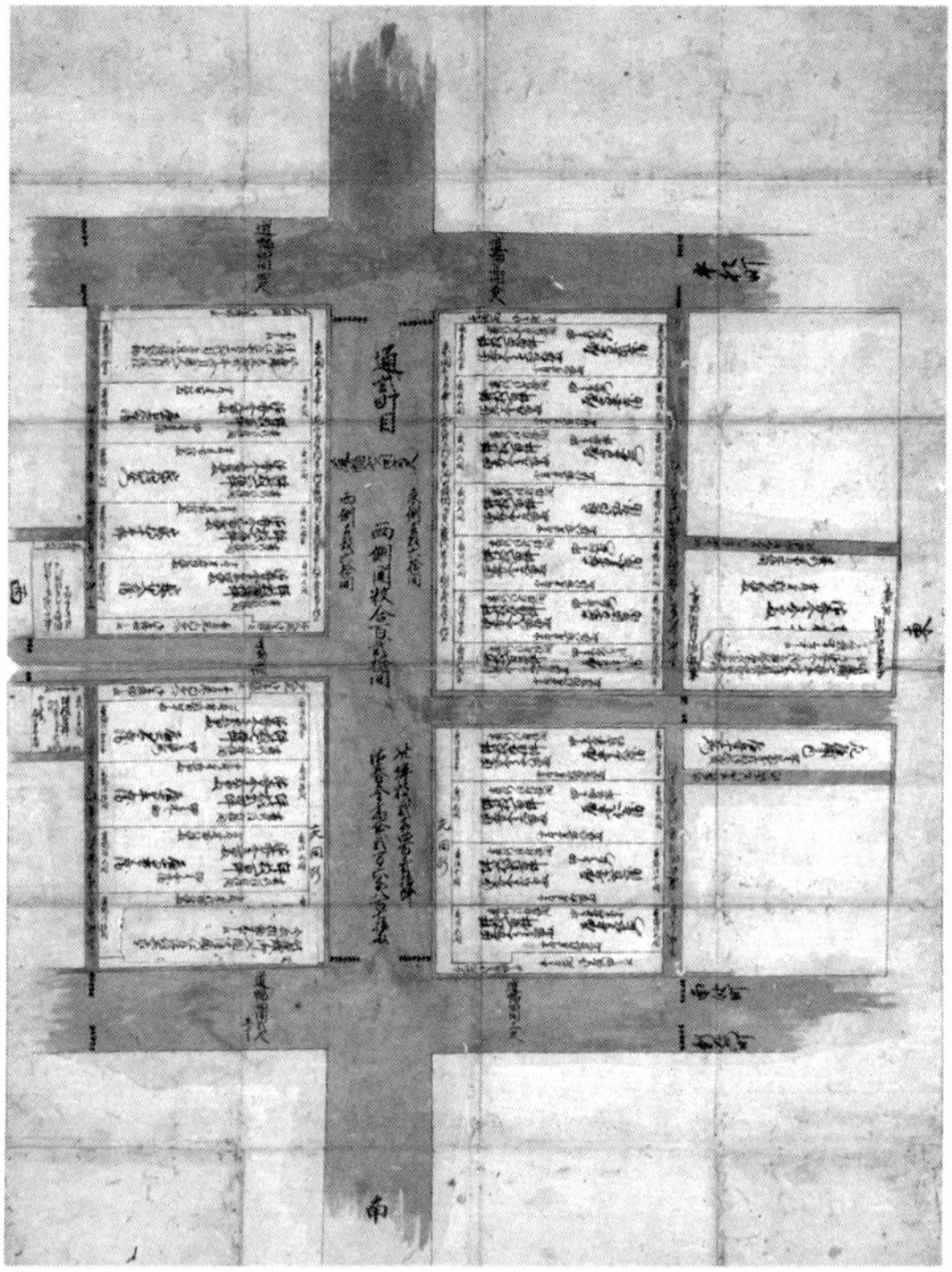

宝永七年の通二丁目沽券図　外池洋隆氏蔵　中央区立郷土天文館提供

何月幾日に永く御城下の民」であることを人別帳に記し、店替をする時にはその事と年月日とを記すのがよいとしている。ここでこの問題について考えるため、江戸城下の屋敷地の動きを見ておこう。

　宝永七年（一七一〇）二月に幕府の命により江戸市中の「沽券絵図《こけんえず》」が作成されたが、それには町屋敷の一筆ごとに土地の間口と奥行きの寸法、売買の値段あるいは相場価格の沽券高、表間口の一間高である小間高、地主、家守《やもり》（家主）の名前などが詳しく記された。そのうちの地主には町に居住する者と不在の者がおり、後者は家守に家屋敷を預けて管理させていたので、沽券絵図にはその家守の名も記されている。

　三井の越後屋のような大商人が町方中心部の土地を集積したことで、不在地主が多くなって、町の住民は家持《いえもち》・家守と屋敷地の地借・店借などから構成され、不在地主に雇われた家守が町内の役務を代行し、店借を統制するなどして町の運営を担った。家持・地借は、表店にあって主に商売を営み、店借は、家屋敷のうち表店を借りる表店借が主に商を行っており、裏店を借りる裏店借は様々な職業に携わっていた。日用の多くはこの裏店借であった。

幕府は屋敷地を通じて統制をはかっていて、享保四年（一七一九）六月に市中の家賃・地賃の制を定め、翌享保五年には家屋売買の法も定めて、速やかに告知し変更後の戸籍を書き換えるよう命じている。享保六年六月には全国の戸口・面積調査を実施し、武士を除く百姓・町人・社人・僧尼を把握した。享保十一年には武家地では武家同士、農地では百姓同士、町屋敷では町人同士の譲渡を認め、それ以外は禁じた。

しかしこうした屋敷地を通じて、人別帳（戸籍）を作成するだけでは、膨張する江戸における多様な関係は捉えきれないのであって、この関係を把握する方策としてとられたのが仲間組合の結成である。すでに元禄七年（一六九四）に十組問屋《とくみどいや》仲間が結成されていたが、享保六年に町奉行の忠相が「米価安の諸色高」の物価高騰対策と、倹約を兼ねて「新規仕出し物」の取り締りの意見書を提出したところ、これが認められて幕府は商人・職人の仲間の結成を町奉行所に命じた。小間物問屋・絹紬問屋・紙問屋など十五種の問屋、紺屋・版木屋・菓子屋などの職人、関連商品の小売商など九十六種の調査が行われ、問屋・小売・職人を問わずに同業種の者を一組とする仲間結成となった。

本来、商人の組合仲間は、商品流通を円滑にする上では障害だった。同業者仲間による価格協定や販売方法について申合をする恐れがあり、認められなかったのであるが、事情が変わってそうも言っていられなくなっていたのである。これにより衣類・小間物・家具・菓子・人形類など多くの仲間が結成され、物価の変動に責任を負わされた。

仲間組合と頭支配

仲間組合は多方面へと広がった。享保七年（一七二二）に大岡忠相は町名主の数が多く、しかも様々な問題が起きていることから、その削減を求めたところ、これを契機に市中の町名主二百六十三名が、町入用の縮減を理由に十七組からなる組合の設立を願い出て、許可された。これまで散発的に生まれていた名主番組が共同組織として町奉行に公認され整備されたのである。その名主組合には年番名主が置かれ、町触などの伝達にあたり、支配名主の不正や不勤を監督した。

さらに盗品問題に関わって紛失物の調査が行われて、質屋・古着屋・古着質・小道具屋・唐物屋・古道具屋・古鉄屋・古鉄買の八種類の商売人の組合がつくられ、名前帳が提出されて「八品《はっぴん》商売人」の組合が結成された。問屋のみを対象とする米・味噌・炭・薪・酒・醬油・水油・魚油・塩・木綿・真綿・銭などの、地廻りで江戸に送られる主要十二品目の問屋仲間も結成され（享保八年には十二品問屋）、江戸の問屋は十二品・十組問屋のいずれかに属するところとなった。

公共事業を請け負う火消組合や辻番請負組合、上水組合も結成された。火消組合は二十町を単位に「いろは四十七組」に編成され、各組ごとに担当地区の消火にあたった。番組ごとに頭取が置かれ、頭取の下の小組は、頭・纏・纏持・梯子持・平人・人足らで構成され、組織的な火消を行う体制が構築された。

日用はこの町火消組合に雇われたり、人宿《ひとやど》と呼ばれる周旋業者の番組人宿組合を通じて武家奉公人として雇われ、また運輸・運搬・荷役に関わる肉体労働者となって飛脚の六組《むくみ》飛脚組合に雇われたりしたが、もう一つ「日用頭《ひようがしら》」と呼ばれる人足請負業者に抱えられ、雑業に従事することもあった。この日用頭とは、寛文五年（一六六五）に設けられ、日用札の交付と札役銭を徴収して日用を統括して幕府の御賄方御用人足を請け負った日用座の頭である。その日用座の管轄する種類が広がってゆき、日用頭は多くの日用を編成していった。

この頭に編成された組織の一つに穢多頭《えたがしら》がある。関八州の穢多頭の弾左衛門は幕府の皮革御用の責任者となって、被差別民の穢多や非人を統括していた。願人頭《がんにん》の存在も知られる。享保十四年（一七二九）四月に江戸市中に出された町触には、願人が謎かけの刷り物を町方店々に配り置き、後にその代金を請求するのは不法行為であるとして、その願人を捕え願人頭に預けるように命じている。願人とは願人坊主と称される乞食僧で、路上で経を唱えたり、謡や踊りを演じたりして施しを得、生計を立てていた。

徂徠はこうした頭支配については言及していない。それは弾左衛門が浅草新町に屋敷を構え、職場単位に人別帳を作成しており、願人も江戸橋本町に集住していたからであろう。仲間組合や頭の制度に共通するのは、諸役や公共事業を様々な形で請負っている点にあって、それが社会を安定化させる仕組みになっていた。こうして士農工商の身分制や、戸籍の整備、仲間組合や仲間の結成、頭の支配など、制度がしだいに定まっていったが、その背景には国内の大きな人の流れと物流の仕組みが生まれていたことがあり、そこにも制度の整備が認められる。

四　物流と交通の経済システム

大江戸の繁盛

享保十一年(一七二六)、江戸に入ってきた商品の入荷高の調査が行われ、それによれば米が約八十六万二千俵、味噌が約二千八百二十八樽、酒が約八十万樽、炭が約八十万千樽、薪が約千八百二十一万束、炭が約八十万千俵、油が約九万俵、魚油が約五万樽、醬油が約十三万三千樽、木綿が約三万六千筒、繰綿《くりわた》が約八万千本、塩が約百六十七万千俵、銭が約二万箇(一箇十五貫文入)であった(『享保通鑑』『吹塵録』)。

これは享保九年(一七二四)に諸色物価引下げ令が出されて行われた調査の結果である。そこでこれと享保九年から十五年にかけて物価統制のために行われた大坂から江戸への、繰綿・木綿・油・酒・醬油・米・炭・魚油・塩・薪・味噌など「十一品江戸積高覚」の享保十一年分とを比較すると、繰綿・油・醬油の三品では、大坂から江戸への入津高《にゅうしんだか》が七〇パーセント以上もあり、江戸入津高の大きな部分を占めていたことがわかる。

このうち繰綿について、江戸の繰綿問屋が享保九年に書き上げた「生綿出所」を見ると、大和の丹波市・今井・下田村、摂津の大坂・平野、河内の久宝寺の名があがっており、繰綿は大坂周辺の産地から大坂経由でもたらされていたことがわかる。次の油は原料の大豆などが大坂に入って生産され、また醬油は紀伊の湯浅《ゆあさ》で製造されたり、大坂で製造されたりしたものが入ってきたと考えられる。

木綿そのものは三割と少ないのだが、これは元禄頃から三河木綿や伊勢木綿、尾州木綿など東海地域を産地とする木綿が江戸に入ってきており、これらの地域から残りの七割が入ったものと考えられる。他の商品の大坂からの比重は低いのであるが、米は米相場の関係もあり変動が激しいためであろう。この年は三俵しか入っておらず、二年後の享保十三年には三万七千俵、十四年に七万五千俵と多くなっている。

酒は流通に複雑さがあり、塩は瀬戸内海から直接に塩廻船で下ってきた「下り物」があり、行徳や上総など関東でも生産されていたからである。炭や薪、魚油などの日用品は関東からの「地廻り物」によると考えられ、銚子では醬油が生産されるようになっていた。

元禄五年の井原西鶴『世間胸算用《せけんむねさんよう》』の巻五の四話の「長久の江戸棚」は、江戸の商売の様子について「天下泰平、国土万人、江戸商《あきなひ》を心がけ、その道々の棚《たな》出して、諸国より荷物、船路・岡付けの馬方、毎日数万駄の問屋づき」と記しており、通り町の繁昌、日本橋の人足、船町の魚市、神田須田町の八百屋物、瀬戸物町・麴町の雁鴨、本町の呉服物、伝馬町の積綿など大晦日の賑わいの様を描いている。

これらのうち須田町の八百屋物とあるのは、神田の青物市場のことで、「毎日の大根、里馬に付け続きて数万駄見えけるは、とかく畠の歩りくが如し。半切に移し並べたる蕃椒（唐がらし）は、秋深き竜田山を武蔵野に見るに似たり」と描いており、ここには地廻り物の蔬菜が入荷していた。元禄五年に本草学者人見必大《ひとみひつだい》が著した『本朝食鑑』には、この地回りの蔬菜の産地が次のように記されている。

葱は下野の梅沢・日光・足利・佐野、大根は武蔵の練馬・板橋・浦和、相模の波多野、まくわうりは武蔵の川越・鳴子・府中、牛蒡は武蔵の忍・岩槻、蒟蒻《こんにゃく》は下総の鍋山・佐倉、薯蕷《とろろ》は武蔵の八王子・練馬、下野の日光、駿河の富士根、甲州の郡内、煙草は甲州の門前・小松、信州の和田、上野の高崎、葡萄は八王子、甲州（岩崎）、駿河などがあって、これらの地から江戸に送られて神田の青物市場で取引きされたり、振り売りされたのである。大坂など上方からの下り荷と関東の地廻り荷とによって、江戸の生活は成り立っていた。

「天下の台所」大坂

江戸への下り荷供給地である大坂は、寛文年間からの経済的発展が著しかった。承応二年（一六五三）に野菜・果実の卸売市場の天満青物市場《てんまあおものいちば》が公認され、元禄十年（一六九七）には堂島川の米市場が対岸の堂島に移って堂島米市場が成立し、これに魚市場（雑喉場《ざこば》）とがあわさって大坂の三大市場が生まれた。西鶴の『日本永代蔵』は「惣じて北浜の米市は、日本第一の津なればこそ、一刻の間に五万貫目のたてり商も有る事なり」「難波橋より西、見渡しの百景、数千軒の問丸、甍を並べ、白土、雪の曙をうばふ」と、それらの風景を描いている。

人口も寛文九年（一六六九）に二十八万であったのが、宝永六年（一七〇九）には三十八万となり、この後、四十万をピークに推移するが、そのピーク時の正徳四年（一七一四）の大坂への移出入商品の統計調査によれば、移入品目は百十九種類、総額が銀高二十八万六千貫、移出品目は九十五種類、総額が銀高九万五千貫であった。

移入品の一位は米の銀高四万貫強（二十八万三千石）で、菜種《なたね》（一万八千貫）、材木（一万五千貫）、干《ほし》鰯《か》（一万七千貫）、白木綿（一万五千貫）、紙（一万四千貫）、鉄（一万一千貫）の順で続き、移出品は一位が菜種油で、銀二十六貫、以下、縞木綿七貫、長崎下り銅が六貫五百、白木綿が六貫二百、綿実油《めんじつゆ》が六貫百、古手《ふるて》が六貫と続いている。

移入品トップの米は商人米であるから、これに大名・旗本の蔵米百十二万石をあわせると百四十万石ほどが入っていた。二位の菜種はこれを原料にして大坂の種絞油屋二百五十軒が製油し、京口油問屋や江戸積油問屋、出油屋が販売にあたり、精製された菜種油（水油）は移出品の一位である。

大坂への移入品は薪や銅、木綿などの原材料が多く、移出品はそれらの加工・完成品が多かった。たとえば銅は伊予の別子銅山などから七千貫を移入し、それを銅の製錬業者の銅吹屋《どうふきや》十七軒が製銅し、長崎に六貫五百移出して海外に輸出された。産地の別子銅山は大坂泉屋の経営で元禄四年に開かれ、同七年の鉱山人口は一万五千人に達し、同十一年の産出高は二百五十三万斤と全国の千万斤の四分の一を占めており、幕府は別子を泉屋の請負とした。やがて生産量がしだいに低下するなか、元禄八年の幕府による新規銅山の開発奨励で出羽秋田や陸奥南部の銅山が台頭してきた。秋田藩の阿仁《あに》鉱山は金から銅産出に移行し、南部藩の尾去沢《おさりざわ》銅山は正徳二年（一七一二）に山師の経営から直営に切り替えられ、米代川積み下ろしによる能代《のしろ》湊利用をやめ、領内の陸奥湾の野辺《のへじ》地から大坂に向けて船積みするようになった。

この銅などの商品や物資の移出入には、主に西廻り海運が関わっていたが、幕領城米の江戸廻米には備前の日比《ひび》浦《うら》、摂津の伝法《でんぽう》、讃岐の塩飽《しわく》・直島《なおしま》などの廻船があたっていた。なかでも塩飽諸島の廻船は、新井白石が『奥羽海運記』に、堅固で性能よく水主《かこ》が航海技術に秀で純朴で詐がない、と高く評価したもので、奥州にもその活躍が知られ、米や多くの商品を大坂に運んだ。幕府城米御用船に雇われたことで享保六年には二百石積から千五百石積の廻船が百十艘もあったという。

だが幕府が享保五年から六年にかけ、江戸の廻船問屋の筑前屋作右衛門に北国・出羽・陸奥の城米の廻米を命じ、城米の請負方式を採用したので、塩飽廻船の城米運送に携わる機会は減った。

阿波藍と越中富山の薬売り

大坂や江戸・京都には各地の特産物が入っていたが、その特産物は正徳三年（一七一三）刊『和漢三才図会』の諸国の「土産」の項に記されている。たとえば阿波国では素麺や藍玉《あいだま》、鹿尾菜《ひじき》、和布《わかめ》、材木があるが、このうちの藍玉とは、葉藍を発酵させたスクモに藍砂をまぜ突き固めたもので、木綿の染料として移出された。「藍は京洛外の産を上と為す。摂州東成郡の産最も勝れて、阿波・淡路の産これに次ぐ」とあって、この時期に阿波産藍は京洛外や摂津産に次いでいたが、製藍技術の改良によって生産高がしだいに向上し、元文五年（一七四〇）の阿波では吉野川流域の北方三郡三千町歩へと作付面積が広がっていた。

阿波の特産物が撫養《むや》や北泊の湊町から海路を運ばれるなか、その紀淡海峡を経て四国に渡ったのが四国遍路の人々で、阿波・土佐・伊予・讃岐に点在する寺々を巡礼した。承応二年（一六五三）に澄禅《ちょうぜん》『四国遍路日記』が一番札所の阿波霊山寺から始まる八十八か所廻りを記し、貞享四年（一六八七）に宥弁真念《ゆうべんしんねん》が遍路手引書『四国遍礼道指南』を刊行し、元禄二年（一六八九）に寂本が『四国偏礼《へんろ》霊場記』で霊場について詳しく記すようになり、聖や僧ばかりでなく庶民にも四国遍路が広がり、多くの人々が四国に渡った。

旅の広がりは陸路・海路の整備と案内記の刊行などとともにあるが、心配なのが旅先での病であり、そこで必要とされたのが薬である。家の中にも常備薬が求められるようになり、この需要に支えられて越中富山の売薬がこの時期に広まった。財政難に悩まされていた富山藩の二代藩主の前田《まえだ》正甫《まさとし》が、薬に興味を持って合薬研究を行って富山反魂丹を開発し、その売薬で起死回生を図ったといわれる。

富山で製造された薬は領内のみならず販路を諸国へと広げていった。飛騨街道を経て美濃から太平洋沿岸へと通じ、日本海の海路を経て全国に売薬商人が行商に出かけていった。万治年間には行商先を九州の豊前から豊後・筑後、肥後に広げ（「薬種屋権七由来書」）、元禄の頃には中国筋や仙台へも出かけた。売薬の本格的行商は享保年間に始まって、南部・常陸・下野・美濃・尾張・三河・遠江・越後・越前・五畿内・因幡・肥前・薩摩へと及び、享保六年（一七二一）には仲間組「福井十三人組」「鹿児島九人組」が結成された。

やがて地域を十八のブロックに分けて株数を定め、広域の関東組・九州組・五畿内組・奥中国組・四国組と、国単位の越中・飛騨・江州・伊勢組からなって、各組に三人の年行事が配され、「反魂丹商売方之儀諸事」を管轄、合議機関の向寄が藩と交渉して免許・販売権を獲得していった。

この富山売薬の全国的な組織化は、『富山売薬の縁起』によれば「立山信仰」が起源と見えるが、実際、立山の修験者の活動が手本となっていたらしい。修験者は旦那場廻りで護符や、立山竜胆《たてやまりんどう》（胃腸薬）や硫黄（外科用）、クマノイ（胃腸薬）を配って信仰を弘めており、特定の地方とつながりをもった。泉蔵坊は遠江・甲斐、大仙坊は大和・河内、日光坊は尾張、実相坊は豊前、玉泉坊は上総・安房、竜泉坊は駿河・相模など全国各地を地域分けして旦那場としていたのである。

越中富山の薬の原料の多くは長崎からもたらされていたが、その長崎の「土産」については、西川如見の『長崎夜話草《ながさきやわぐさ》』（享保五年刊）が記している。眼鏡細工、硝子《びいどろ》、土圭細工（時計）、天文道具、象眼鐔《ぞうがんつば》、唐様鋳物、塗物道具などの道具・細工に始まって、花手拭・染唐紙・造花・線香・珠数・

花毛氈・畦足袋・花筵・算盤・玉細工などの生活用品、煙草・南瓜・西瓜・八升豆・ざぼん・赤芋琉球芋・唐菓子などの産物で、その多くは異国伝来の土産であった。

出羽修験と最上紅花、蝦夷昆布

修験は越中立山をはじめ九州の英彦山《ひこさん》、紀州の熊野三山、加賀の白山、出羽三山などで盛んになっており、このうちの出羽三山には芭蕉が元禄二年（一六八九）に訪れ、羽黒山別当の天宥《てんゆう》の追悼文を記し、羽黒山で「涼しさやほの三日月の羽黒山」、月山で「雲の峰幾つ崩れて月の山」、湯殿山で「語られぬ湯殿に濡らす袂かな」の句を詠んだが、この頃から出羽三山では「道者」（信者）による巡拝が盛んになっていた。

宝永六年（一七〇九）の丑年は湯殿山の縁年ということから、道者の数が特に多く四万五千人を数えている（「大蔵村小屋家文書」）。翌宝永七年には荒沢の東水《とうすい》撰述の『三山雅集《さんざんがしゅう》』が刊行され、信者を出羽三山にいざなった。上下二巻からなるこの名所図会には、最上川や鳥海山に始まり、三山とその周辺の名勝を詠んだ俳句や詩歌を収録し、挿絵を添え三山の縁起や風景を書いているが、そこには貞徳や宗因・芭蕉など著名な俳人、遠くは京・大坂・近江・三河・江戸・関東の俳人、そして地元の山形庄内地域の俳人の句を載せている。

このうち山形庄内地域の俳人の多くは、最上川の舟運によって栄えた商人である。最上川河口の酒田湊は西廻り航路の起点とされ、幕府の「御米置場」が設けられ最上川流域の幕領の廻米が運ばれてきた。その中流には清水・大石田・船町の三つの河岸が成立し、正徳三年の大石田の問屋沼沢又左衛門の記録によれば、幕領米が五万三千俵、山形・米沢など諸藩の廻米が二十二万俵と見えており、ほかにも最上川流域の特産物の紅花や青苧《あおそ》の下り荷が見える。

このうちの紅花はクレナイの鮮やかな色調が好まれて京都西陣の染料用に出荷されていた。『和漢三才図会』は紅花の産地として「羽洲最上及び山形の産を良とす。伊賀・筑後これに次ぐ、予洲の今治及び摂播二州の産又これに次ぐ」と、最上・山形の紅花が最も良質と記しているが、それは最上川中流域の村山盆地の土地が肥沃で、開花期の朝霧や朝露が栽培に適していたからである。

享保十六年（一七三一）の最上の仲買人の調べでは、諸国の紅餅《べにもち》（出荷用に乾燥させた紅花）生産高は千二十駄、そのうち最上紅花が四百十五駄、奥州仙台が二百五十駄、奥州福島が百二十駄の順で、最上紅花が他を圧倒していた。享保二十年に京都の紅花問屋十四軒が幕府の指定を受け、荷を独占的に取り扱ったが、在方の問屋も成長しており、芭蕉をもてなした鈴木清風《すずきせいふう》はその一人である。

青苧は、苧麻《からむし》の茎の皮から取り出した繊維であって、青みを帯びているのでこの名があり、越後産の青苧は中世から流通していたが、最上苧《もがみそ》も酒田を経て奈良に送られ奈良晒《ならざらし》の原料とされ、さらに越中高岡や越後小千谷方面にも送られ、正徳・享保年間からは米沢地域では越後縮《えちごちぢみ》の原料として撰苧《えりそ》の栽培が始まって広がっていった。

紅花や青苧が日本海を経て運ばれたように、多くの物資が日本海を経て各地に運ばれるなかに、蝦夷地の昆布がある。『和漢三才図会』は「松前の土産」に鷹・鶴・鯨・昆布・干鮭などをあげ、昆布について「東海に生ず。蝦夷松前及び奥州の海底、石に付生す。蝦夷が島に亀田と号する地有り。凡そ三十余里海中、寸地も亦たこれ有り云ふこと無し」「凡そ蝦夷松前の産は黄赤色にして、味甚しく美なり。最上と為す。津軽の産は厚くして味美ならず」と記しており、蝦夷地や奥州で収穫されていた。その昆布は若狭に送られ、小浜の市人が調製して四方に送り、また京でも調製が行われ「京、若狭共に名を得」と記している。

西陣焼けと桐生織物

京都には日本海経由で海産物、瀬戸内海経由で衣料・海産物が入り、さらに琵琶湖・伊勢湾ともつながりがあって、各地から物資が入ってきていた。なかでも中国から輸入されていた白糸を織物の原料としていた京の西陣は、永らく絹織物生産の頂点にあったのだが、各地の在方商人が台頭し、京の商人の地方進出もあって、技術の移転が始まっていた。

そこに享保十五年六月の大火が西陣を襲った。上立売通室町の大文字屋が火元のこの火事は、西陣を中心に百三十四町、民家だけでも三千七百九十八軒を焼いて、高機七千余のうち三千余りが失われた。この「西陣焼け」の影響は大きく、これを機に丹後や上野の桐生《きりゅう》で織物業が盛んになった。丹後ではもともと西陣から織製法が伝えられていて、それが丹後縮緬《たんごちりめん》の発祥であるが、西陣焼けとともにさらに技術移転が進んで織物業が発展した。

桐生では桐生新市という六斎市《ろくさいいち》が立っていて、『和漢三才図会』の上野の土産に「日野絹　新田山絹」とある周辺農村で織り出された絹織物をはじめ、糸・小間物・青物など様々な品目の取引が行われていた。ただ質の悪い和糸を使用した旧式の織機の居坐機を用いた平絹織物であったのだが、近くの大間々《おおまま》市と競合しつつ、江戸や京都の商人と取引をしていた。そこに幕府が白糸の輸入制限を行うようになって、国産糸の需要が伸び、正徳二年（一七一二）に群馬郡桃井荘下村の馬場重久が『蚕養育手鑑《かいこよういくてかがみ》』を著したことで養蚕の技術が広まり、養蚕業が盛んになった。

享保七年（一七二二）には三井越後屋が出店を桐生に設け、同八年には京都から久兵衛という職人が吟手染めという染め方を伝えたという。享保十六年に桐生は市日を三・七と大間々市の前日に変更して対抗し、大間々市への出市を控える申合せを絹買仲間が行ない、江戸や京都の問屋への買次を行う「のぼせ買」の仲間として結束を強めていった。

享保十八年には京都の染物師張屋久兵衛・頼兵衛らにより紅染の染織技術が伝えられ、西陣焼けとともに京都から高機が元文三年（一七三八）に伝わったので、新井藤右衛門が平絹に代わる紗綾を織り出す技法の講習会を開いた。「京都より西陣織物召し連れ来たり候間、行く行く当所産物にも相成候」「飛紗綾機御所望の方。遠慮無く御取立成らるべく候」と、仲間を公開の講習会に誘っている。こうした努力によって生産量は増加してゆき、桐生は織物生産の一大産地となった。

この桐生と江戸、京都西陣を結んでいたのが三井越後屋であって、三井のような大商人が成長し、定着を遂げたのも元禄から享保期にかけてのことである。享保七年に三井《みつい》高利《たかとし》の長男高平《たかひら》が記した遺訓『宗竺遺書《そうちくいしょ》』や、三男高治《たかはる》が記した『商売記』からは、その点がよく窺える。『商売記』は高利の商売一代記で、『宗竺遺書』は高利が元禄七年に記した遺書『書置之次第』(『宗寿居士古遺言』)をもとに高平(宗竺)が子孫に示した家法である。

大商家の経営システム

三井家の商法の流れを見てゆくと、伊勢松坂で金融業を営んでいた三井高利が、延宝元年(一六七三)に長男高平を江戸に送り込んで、本町一丁目に呉服屋「越後屋」を出店し、自身は本拠を松坂から京に移して呉服業を開業してから、越後屋は急速に業績を拡大した。江戸に両替店を併設し、京都に両替店を設け、大坂にも両替・呉服店を設けて大商店へと発展していった。

貞享四年(一六八七)に幕府の納戸御用、元禄二年(一六八九)に元方《もとかた》御用、同三年には幕府の為替御用を勤めるようになった。元禄七年に死期を悟った三井高利は、息子たちを集めて遺産の分配を相談して遺書を作成、息子らから誓約書をとった。

三井家の資産は、江戸の呉服・両替・綿店、方々家屋敷、京都の所々仕入所、両替店、家屋敷、大坂の呉服・両替店、家屋敷、伊勢の方々家屋敷などがあり、簡単には分割できなかった。そこで本家・分家といった形での分割相続をせず、資産は子十人に配分しても資産全体を共有財産とし、幕府の為替御用を兄弟全部の事業とし、呉服御用だけを長男の高平に担当させ、兄弟が高平を父代わりと思い敬うようにとはかった。長男の指導下で兄弟の共有財産としたのである。

それにあわせて同年に高平の兄弟たちは家政と家業の統括機関「三井大元方」を設立し、各家の家政と三井家の事業を分離させた。この協同経営方式が順調に進んだことから、享保七年（一七二二）に高平が記したのが『宗竺遺書』であって、宗竺は高平の法名である。

最初に子孫が守るべき心得を記し、手代の見立てについて述べた後、「親分の事ならびに仕置の次第」「隠居料」「女子の事」などを詳しく記している。本家六軒、連家三軒からなる同苗《どうびょう》を定めてその結束を求め、同苗の親分の決め方、賄料、重役会の大元方などについて定めている。続いて公儀御用について「御用に付き公儀相勤候面々、己をへりくだり、上を尊み、又商徳の筋、忘る、るなかれ」「手前は商人也。御用は商人の余情と心得べし」などの商売上の心得を示し、他国勤めや紀伊藩御用、さらに重役の元締めに至るまでを記している。

こうして『宗竺遺書』は三井家の「家憲」として永く守られてゆくことになった。なおこの『宗竺遺書』の趣旨をよりわかりやすく理解するため、享保十三年に高平の子高房が『町人考見録』を記し、京都商人などの没落事例を具体的に書いて、大名貸などの取引を戒め、地道な商売の必要性を説いたのである。

三井と並ぶ大坂の豪商鴻池善右衛門《こうのいけぜんえもん》正成は、摂津伊丹で酒造業を始めた父に従って大坂に出たが、父は酒の江戸積み、貨物の輸送、商品取引、金融業など手広く商売を広げ、慶安三年に亡くなった。正成はその跡をうけて明暦二年（一六五六）に両替屋を開業、延宝期には諸藩の蔵屋敷や掛屋を任され、蔵米の管理・販売・送金にあたり、寛文十年から毎年の決算簿「算用帳」を記すようになった。三代目宗利は両替商経営をさらに発展させ、元禄期には三十二藩と金融上の取引があり、宝永二年からは旧大和川流域の新田開発を行い（鴻池新田）、地主経営にも乗り出し、享保三年には資産が銀三万八千貫になった。享保十七年に成った鴻池家の経営方針「家定記録覚」は、以後、永く守られていった。

三井や鴻池などの三都に基盤を置いた豪商に対し、近江の蒲生・神崎・湖東三郡に基盤を置く近江商人は、東北地方から蝦夷地などの要地と三都の間の産物廻しによって富を蓄え、その資金を金融・醸造業に投じ、共同企業や複式簿記など合理的経営法を採用して富の増殖を図っていた。

以上に見て来たように、全国的な人と物の流れは元禄の頃から盛んとなり、享保のころからはシステムとして整備された。江戸・大坂・京都の三都をめぐる物流システム、三都商人と在方商人との交流システムが整えられていった。それにともなって三井や鴻池家のように家の経営システムも整い、それを支える独特な商道徳も成立したのである。

6　徳川日本の国家制度

一　財政再建の道筋

日光社参と幕府予算案

享保十三年（一七二八）四月、吉宗は日光社参を挙行した。寛文三年に家綱が参詣して以来、途絶えていたもので、六十五年ぶりの将軍社参であり、大名・旗本は石高に応じて供奉の隊列を整えて日光街道を往復した。将軍になって十二年目にあたり、これまでの成果を東照宮に報告し、誇示する狙いがあった。利根川を渡る際の船橋の架橋には四か月と二万両の日時と費用を要したという。次の安永度の日光社参では総計二十二万両もかかっており、今回も多額の費用を要したであろう。

いまだ財政難は解消していなかったが、荻生徂徠が『政談』で「御供廻りの装束、諸大名参詣の装束」など身分毎の装束を定めて日光社参拝を行い、それを機に衣服の制を整えるように勧めていたが、これに応じたものである。ただその徂徠はこの年正月に亡くなっていたので、社参を見ることはなかった。吉宗は諸方面で制度整備を進めたものの、現実は徂徠が望んだような形では進んでいなかった。徂徠は吉宗に「中興」この時と期待していたのであるが、「中興の気象」（中興の気配）がないとして、「国脈大に縮まり」と歎きつつ亡くなったという（『文会雑記』）。

この年五月、広南《かんなん》（ベトナム）生まれの牡牝象二頭が長崎に船載されて長崎唐人屋敷に入ったという報が入ると、吉宗が江戸に連れてくるように命じたのも、将軍の権威を示すものであって、牝象が九月に死んだので、牡象のみが翌年三月に長崎を出発し、四月二十八日には中御門《なかみかど》天皇がこれを見物し、五月二十五日に江戸に到着した。沿道の人々を熱狂させ、五月二十七日に江戸城に入り、将軍に上覧され、後に浜御殿で飼育されることになった。

享保十五年には幕府の予算案が残っているので（『大河内家記録』）、それを見ておこう。予算案は米建てと金建てとからなり、米建ての収入は年貢米五百二十万石であり、支出は幕臣への俸禄米が十七万六千石、扶持米《ふちまい》が七万四千石、諸城の在番役人への合力米が七万五千石、諸入用が十四万四千石などであって、足りない部分は上米で補っている。金建ての収入は年貢・雑税が五十万両、献上・運上金などが七万四千両で、支出は幕臣への俸禄金が十三万八千両、町奉行方・火消方・普請方など「諸向渡《しょむき》」が二十三万両、大奥女中への合力金《こうりょくきん》が六万両、臨時予備金が五万両となっている。

まだ上米に依存していたが、このように予算案が作成され残っているのは、幕府財政の再建に一定の目途がたったことを意味するものであり、翌年には上米の制を廃し、参勤交代を復活させている。このように幕府は財政難を脱しつつあったが、諸藩では財政難に苦しめられており、享保十五年六月に幕府は藩札発行を許可している。

これ以前に通用していた藩札に限って、二十万石以上では二十五年、それ以下では十五年と通用期間を定め、その期限後の適用は勘定奉行の許可を必要としたのであるが、事実上、藩札は制限なく発行されることになった。この年に藩札を発行したのは、八月の宇和島藩、秋月藩、十月の伊予松山藩、十一月の萩藩、広島藩、福井藩、徳島藩、松江藩、十二月の岩国藩のほか、岸和田、大和郡山、赤穂、岡山藩など西国の諸藩に多い。

そもそも諸藩では以前から専売制や藩札の発行で財政難を切り抜けようとしてきた。延宝八年（一六八〇）に赤穂藩は塩専売制と藩札発行とを組み合わせて財政難の解消に取り組んだが、そこでは藩札が特産品の買い上げ資金の役割を果たしていた。幕府は宝永四年（一七〇七）に貨幣の流通を促進するため諸藩に札遣いを停止していたが、この段階で発行を認めたのは、幕府が米価の低落に直面していて、これには諸大名の協力が必要で、藩財政再建に助力したのである。

米価低落と堂島米市場相場

諸物価が高いのに米の供給過剰によって米価は相変わらず低落傾向にあったから、年貢米の売却によって財政を支えていた幕府や藩には大きな痛手であった。幕府は米価の低落に対し、享保十年（一七二五）七月に諸大名に「囲米《かこいまい》」を命じ、領内の年貢米を大坂に廻漕せずに領内に備蓄するように命じている。しかし大名が江戸参勤を全うするためには、大坂の堂島で米を売却せねばならず、これの実行にも無理があった。

そこで同年十一月は江戸材木町の紀伊国屋源兵衛など三人の商人に大坂米会所の設立を許可して、江戸と大坂での買米を命じたが、これもはかばかしくなかった。ついで幕府は買米資金を市場に投入したが、財政難のため幕府には単独で行う力はなく、享保十六年四月に前田・島津・伊達・黒田・細川・浅野・毛利・池田ら二十万石以上の大名に対し、幕府と歩調をあわせて買米を行うよう指示し、五月に江戸の米商人十八人に米穀の買い入れを、七月・十月には大坂の町人に買米を命じた。

こうした買米政策を進める途上の享保十三年七月、幕府は大坂での米切手《こめきって》による蔵米の延売買（転売）を許可した。米切手とは諸藩が蔵屋敷で発行する払米の保管証書のことで、入札により米仲買に蔵米を販売する際にはこの米切手が発行され、仲買は現物が欲しい時にその切手を提示して現物を得る仕組みであった。米切手の転売は既に行われていたのだが、それを幕府が許可することで、米切手の売買による活況が生じ、米価が安定すると見たのである。これにより堂島米市場は現物売買の商品市場というよりは、有価証券となった米切手の証券市場へと変わっていった。

同十五年八月には、堂島で行われていた流相場商（延売買信用取引）を許可し、帳合米商（空米取引）を公認したが、これは帳簿に記入計算するのみで、物件代金の授受をともなわない先物取引を認めたものである。この帳合米取引の相場は、正米市場の相場を長期的に安定させるものとして米価安定の面から認められたのである。このように米市場での商慣行を公認し、十六年十二月には米市場に参加できる商人の仲買株四百五十一、米方両替株五十も公認して、堂島米市場は発展を遂げ、米の買い上げ、大坂への年貢米廻漕などの政策によって、米価はしだいに安定化していった。

だが、吉宗の進めた倹約と統制による経済政策は、デフレ政策であって、不況を招いていた。その不況の様を書籍の出版点数から見ると、元禄五年（一六九二）に七千二百四点あったのが（『広益書籍目録』）、享保十四年には三千四百十七点に半減している。なかでも仏教書や儒書・経書、詩集、医書などの学問関係の書籍の落ち込みが著しく、仮名和書や歌書・物語・俳諧書など文芸書も激減している。好色本の出版が許可されなかった出版統制の影響もあるが、その主な原因は不況にあったのである。

この不況への批判から、勝手《かって》掛方《かかりがた》老中の水野忠之が病を理由に享保十五年六月に辞任しているが、事実は吉宗の経済政策の失敗の詰め腹を切らされたものであって、不況にともなう罷免にはかならない。

尾張藩主徳川宗春の対抗

蔓延する不況に対し、尾張藩では享保十五年（一七三〇）十一月に兄継友《つぐとも》の急死により藩士になった徳川宗春《むねはる》が、幕府の政策とは違う行動に出ていた。翌年正月に江戸藩邸内での歌舞音曲、藩士の夜の外出を許可したばかりか、四月の名古屋城入りでは、自らは鼈甲《べっこう》製の唐人笠と足袋まで黒づくめで漆黒の馬に騎乗し、家臣たちには華麗な衣装を纏わせ、領内でもたびたび異様な風采で出かけて人を驚かせた。

先代からの倹約令を廃して、禁止されていた武士の芝居見物を許可し、盆踊り等の祭りを華やかにし、女・子供が歩けるよう提灯を城下に数多く置くなど、幕府の緊縮財政・法規制とは全く反対の開放・規制緩和政策を進めたのである。

その施政方針は『温知政要《おんちせいよう》』に記されて、享保十七年に藩士に配布されたが、その第八条は、国に法令が多いのは恥辱の基であり、規制は必要最小限でよく、法令は少ないほど守ることができる、とある。第九条は、過度な倹約や省略はかえって無益、第十二条は、芸能は庶民の栄養、見世物や茶店などを許可する、というものであった。これには京の儒者中村平五が「後代不易の教書」と絶賛し（『温知政要輔翼』）、「世こぞって希代の名君」と宗春は讃えられた。

吉宗は前年二月に米価低廉で三年間の倹約令を出していたから、宗春に厳しく応じた。宗春が参勤交代で江戸に下ってくると、享保十七年五月に小姓組番頭・目付を派遣し、江戸で物見遊山にふけり、嫡子の節句に家康拝領の幟を飾って濫《みだ》りに町人に見物させ、奢侈遊蕩を旨としていることなどを指摘し、倹約令を守っていないと詰問・譴責したのである。

これに宗春は一応は畏《かしこ》まって反省の素振りを見せつつも、江戸でも尾張でも民を苦しめるようなことはしておらず、他の大名が江戸と国元とで違うといった、裏表があることはしていない。倹約していないというが、それは外面にあらわれていないだけであって、そもそも倹約についての考え方が違うなどと反論した（『御咄之次第三ヶ条』）。

宗春は譴責をうけても方針をいささかも変えず、そのインフレ施策によって名古屋の町は活気づいた。西小路・葛町・富士見原に遊郭が置かれ、十八か所もの芝居小屋が認可され、遊女や役者が名古屋に集まって賑わった。享保八年に米穀の先物取引による延米会所が設立されており、享保十年代に在郷市の開設を許可しているなど、在郷経済が活況を呈していたこともあって、産業の振興は著しく、「名古屋の繁華に京（興）さめた」とまで評された。

だが時とともに風紀が乱れ、藩財政も悪化していった。元文《げんぶん》元年（一七三六）に藩の赤字額は米三万六千石、金が七万四千両に達した。八年前の享保十三年には黒字で米が三万八千石、金が一万三千両あったから、その落ち込みは惨憺たるものだった。これに危機感を抱いた家老の竹腰止武《たけのこしまさたけ》は、吉宗側近や老中松平乗邑《まつだいらのりさと》と相談し、宗春を退けるべく動いた。同三年に乗邑から藩の重臣に宗春を諭すよう指示があり、元文三年六月、国元の尾張藩評定所が、宗春の江戸滞在の留守中に、政治をすべて継友の時代に戻すものと定め、翌元文四年に乗邑が家老を集めて「身持不行跡」を理由に宗春の蟄居謹慎を言い渡し、宗春の治政は終わりをつげた。

藩政刷新への抵抗

宗春とは違った形で藩政刷新に臨んだのが、九州久留米藩の藩主有馬則維《ありまのりふさ》である。財政立て直しと機構改革にあたるなか、下級家臣を登用して家老らの合議制を廃し、役人約四十人を役払いとし、地方知行制を廃して俸禄制に改めた。領民には各種の新税を賦課して増収をはかり、治水・灌漑施設の修理を行った。

ほぼ吉宗政権の政策にならったものであるが、その性急で強引なやり方は大反発を受けた。なかでも夏年貢の税率を従前の十分の一から三分の一とした増税により、享保十三年（一七二八）に藩全域で五千七百人もの農民が一揆をおこして大混乱となったのである。この混乱に家老の稲次正誠《いなつぎまさざね》は危機打開に乗り出し、藩主が登用した役人らを捕え、新税を停止し、藩主を隠居させて、世子の頼種を藩主に据え、危機を何とか乗り越えたのである。藩レベルでは財政難からの性急な制度改革が容易でなかったことがわかる。

こうした藩の財政難について、徂徠の弟子太宰春台《だざいしゅんだい》は、『経済録』（享保十四年刊）を著して処方箋を提示している。「国の政事の肝要八つあり。八政の第一に食、第二に貨也。此二つは八政の中に肝要なる故に、是を取て食貨といふ」と、藩の政治の肝要事には八つあるが、食貨がその一と二であると指摘した。食貨の食とは人の喰物、米穀の類であり、貨とは貨財、宝貨であって、「天下国家を治る人」は食貨の道をよくよく心がけ、臣民を養わねばならない、と諸侯（藩主）の食貨について論じている。

諸侯は「国」の経費が不足し、甚だ貧困になっているので、家臣の俸禄を借り、「国民」（領民）から金を出させ、それでも足りないと、江戸・大坂・京の富商から借りるので、負債は積もり、このため国の政治は混乱に陥っている。この事態を救うためには、今の世は金銀が流通しているので、それをいかに入手するかを計らねばならない、と指摘し、売買を通じて国の用を足している国々の例をあげる。

対馬は僅か二万石の小国なのに、朝鮮人参や朝鮮からの貨物を安く買い入れ、高く売って二万石の諸侯に比べてもなお余裕がある。松前藩は七千石だが、国の土産と蝦夷の貨物を占有し高く売るので、五万石の諸侯も及ばぬ富を得ている。石見四万石の津和野藩や五万石の浜田藩は半紙を造って売り、それぞれ十五万石、十万石に相当する豊かさである。薩摩は大国である上に、琉球の貨物を独占して売り出すので、富は海内に勝り、中華の貨物も琉球を経て薩摩に伝わり諸国に売られて、巨大な利を得ている。

このように裕福な藩の現状を記した上で、古来、諸国では米穀を租税として定め、山海から出る諸物や、民家から出る布・帛・糸・綿などの類、細工などの貨物については、税を二三十分の一など運上させてきたが、今の世では、田租を多く収めているため、山海の貨物に税をかけると民が苦しむので税をかけていない。しかしそれでは国の経費が賄えず、税をかけると「農民叛き、騒動に及ぶ」ようになる。したがって今の「経済」としては、領主が金を出して「国の土産、諸の貨物」を買い取って売り、江戸や京・大坂に運んで売るのがよい、と藩の専売制を主張している。

春台は延宝八年(一六八〇)に信州飯田に生まれ、江戸に出て徂徠に学ぶなか、徂徠が制度を中心に政治を論じたのに対し、その制度からさらに進んで食貨について論じるようになった。その著『経済録』の「経済」とは、「経世済民」「経国済民」を意味し、「天下国家を治るを経済と云ふ」と、国を治め、民を救済する意味であり、現代的意味での経済に相当するのは「食貨」である。この食貨を論じた春台はまさに今の経済学者に相当する。多くの藩は春台の主張に沿う形で専売制を導入し、財政難に対応してゆくことになる。

二　享保の大飢饉とその影響

享保の大飢饉

享保十七年（一七三二）七月、自然の猛威が吉宗政権を襲った。鴻池の別家である草間伊助直方《くさまいすけなおかた》が記した『草間伊助筆記』によれば、「七・八月に到り、西国・九州・四国・中国筋すべて稲虫一時に生じ、次第〳〵に五畿内までも移り」「田畑夥しく損亡これあり。土民飢渇に及び、西国筋は五畿内大坂辺まで道路に倒れ候もの数しれず」という大飢饉が西国を襲ったのである。草間直方は、熊本・山崎・盛岡藩の財政管理に関わっていた関係から、飢饉に大いに関心があったのだが、この飢饉は突然に起きたのではない。

福岡藩鞍手郡山崎村の「年代記」によれば、享保元年から不作が続いていて、享保六年・十一年・十四年にも飢餓状態であったという。同じ福岡藩の志摩郡元岡の大庄屋浜地利兵衛正幹が記す『享保十七年壬子大変記』によれば、享保十四年に旱魃があり、十六年には稲の穂が出る頃に北風が吹いて白枯れになって、藩から種籾の給付があったが、その翌十七年に害虫が大量に発生し「大凶年」になったという。

その飢饉の惨状の一年間の動きをこの『大変記』で見てゆこう。正月、雨が降って水に恵まれた。二月、雨が降り、狂犬が人馬に喰いついて死者がでた。三月、雨が度々降り、麦の収穫が始まる。四月、雨が度々降り、麦の刈り入れが本格化したが、実入りは悪く、藩領の東部では小麦が全滅と聞いた。五月、二十三日頃から田植に入ったが、長雨のために水に浸かってしまった。閏五月、九日に洪水で所々の土手が切れ、元岡村では二町歩ほどに土砂が流れ入り、復旧工事を行ったが、大雨続きで、壊れた箇所はそのまま放置せざるをえなかった。夏粟を蒔いて備えた。

六月、中旬から「田にこぬか虫出来」し、海岸近くの村では稲の大半が腐った。下旬ころからこの辺りも虫の被害がひどくなり、鯨油をまいて虫を払い落としたところ、多少の効果があった。七月、牛馬の病気が流行し、虫の被害がさらに拡大、稲は残らず枯れてしまい、九州だけでなく他の国々でも同じような被害がでているという話を聞いて途方に暮れたが、蕎麦を蒔き、食事を減らして飢えをしのぐことを考えるようになる。八月、飢人が続出し、福岡・博多で物乞いの人が出たと聞く。九月、藩の僉議により、村々で貯えを持つ者を選んで飢人に与えるよう命じられ、当郡中では銀十五貫目を出す事になった。

『大変記』は、このように飢饉の状況やそれへの対策を記した後、藩の対策を記し、飢えがひどくなって食用にした品々として、蕎麦の花や、もみ殻、大豆の葉、たにし、摘み葉などを書き上げている。さらに郡内の死者数が一万八千余のぼったことや、翌年の作付面積などを書いて、最後に凶年に備えることの大事さを強調し、享保二十年五月、子々孫々に伝えるべく記した、と書き終えている。

このような飢饉の具体的状況や対応を克明に記すことはかつてなかったことで、記憶にとどめるだけでなく、記録に残すようになったのが当該期の在り方であった。なおこの時の虫害については蝗と言われているが、はっきりしない。『日本災異誌』によれば、この飢饉での損亡率は五〇パーセント以上の藩が四十六、飢人の数は幕領で六十七万人、諸藩で二百万人、餓死人は一万二千に及び、米の不作によって米価が上がり、七月に一石が六十四五匁だったのが、九月には百二三十匁に値上がりしたという。

食行身禄の富士講

飢饉の影響は江戸にも波及した。米価安のところに米の急な値上がりから、江戸で初めての打ちこわし事件が起きたのである。享保十八年（一七三三）正月二十五日のことであった。

このころ、米乏しく、下民艱困すること限りなし。これ米商高間伝兵衛《たかまでんべえ》といへるもの、多く府内の米をかひ置によれりとの流言をこり、二千人近くも党を結び、今夜伝兵衛が家を打こぼち、財宝をくだきて、前なる川へすて騒擾してければ、町奉行属吏等をはせて漸くしづめたり。

米価の値上がりが米商人高間伝兵衛が米を買い占めしたためだという噂が流れて、事件が起きたのである（『徳川実紀』）。高間伝兵衛は昨年冬まで幕府の命によって大坂で買米を行い、三十万石まで買ったところに、不作が重なり米価が高くなった。このため江戸の「町中」が、今年は「江戸中難儀」と奉行所に訴えたのだが、「御取り上げ」がなく、群衆が高間伝兵衛宅に押し掛け、その数は二万人に及んだという（『至享文記《しきょうぶんき》』）。

すぐに米価は下がり、幕府も米五万俵を賑給して騒動はおさまったが、この米価急騰と打ちこわしに遭遇した富士講行者の食行《じきぎょう》身禄《みろく》は、米を買い占めた米商人やそれを野放しにした役人を糾弾し、こうした世を直して「みろくの世」に「ふりかえ」なければならない、と広く訴えた『お添書《そえがき》の巻《まき》』を著した。

富士講は富士山登拝の信仰集団で、食行身禄は享保二年に富士講信者を引率《いんそつ》する六世の行者になっていた。俗名を伊藤伊兵衛といい、伊勢一志郡の農村に生まれで、江戸に出て富山家に奉公した後、独立して行商を営んで、油商人となり資産を得ていた。その間に富士講五世の行者と出会い、富士信仰を支えに商業に励み、毎年、富士登拝を行うなか、六世の行者になったのである。

享保十四年に著した『一字不説の巻』によれば、その教理は、商の道を通じての正直や勤勉の実践にあり、富士山の神体を仙元大菩薩として崇敬した。富士の「お山」の本体は「ちちはは様」という神格であって、その「ちちはは様」は世界と人間を創造し、人間は「御山」「ちちはは様」の分身であるとする。享保十五年に富士登拝をした際、山頂で「仙元大菩薩」にまみえたことから、苦行の末にこの地での入定を決意し、江戸に帰って資産を縁者に分配し、「気違身禄、乞食身禄、油身禄」などと称されつつ布教活動を繰り広げるなか、かの享保十八年の社会不安に遭遇し、怯える民衆に「身禄の御世」の到来を予言したのである。

そこで入定の時期を早めて、同年六月から富士山の烏帽子岩に籠った。その際に身禄が語った言葉を富士山浅間神社の北口御師がまとめたのが『三十一日之御巻』であり、これによれば、母の食する米の偉大な活力によって胎児は生育するのであって、米は「菩薩」である、という。その菩薩である米を買い占め、不当な利益を上げたが故に、米商人は「極悪人」として糾弾されたのである。さらに士農工商の四民について次のように語っている。

四民の内、取分て士に取て言わば、主君ゑ勤め、能寔《よくまこと》を以て尽す時は、今日より明日直《ただち》に生まれ増すの理、分明也。農工商はその身に業を懈怠なく勤る時は、今日より明日、富貴自在の身に生れ増すの利、但し生死の約束斗になし。一日一夜も皆是一生、夕べのあやまるお今朝改るも、是生れ増すの利分明也。

士農工商のうちの士は、主君への勤めを尽くし、農・工・商は、それぞれの業を怠ることなく勤めることによって「生れ増す」(よりよく生まれる)と説いている。身禄は四民のうちの農・商の職分に基づく道徳実践と富士信仰とを結びつけ、四民の平等の考えを主張するという新たな信仰の道を拓くに至ったことになる。この身禄の後継者によって富士講は江戸の町中に広がり、富士山から運んできた石などで富士山を模して富士塚が造られて、そこに登拝する信仰が広がった。

商人の道を求める石田梅岩

身禄が新たな信仰に向かった享保十四年（一七二九）には、京の車屋町で石田梅岩が講席を開いていた。梅岩は貞享二年（一六八五）に丹波桑田郡の農家に生まれ、京の呉服商の黒柳家に奉公するなか、寸暇を惜しんで学問に励み、三十歳を過ぎてから「何方をも師家とも定めず、一年あるいは半年」と、学問の師を定めずに神道や儒学・仏教・老荘の学など諸方の講義を聞きまわった。そして主家を去って道を説く準備に入ったのだが、迷っていたところ、在家の仏教者である小栗了雲《おぐりりょううん》に出会い、「知心見性」、悟りを開いたという。

学問とは「心を尽くし、性を知る」ものであって、一人一人の「心」が究極の存在であるとする「心」の哲学、心と自然とが一体になって秩序をかたちづくるとする性理の学（「石門心学《せきもんしんがく》」）が形成されていった。四十五歳で念願の講席を開くと、六年後の享保二十年には高倉錦小路の大長屋で一か月の連続講義を行い、大坂でも講席を開くなか、町人の門弟が増えてゆき、その門弟との間で月三回の月次の会を開いて問答を重ねた。

そのなかで実践倫理を求め、商売や商人の社会的意義を高く評価するようになり、元文四年（一七三九）に著したのが『都鄙問答《とひもんどう》』全四巻である。その第一巻の「商人の道を問の段」では、商人は「其余りあるものを以て、その不足《たらざる》ものに易《かへ》て、互に通用するを以て本とする」ものであり、計算に念を入れ、その日その日の渡世をし、一銭を軽んじずに富を重ねてゆく、それが商人の道である、と説き、売買によって天下の財宝が通用し、万民の心が休まるのである、と説いている。

第二巻の「或学者商人の学問を譏《そし》るの段」では、士農工商について次のように指摘する。

士農工商は天下の治る相《たすけ》となる。四民かけては助け無かるべし。四民を治め玉ふは君の職なり。君を相《たすく》るは四民の職分なり。士は元来位ある臣なり。農人は草莽の臣なり。商工は市井の臣なり。

このように士や農・工商について規定し、市井の臣としての商人の職分を「其余りあるをものを以て、その不足ものに易て、互に通用するを以て本とする」ことと捉え、商人の利潤とは職分遂行のための報酬であるから、君に仕える士の俸禄に比することができ、「商人の買利も天下の御免しの禄なり」「売利を得るは商人の道なり」と、商業活動を積極的に位置づけ意義づけた。

梅岩は長年の商家勤めの経験から、商業の本質が交換の仲介にあって、その重要性は他の職分に劣るものではないとしたのである。さらに延享元年（一七四四）の『斉家論《せいかろん》』では、「士農工商をの職分異なれども、一理を会得するゆへ、士の道をいへば農工商に通ひ、農工商の道をいへば士に通ふ」と指摘している。ここには士農工商が相互に通い合う四民平等の考えが認められ、それもあって多くの商人から支持された。最盛期に門人は四百人に達し、京都呉服商人の手島堵庵《てじまとあん》、『松翁道話』を著した布施松翁《ふせしょうおう》、『鳩翁道話』の柴田鳩翁《しばたきゅうおう》らにこの石門心学は継承されていった。

飢饉への幕府の対策

享保の大飢饉の前後には、見てきたように新たな信仰や学問が誕生しつつあったが、幕府の飢饉への対応はどうだったのであろうか。大飢饉に際し幕府は西国方面への廻米を全国に命じ、勘定吟味役の神谷久敬ら勘定所の役人を被災地に派遣して調査させ、島津・細川・浅野・毛利・池田・山内・有馬・立花・宗など西国の諸大名に、各一万両規模の拝借金を貸与し、幕領には夫食米の支給や種籾・牛馬代の貸与を行い、富裕者に窮民の救済を促すなどの対策をとった。

このように対応が早かったのは、幕府の全国支配の整備が順調に進んでいたからである。その対応は直接の救済だけでなく多方面に認められる。江戸町奉行大岡忠相の与力加藤枝直《かとうえなお》の邸内で塾を開いていた古義学の青木昆陽《あおきこんよう》は、救荒食料として甘藷（薩摩芋）に着目し、その効用を説いて『蕃藷考《ばんしょこう》』を著した。飢饉で稲が腐ったため田地を暮らしの中心におく家が多くつぶれ、畑を所持していた家がつぶれずに済んだという話を聞いてもいたのであろう。昆陽が『蕃藷考』を町奉行の忠相に提出すると、将軍の目にとまって、翌年に昆陽は薩摩芋御用掛に任じられ、小石川の薬園や吹上苑、下総馬加《まくわり》村などで甘藷を試植して成功したので、その苗を諸国に分け、栽培の仕様書も記して普及につとめた。

ただ芋の形が魚に似ていたので、見慣れていない関東では食べるのを躊躇する人が多く、普及が進まなかったが、吉宗が林信篤に命じて薩摩芋の徳を記す効能書を開板させたところ、疑いが晴れて賞翫されるようになったという。なお薩摩芋だけでなく、ハトムギなどが所々に植えられ、人参が作られるようになり、砂糖も江戸で製造されるようになった（『明君享保録』）。

人参栽培はこの時期が重要な段階にあった。享保十八年（一七三三）に和人参の製法商売を大坂平野町、江戸柴井町各一名、河内富田林二名が出願している。朝鮮人参の種で栽培した和製人参の栽培に成功すると、これに関係していた植村左平次が人参寒養のために享保十八年十二月に日光に赴いており、享保二十年三月に江戸の長崎屋源右衛門方に唐人参座が設立されている。

薬種や物産の国産化を進めていた幕府は、享保十九年三月、諸領主・代官に対し、『庶物類纂』の編集主任の丹羽正伯《にわしょうはく》から問い合わせがあったならば、領内のすべての産物とその俗名・形などを書き上げるよう命じた。丹羽は加賀藩で『庶物類纂』を編んでいた本草学の稲生若水《いのうじゃくすい》の弟子で、幕府にあってその続編を編むように命じられており、これまでも薬種の調査を畿内近国や東国を中心に行っていた。この産物改めを契機に全国的調査へと進めてゆき、元文四年（一七三九）にかけて『諸国産物帳』が作成された。

統一的基準に基づく農作物や動植物・鉱物の一覧であって、珍しい動植物には食用の適否が記されたことから、様々な動植物の分布がわかり、列島の動植物相が窺えるものとなった。元文元年三月に岡山藩が『備前国備中国之内領内産物帳』を提出するなど、各藩が順次提出してゆき、現在、四十余国の産物帳の存在が知られている。幕府はこれを諸国の物産の幕府への貢上に利用し、飢饉対策にも利用したものと考えられる。徂徠は『政談』で、公儀の入用には大名がその身上に応じて出させるようにすべし、と提言し、越前の奉書・錦、会津の蠟燭・漆、南部・相馬の馬、上州・加賀の絹、仙台・長門の紙をあげていた。

なお飢饉直後の情勢や、年貢増徴にともなう不穏な動きに対して、幕府は悪党鎮圧の迅速な体制を築くようになった。享保十九年八月二十六日、幕領の代官所に「悪党」が押し掛けた際、幕府に伺いをたてる暇のない場合は、近辺の大名に出兵を要請するよう伝えている。これ以前の享保七年四月に幕府が質流れ地禁止令を出したところ、越後頸城郡や出羽村山郡の農民が、地主から自分の田畑を取り戻そうとして代官の陣屋に押しかけたのに、代官所はそれを鎮圧できず、近辺の藩の応援を頼らざるをえなかったことがあった。

三　制度整備の総仕上げ

朝儀への幕府の支援

飢饉の後遺症もほぼなくなった享保二十年（一七三五）三月、中御門天皇が譲位して桜町《さくらまち》天皇が践祚し、それとともに翌年に元文と改元されたが、譲位の前年十月、吉宗は大嘗祭の再興を朝廷に打診していた。霊元天皇の時に再興はされたものの、中御門天皇の代には行われていなかった。霊元法皇は大嘗祭を望んでいたのだが、幕府の支援を背景にした摂家近衛基熙《このえもとひろ》（娘が将軍家宣の御台所）との対立があって、中御門天皇の代には大嘗祭を行わないという「勅約」があったという。

ところが今回の桜町天皇の即位においては、幕府から経費を負担するので、大嘗祭を挙行したらどうか、と問い合わせてきたのである。これに朝廷は二年前に亡くなった霊元法皇の「勅定」を理由に断ったが、即位後の元文元年（一七三六）に関白近衛家久の辞任などもあって、翌年には月次祭か新嘗祭のどちらかを挙行したい、と幕府に伝えてきた。二つの朝儀はともに応仁の乱後に廃絶されていた重要な神事である。

そこで幕府は、再び朝廷に大嘗祭挙行の意思があるかと伝えたので、ようやく元文三年に大嘗祭が行われるところとなり、翌年には新嘗祭も行われ、その翌日には豊明《とよあかりのせちえ》節会も再興された。幕府の要請に基づいて朝儀が再興なされたのであり、これは朝幕関係が新たな段階に入ったことを意味するものであった。

さらに幕府は官位叙任の制度の確認も行った。元文四年に法印・法眼などの僧位、僧正・僧都などの僧官、さらに門跡や神位階について、朝廷に調査させ、官位叙任やその執奏によって収入を得ていた門跡・公家の厳格な管理をはかった。延享元年（一七四四）には朝廷が豊前宇佐宮と筑前香椎《かしい》宮《ぐう》に幣物を奉る奉幣使の発遣についても認めている。

吉宗は朝廷の代替わりを捉えて朝廷の制度を整えようとしたのである。武家が朝廷を支え、朝廷が武家を支える、そのためには自らの手で朝儀を復興させる必要があった。それとともに将軍の後継体制の構築をも考えてのことであろう。世嗣の長子家重は室鳩巣《むろきゅうそう》らの教育を受け成長していたものの、病弱で言語に不明瞭なところがあった。そこで次男の宗武には享保十五年に田安家を興させていて、後に四男の宗尹《むねただ》に一橋家を興させることになる。将軍家においても次の体制への準備を始めており、朝廷との関係を整えておく必要があったのである。

幕府が朝儀復興に積極的になった背景には、財政再建が一段落してきたこともあげられ、譲位した中御門上皇に御料として一万石を進めている。幕領は享保七年の約四百万石から元文元年には約四百五十六万石余に増えていた。その石高の増加の多くは新田開発にともなうものだが、元文元年には享保鋳造の金銀を改め、新たに元文金銀を鋳造したことも大きい。その金貨の品位は六五・七一パーセント、銀貨は四六パーセントという価値の低い悪貨政策であり、貨幣量増加と改鋳益金が得られ、幕府の財政はさらに好転した。

さらなる年貢増徴政策と水害

元文二年（一七三七）六月一日、神尾春央《かんおはるひで》が勘定奉行に、十四日に松平乗邑が勝手掛老中となって、年貢増徴政策のさらなる推進が図られた。神尾は元禄十四年（一七〇一）から賄頭や納戸頭など経済官僚畑を歩み、勘定吟味役から勘定奉行になったもので、松平乗邑の下で年貢増徴の実務に取り組み税収入の上昇を図ることになった。

目をつけたのは関東地方の河川や湖沼地の堤外の地である流作場《りゅうさくば》であって、勘定組頭の堀江荒四郎芳極《ただとう》とともに巡見して、流作場を村請で開発させ、新田検地で葭畑《あしばたけ》・芝畑などの地目を打ち出し、新たな山林原野を「林畑」として把握するなど、原地の新田検地を行って増税につとめた。寛保《かんぽう》元年（一七四一）の「関東川々流作場検地」に関する堀江の書付によれば、関東地方の流作場は一万町歩に及び、幕府は金一万五千両の収入を得たという。

しかし寛保二年（一七四二）七月二十八日から上方が大風雨となり、京都では三条大橋が流失し、淀川が氾濫した。八月には関東地方を未曾有の洪水が襲った。武蔵入間郡久下戸《くげど》村の豪農奥貫友山《おくぬきゆうざん》の『大水記《おおみずき》』は「寛保二壬戌年八月、関東大水、別て信州・上州水害つよく、村里を押し流し谷となり、谷を埋めて岡となし、人馬死亡おびただし」と始まる大水害について記している。

水害は関東中心に信州にも及んでいて、出水した河川は、荒川・多摩川・利根川・神流川《かんながわ》・烏川・江戸川・横川・下利根川・中川・綾瀬川・渡良瀬川・権現堂川・赤堀川・向川・中島川・星川・小貝川・岡明川などの主要河川であって、流屋・潰屋は一万八千軒余、死者は千人余、水死馬は七千頭余、被災村数は四千余もあったという。

『大水記』は「享保十二丁未の年七月十八日より天気もめ、十九日九ツ時より大雨降、廿日にいたりてやまず。廿一日晴申候所、荒川水増申候」という享保十二年（一七二七）の荒川の氾濫についても記しているが、それを上回るものであった。しかしその時の教訓が生きた。幕府もただちに浅草の米蔵を開いて「村々多少の吟味に及ばず、御料・私領のわかちなく米を相渡させ申すべき」旨を指令して、救出活動に乗り出し、国役普請とともに御手伝普請を萩藩・岡山藩など十一の大名に命じ、十一月から復旧工事が始まった。

災害対策や民間の智恵が功を奏し、大水害の被災を何とか切り抜けたことから、松平乗邑・神尾春央の農政は軌道に乗り、延享二年（一七四五）までの八年間に面積にして二万三千百町歩、地代上納分二万七千両を得ている。その農政の基本は旧来の代官を罷免して新代官を起用し、支配を勘定所に一元化し強引な年貢増徴を進めるものであった（「松平左近将監（乗邑）風説集」）。

延享元年六月、神尾は堀江らを率いて畿内・中国地方の幕領を巡検したところ、二毛作が発達して土地柄が豊かなのを見て、代官を督励し、「此度廻村、不埒の儀これある国々、五千人、七千人にても死罪或は遠島、追放御仕置き有之」と威嚇して増収を命じたという。それは「有毛検見法《ありげけみほう》」「田方木綿勝手作法」によるものであった。有毛検見法では実収高を常に五公五民の割合で徴収し、田方木綿勝手作法では田方の綿作を百姓の勝手作として、仮に凶作のため田方の綿作が全滅しても、その村の稲作の一番よい出来高で年貢を徴収するのである。

そのため「あづまより神尾若狭がのぼりきて、畠をも田をも堀江あら四郎」という落首が書かれたという（「窓のすさみ」）。神尾については、本多利明《ほんだとしあき》『西域物語《せいいき》』が「神尾氏が曰く、胡麻の油と百姓は、絞れば絞る程出るものなりと云へり。不忠不貞云べきなし。日本へ漫る程の罪人とも云べし」と、胡麻の油と百姓は絞れば絞るほど出るものと言い放って、年貢の増収を行ったので、農民が行き詰まって、子を間引きするのを恥辱と思わなくなるなどの影響があったと記している。

法令整備と法典編纂

勝手掛老中の松平乗邑は農政だけでなく法令の整備にも腕を振るった。乗邑はこの方面に有能で、大岡忠相が公事訴訟について数日かけて調べあげ、その案件を乗邑に報告すると、説明も半ばのうちに「さればかくは断案せらるる心得か」と問うてきたが、それは忠相の考えていた結論と一致していたという。

法令の整備は享保五年（一七二〇）から吉宗の指示で行われていて、当初は刑事・民事にわたる公開の基本法の整備にあり、それをうけて大岡忠相を中心に裁判規定や判例の整備が行われ、享保九年に『法律類寄《よせ》』が編纂されたが、さらに裁判規範の統一化の努力が重ねられ、元文二年（一七三七）閏十一月、勘定奉行杉岡能連《すぎおかよしつれ》が司法問題の御定書の編纂主任を命じられ、翌元文三年に草案（『元文三年御帳』）を編んだのだが、この年に杉岡が亡くなってしまう。

そこで事業が評定所一座の三奉行に引き継がれ、元文五年五月に松平乗邑が編纂主任となって進められ、寛保二年（一七四二）に『公事方御定書』が吉宗・乗邑・評定所一座による審議を経て一応の成立を見、その後、翌年三月に条文の題や文言の改定があって完成に至る。

上下二巻のうち上巻は、評定所の規則や高札などの法文、公事訴訟や刑罰執行に関する規定といった三奉行の施策の上で準拠すべき重要法令八十一か条からなり、下巻は刑法典を中心とした総合的法典で、これのみで『御定書百ヶ条』と称された。民法関係の法令が少ないが、これは仲裁人の調停による「内済」を基本としていたからである。総じて評定所一座の裁判管轄の別を基本に据えて、手続法、実定法、刑罰執行規定など、体系的で実務的な法典となった。ただ公布されずに内規の扱いであったのだが、何時しか知られるようになり、書写されていった。

さらにもう一つ、寛保二年七月、松平乗邑が大目付・目付・表右筆組頭に対して幕府創設以来の御触書の書抜を評定所御定書御用掛（『公事方御定書』の編纂機関）に提出するように命じたことから、これを受けて慶長二十年（一六一五）から寛保三年までの百二十九年間に出された三五五〇点の条目や高札・触書がテーマごとに分類・整理され、延享元年（一七四四）十一月に『御触書』（『御触書寛保集成』）五十一巻として完成している。以後、順次『御触書集成』が延享元年から宝暦十年まで『御触書宝暦集成』などの形で編集されてゆくことになる。

町奉行関係では、『公事方御定書』の追加編集とは別に、大岡忠相が町奉行与力の上坂政形《うえさかまさかた》に命じて享保元年からの町奉行関係の諸法令の立法・公布過程をも記す関係書類を整理させていて、享保十年に『撰要類集』が編まれ、その後の増補作業も忠相が勘定奉行になる元文元年まで続けられ、さらに後任の町奉行に継承されて宝暦三年（一七五三）に『享保撰要類集』として完成する。

文書・書物の管理・保存

法令の整備と関連して公文書の整理も行われ、その管理がシステム化されていった。寛政期の勘定奉行で幕府の財政関係文書を整理した大田南畝《おおたなんぽ》の『竹橋余筆』によれば、幕府は享保五年（一七二〇）から公文書の所在・概要の調査を行い、江戸城大手の多聞・土蔵・座敷に保管されてきた公文書について同七・八年ころに公文書目録が完成したが、その公文書の総数は郷帳・年貢・普請・地方勘定・上知・知行割・検地帳・反別帳・人別帳など九万四千冊にのぼっていたという。これらの文書は勘定所の場合、年別・類別・郡別などに整理されたので、利用に不都合がなくなったという。

文書とともに吉宗が関心の深かった書物も整理・管理も進められた。享保十四年には全国の寺院に対し、伝来する仏教書の保存と補修を促し、その目録の提出を求めた。享保十七年に青木昆陽を書物方御用に任じて、江戸城の紅葉山《もみじやま》文庫の充実を図り、所々に書物の提出を求めた。この結果、偽書や重複の多いことが判明し、林信篤《はやしのぶあつ》に鑑定・整理させたが、その鑑定に誤りが多く、京都から招いていた国学者の荷田春満《かだのあずままろ》に調べさせている。

荷田春満は京都の伏見稲荷神社の神職信詮の子で、神道説や和歌を学ぶなか、古義学の影響を受けて『万葉集』などの古典の文献学的研究へと進んで、江戸と京都を往復するなか、和学に通暁したことから、吉宗の命により享保七年に幕府書物奉行の下田師古《しもだもろひさ》に和学相伝を行っており、さらに幕府書庫の蔵書に関係するようになったのである。

文書調査では、元文元年になって今川・北条・武田など戦国大名作成の古文書を集めてその写しを作成するようになった。同五年から青木昆陽を甲斐・信濃・武蔵・相模・伊豆・遠江・三河など徳川氏旧領に派遣、古文書を蒐集させ、その必要部分は江戸に送られて影写され、原本は所蔵者に返されたが、集められた文書は『諸州古文書』として編纂された。

青木昆陽が古文書の返却に際し、所蔵者に大切に保存すべきことを諭したこともあり、文書の保存は幕府機構のみならず、郷村で進められた。元文五年九月十日に幕府は次の触を出し、諸国の村々で帳面を記すように命じている。

諸国村々大小の百姓共、年貢ならびに諸役懸り物、或は村入用等に至るまで、毎年名主・組頭、念を入れ帳面に記し、惣百姓立会ひ、勘定相違なきにおゐては、銘々印形取り置き申すべく候。もつとも名主・組頭も右帳面に奥判仕るべき事。

村々では村の収支がわかるように帳面を付けるように命じた触であるが、すでに見てきたように村では災害の記録をつけるようになっていたことも相俟って、村に関わる文書が作成され、蓄積してきた文書や記録が整理、保存されるようになった。

御免勧化と勧進興行

寛保二年（一七四二）五月、寺社の修造に新たな方針として御免勧化《ごめんかんげ》（勧進）の制度化が進んだ。寺社の修理に幕府は年間の上限を千両としていたが、これだけでは日光東照宮・上野寛永寺など重要な寺社の修復費用はとても賄うことはできない。そのため大破した熊野三山の再建の訴願では、財政負担を少なくするため、享保七年（一七二二）に諸国に勧化《かんげ》して再建するように取り計らい、幕府はわずかな寄付で済ませた。

享保十年九月の興福寺の伽藍造立、十二年の出雲大社の造営、十五年の河内誉田八幡宮・摂津天王寺の修造などでも勧化による費用捻出を認めてきたが、その後の十年間は勧化を認めなかった。しかしここに至って広く制度と認めるようになった。

寺社奉行連印の勧化状を持参した者が、幕領・私領・寺社領の在町に巡行してきた際、これまでは勧化を停止することがしばしばあったが、今後は停止させないようにと命じたのである。これにともなってこの五月の出雲国日御碕《ひのみさき》神社をはじめ、寛保二年に八社寺、翌三年には五社寺と、連年、勧化による再建や修造が行われるようになった。

勧進相撲の興行も寛保二年に許可している。勧進相撲興行は、元禄の頃には町人の興行師が興行主となり、相撲取集団と交渉して行われるようになって、三都では定期的に開催されていたが、それとともに興行の名目が「勧進」から「渡世」のために願うことが多くなり、相撲取が興行主になる場合が増え、そのため表向きは勧進をうたいながら内実は渡世のための興行という性格が強くなったことから、幕府はこれを認めなくなり、正徳元年には江戸で町人の抱え相撲を禁じ、相撲興行は全面的に認めなくなった。

そこで諸国の相撲取や行司は江戸を離れて京・大坂に集結するようになり、ここで行われた勧進相撲番付が多数残されているが、その興行主は相撲取出身の頭取であった。この勧進相撲興行を江戸で認めるようになったのが寛保二年であって、京坂同様に相撲取出身の年寄が勧進元になり、相撲も渡世のために行われた。延享元年には寺社奉行が先決して認めるようになり、興行の体制も整っていった。江戸では春秋二度、夏は京、秋は大坂で四季に行う三都の相撲興行が「四季勧進相撲」として定着をみたのである。

ここにきて吉宗が勧化・勧進両制度を認めたのは、緊縮財政で寺社の修造がままならず、倹約により江戸の繁昌が失われていたことから、元のような賑わいを取り戻そうとしたのであろう。この二年後に吉宗は将軍職を退いており、両制度には寺社奉行の管轄に関わっていて、大岡忠相が元文元年八月に寺社奉行に移っており、忠相が将軍引退の花道とすべく動いたとも見られる。

歌舞伎と人形浄瑠璃

江戸の賑わいといえば歌舞伎があるが、これについてはどうか。元禄歌舞伎の賑わいに大きな影を落としたのは大奥の女中の絵島《えじま》の事件であった。正徳四年（一七一四）正月、将軍家継の生母月光院に仕える絵島一行百三十人が、月光院の代参で芝増上寺、上野寛永寺に詣でての帰途、木挽町の山村長太夫座で芝居を見物した後、長太夫宅に招かれて狂言作者中村清五郎や、絵島お気に入りの役者生島新五郎らと酒宴を開いた。

この豪勢な遊興で江戸城への帰りが遅くなったことが問題となり、評定所の審理によって、絵島は信州高遠に預けられ、長太夫ら三人は遠島処分、千五百人が連座して処分され、山村座は断絶となった。それとともに江戸三座（中村座・市村座・森田座）には様々な禁令が出されるようになり、寺社境内の宮地芝居や他の芸能興行も停止された。さらに享保期に入ると、幕府の倹約令や名優の死去もあって、歌舞伎狂言は一時の華やかさは失せた。

しかしこれを契機に江戸三座の制が定着したのも事実で、劇場整備が心掛けられていった。舞台と楽屋を結ぶ橋がかりに代わって花道が設けられ、役者と観客の交流の場が広がった。見物席は一部の桟敷を除いて屋根がなく雨天では興行できなかったのが、本舞台・桟敷・一般見物席をすべて蓋う大屋根のある全蓋式の劇場が成立した。それとともに本舞台が広くなり、大道具が発達し、観客を魅了する仕掛けが次々と生まれてきたのである。

大坂では歌舞伎に代わり人形浄瑠璃が活気にあふれるようになった。大坂竹本座《たけもと》が近松門左衛門の書いた世話浄瑠璃『曾根崎心中』(元禄十六年)の大当たりで不振を脱し、竹本筑後掾《ちくごのじょう》、竹田出雲と座本がかわっても大当たりが続き、『冥途の飛脚』(正徳元年)、『心中天の網島』(享保五年)、『女殺油地獄』(同六年)などの名作が上演された。この竹本座から出た豊竹若太夫が創設した豊竹座は、座付作者に紀海音《きのかいおん》、人形遣に辰松八郎兵衛《たつまつはちろべえ》を迎えて竹本座と競り合い、『梅田心中』(正徳五年)、『傾城《けいせい》無間鐘《むげんのかね》』(享保八年)などの作品が上演された。力のある作者による合作も書かれ、享保年間は人形浄瑠璃の黄金時代となった。

歌舞伎は江戸で出された禁令が大坂でも出され、正徳五年に上演された人形浄瑠璃の近松作『国性爺合戦』の大当たりに押されるなどして、「歌舞伎は無が如し」と称されるようになっていたが、やがて人形浄瑠璃をとり込むことで活性化するようになった。享保元年に京、大坂で上演された『国性爺合戦』の歌舞伎は、翌二年に江戸の三座でも上演され、以後、人形浄瑠璃の取り込みが行われていって、歌舞伎の人気は回復してゆき、歌舞伎独自の魅力が磨かれていった。

元文三年（一七三八）正月の江戸中村座『宝曾我女護島台《たからそがにょごのしまだい》』の大詰め七里ヶ浜の場における、曾我五郎と工藤祐経との船中における碇を引き合う場面は、「七里が浜、大道具の仕掛けよく」と評され、翌年の同座『鎌倉風新玉曾我《かまくらふうしんぎょくそが》』の平敦盛の妻に扮した若女方辰岡久菊《たつおかひさぎく》が、二階作りの道具の屋根から傘を差し舞台に飛び下りた大道具を使っての演技は、「見物誠に肝をけす」と評された。寛保三年（一七四三）十二月の大坂の中村十蔵座『大門口鎧襲《おおもんぐちよろいがさね》』での初代沢村宗十郎は「二階ざしきを二めんにせり上し」と評され、せりあげの機構により観客の目をひきつけたのである。

四　吉宗政権の遺産と新たな動き

吉宗から家重へ

延享二年（一七四五）七月七日、吉宗は諸大名に右大将家重が成長したことから、近々に引退して将軍職を譲ることを伝え、九月一日に引退を公表、二十五日に西の丸に移り、代わりに家重が本丸に入って、十一月二日に将軍宣下が行われた。

この間の十月九日に老中の乗邑が罷免されているが、これについては乗邑が家重襲職に難色を示し、吉宗次男の田安宗武《たやすむねたけ》が若くして秀才の誉れ高く文武和漢の学に通じていたことから将軍に推したともいわれるが、事の真偽は明らかでない。罷免の理由は、「前々より権高に相勤候様子相聞候」ということから、先立って吉宗からその「権高」に注意があったにもかかわらず、「我意」を立て、取り計らいが不調法の至りである、ということが『大岡忠相日記』に見える。

吉宗は政治への批判を乗邑の罷免でかわしたのであり、かつて将軍になった綱吉が力をみせつけるべく大老の酒井忠清を退けた手法に倣ったのであろう。これに応じて乗邑の下で動いていた春央の地位も危うくなった。春央は金銀銅山の管理や新田開発、検地奉行、長崎掛、村鑑《むらかがみ》、佐倉小金牧などの諸任務を一手に担当していたが、延享三年九月にそれらの職務権限が勝手方勘定奉行全員の共同管理とされ、すべて相役と相談するようにという触が出され、影響力は著しく低下した。

将軍家重を補佐したのは、享保九年（一七二四）に家重付の小姓となった大岡忠光であり、家重の将軍就任とともに小姓組番頭格となり、翌延享三年に御側御用取次、六年には側用人になった。家重は言語が不明瞭で家重と意思疎通ができるのは忠光のみであったという。忠光の性は恭謙で奢りがなかったというから、家重政権は吉宗の後見と老中・評定所の集団指導体制で運営され、吉宗政権の継続という性格が濃い。

だが、吉宗は引退後、体調がすぐれず、やがて半身不随となってしまい、延享四年に次男の田安宗武が家重から謹慎させられることがあったが、それも知らされていなかったという。

朝廷との関係については、桜町天皇が若くして延享四年に譲位し桃園《ももぞの》天皇が践祚していたが、特に大きな問題はおきていない。ただ桃園天皇が学問を好んで、近臣の進講をうけるなか、その進講を行っていた一人の徳大寺公城《とくだいじきんむら》が、山崎闇斎《やまざきあんさい》の垂加神道《すいかしんとう》を信奉する竹内式部《たけのうちしきぶ》の教えを受けていたことから、吉田神道の吉田兼雄《よしだかねお》の反感を受け、その訴えにより式部が宝暦九年（一七五九）に京都を追われる宝暦事件が起きるが、それまでは特筆するようなことはなかった。

大御所吉宗の病状は一時回復したが、寛延四年（一七五一）五月に悪化し、六月十九日には「御危篤」が伝わり、翌二十日に死去した。享年六十八。この時期、吉宗のよき相談相手であった大岡忠相も、吉宗の葬儀には関わっていたが、その頃から著しく体調を崩し、十一月二日に寺社奉行と奏者番を辞し、十二月十九日に吉宗の跡を追うかのように亡くなった。

その後の幕政は寛延三年（一七五〇）に勝手掛老中になった酒井忠寄《さかいただより》を中心に、吉宗政権の政策基調を継承して運営されていった。幕府機構では部局別の予算額が定められ、部局毎に経費削減が行われた。

吉宗の遺産と諸学の勃興

亡くなった吉宗を最大級に評価するのが、文化六年（一八〇九）に編纂が開始された幕府の正史『徳川実紀』である。長きにわたって政治を主導した関係はあるにせよ、吉宗について記した記事の分量は家康の五分の四もあって、吉宗に次ぐ家光はその四分の一しかない。分量だけではなく、吉宗の政策をきちんとまとめて記し、その上で「すべて此御時に定め給ひし事ども、一として天下の要務、後世の亀鑑とならざるはなし」と絶賛している。実際、多くの吉宗の施策はその後に継承されていった。

この吉宗政権の政策の後世への影響は政策だけではなかった。はずせないのが学問の広がりである。それは吉宗が制度整備を進め、実学志向であったことと大きく関係していた。なかでもその実学志向から発展するようになった学問が蘭学である。

吉宗は漢訳洋書の輸入を緩和し、元文五年（一七四〇）には幕府御書御用掛の青木昆陽と幕府御目見医師の野呂元丈《のろげんじょう》とに蘭学の学習を命じたことから、二人は江戸参府中のオランダ人の宿舎を訪ねて質問をするなどして、オランダ語を学んだ。これにより昆陽は『和蘭文字略考』『和蘭文訳』を著し、医学を山脇玄修《やまわきげんしゅう》、本草学を稲生若水《いのうじゃくすい》に学んでいた野呂元丈は『阿蘭陀本草和解《わげ》』を著して、その後の蘭学の礎を築いた。

吉宗に登用されて和書の鑑定を行った荷田春満の和学は、その甥で養子になった在満《ありまろ》や弟子の賀《か》茂《もの》真淵《まぶち》により国学として発展していった。在満は春満の家学を継ぎ、田安宗武に仕えて、歌道のみならず律令や有職の学にも通じ、元文四年に『大嘗会便蒙《だいじょうえべんもう》』を出版すると、朝廷の秘儀を公開したとして筆禍を蒙ったこともあるが、『令三弁』『国歌八論』など多くの著作を残した。

賀茂真淵は遠江《とおとうみ》敷知《ふち》郡《ぐん》の賀茂新宮の神主の子で、漢学を太宰春台弟子渡辺蒙庵《わたなべもうあん》に学び、古典や歌学を学ぶなか上京して春満に入門し古典や古語を学んで、春満の死後に江戸に下って歌学者として評判を得、在満と同じく田安家に延享三年（一七四六）に和学御用として召し抱えられた。『冠辞考《かんじこう》』『万葉考』『国意考』などを著し、儒教や仏教などの外来思想を排撃し、日本固有の思想的伝統である「古への道」を明らかにし、「国の手ふり」である理想的社会を求め、大きな影響を与えた。

吉宗の制度整備に大きな影響を与えた荻生徂徠の学統は、経世の面については太宰春台が継承し、詩文の面については服部南郭《はっとりなんかく》が継承した。春台についてはすでに触れたところだが、南郭は北村季吟門人の京都の商家の次男に生まれ、歌学を志して柳沢吉保に仕え、正徳元年（一七一一）頃に徂徠の門人になってその文学の方面を継承して詩酒風雅の道を歩み、『唐詩選』を公刊して唐詩の流行をもたらし、南郭の筆録『唐詩選国字解』は版を重ね、多くの文人たちに愛好された。

服部南郭の仕えた柳沢吉保邸で徂徠・南郭と交わりをもったのが出羽庄内出身の田中桐江《たなかとうこう》であって、詩をよくしたが、吉保の家臣を斬殺したことで奥州に逃れ、やがて摂津池田で結社「呉江社《ごこうしゃ》」を開いて子弟に教え、優雅な生活を送ったが（『樵漁余適』）、その呉江社で詩を学んだのが町人学者の富永仲基《とみながなかもと》である。

独創的な思想

富永仲基は、父徳通が大坂で醬油醸造を営み、懐徳堂《かいとくどう》創建に関わったその環境から、学問に勤しみ、儒学・仏教・神道について考察を加えていった。それは源流にさかのぼり歴史的展開に即して把握し、批判を加える方法であって、延享二年（一七四五）に『出定後語《しゅつじょうごご》』を著し、仏教が展開する必然性を「加上」という法則的把握で論じ、続いて和文の『翁の文』では、神道に同様な方法を用いて批判を加え、神仏儒の三教に代わる「誠の道」を提唱した。

西川如見《にしかわじょけん》『百姓嚢《ひゃくしょうぶくろ》』にはすでに「誠の道」の考えがあったが、それを正面から提唱したのである。残念なことに翌年に三十二歳の若さで亡くなってしまったので、その独創的な学問のさらなる展開を見ることはできない。

独創的といえば、元禄十六年（一七〇三）に秋田藩秋田郡二井田村の農家に生まれ、家が没落したために延享元年（一七四四）に八戸藩八戸城下に移って医者を開業した「忘れられた思想家」の安藤《あんどう》昌益《しょうえき》もいる。昌益は、元文四年（一七三九）の二万石の八戸藩が一万一千石もの損亡に見舞われた凶作が相次ぐ厳しい風土にあって、独学で多くの書物を読むなか、仲基と同じく神仏儒の三教を批判したが、仲基とは全く違う形でそれを行った。

万人が土地を持ち、生産活動を行う「自然世」を理想として、武士が農民を支配する「法世」の現実を批判、その秩序を支えているとして三教を批判したのである。それらは聖人のつくった制度であるとして批判の矢を向けた。制度といえば、徂徠が「世界の惣体を士農工商の四民に立候事も、古の聖人の立候事にて、天地自然に四民これあり候にては御座なく候」（『徂徠先生答問書』）と、聖人が立てた制度の意義を強調し、士農工商の身分制を評価したのであるが、昌益は「士農工商、是れ聖人の立つる所の四民なり」といい、聖人により作為されたものであるとして否定した。

聖人が「直耕」する農民のほかに、士・工・商を作って「制度」としたため、直接生産者が少なくなり、それに寄食するものが多くなって、世の中が乱れた、と指摘する（『自然真営道』）。四民の士農工商を制したのは聖人の大罪、大失敗であるともいい、士・農・工・商それぞれについてその非を説いた。

士とは武士、君の下に武士の身分を立てて庶民の直耕の所産である穀物をむさぼるようになった、工とは工匠で諸種の器材をつくるが、これは聖人が美しい家を建て華美を尽すために立てられた身分で、天下の費えになるのであって、人々は直耕し自分で器物を製作すべきである、商人は諸物を売買するやからで、これを制度として立てたのも聖人で、金銀が通用するようになったので、庶民はこれを貯え飾ることが心のままになり、欲心が盛んに横行している、と指摘した（『統道真伝』）。

昌益の著作『統道真伝』が成立したのは宝暦二年（一七五二）、『自然真営道』はその翌年に著わされている。昌益は宝暦八年に故郷に戻り、門人たちを村寄合を通じて指導し、宝暦十二年に亡くなった。この昌益や仲基のような在野の学者や文人が多くの書物を著すようになっていた。

百姓一揆の頻発

目を政治に転じれば、制度化が進むなかで大きな軋《きし》みが生じていた。享保末年から続いていた年貢増徴政策にともなっておきていた百姓一揆が引き続き頻発していた。享保八年（一七二三）に質流れ地禁止令を撤廃したので、地主経営が体制的に容認されるようになり、元文五年（一七四〇）には小作料を年貢同様に公権力が取り立てる地主保護が法制化され、さらに延享元年（一七四四）六月に田畑の移動や集積を事実上公認したことによる影響がしだいに広がっていた。

各地での一揆多発の様相を見てゆこう。元文三年から四年にかけて見れば、七月に摂津武庫郡の青山丹後守領六ヶ村で農民二百人が代官の悪政を訴え、九月に陸奥磐城平《いわきだいら》藩全領の民八万四千が二十一ヶ条の「惣百姓願書」を提出して強訴し、十月には三河刈谷《かりや》藩の四十一ヶ村の農民、丹波上総鶴牧和田村の農民四百人が強訴、十二月には但馬生野代官領の農民・鉱夫が強訴、翌元文四年二月には伯耆鳥取藩の領内全域の農民三万人が一揆、三月二日には美作幕領勝北郡三十五ヶ村の農民三千人が飢饉救済を求めて一揆、三月七日には播磨佐用郡二十ヶ村の一揆といった具合である。

こうした一揆に対し、『公事方御定書』は「地頭に対し強訴、その上徒党をいたし逃散の百姓御仕置事」において、頭取は死罪、名主は重追放、組頭は田畑取上所払い、惣百姓は村高に応じて過料という方針で臨んでいた。しかし、『公事方御定書』は幕府の内規集であって、広く伝えられてはおらず、それもあってか一揆はやむことがなかった。

なかでも寛延《かんえん》元年（一七四八）十月から多発している。羽前村山郡水沢村など三十九ヶ村の農民の訴え、十二月から翌年にかけての播磨姫路藩の農民一揆では五千人、一万人と膨れ上がった。寛延二年二月には越後村上藩の数千人、五月には武蔵忍《おし》藩十三ヶ村、八月には丹波篠山《ささやま》藩の百姓二千人、十月には常陸笠間《かさま》藩二十七ヶ村の農民千人、岩代二本松藩の農民八千人、十一月には佐渡二百七ヶ村の農民、そして十二月には岩代の幕領六十八ヶ村の農民一万七千人、陸奥三春藩の領民数万人、会津藩の領民数万人の訴え、翌寛延三年になっても、正月に讃岐多度津《たどつ》藩、伊予大洲藩、下総佐倉藩、肥前諫早《いさはや》藩など強訴が続いて起きた。そこでついに幕府は正月に次の法令を発した。

御料所国々百姓共、御取箇幷夫食・種貸等其外願筋之儀に付、強訴・徒党・逃散候儀、は堅く停止に候処、近年御料所之内にも右体之願筋に付、御代官陣屋え大勢相集、訴訟いたし候儀もこれあり、不届至極に候。自今以後、厳敷吟味之上、重き罪科に行わるべく候。

強訴・徒党・逃散などの百姓一揆を厳罰に処すことを法令に定め、禁圧に乗り出したのである。この法令は町村に義務づけられていた五人組作成の五人組帳に、遵守すべき法令を記した前書として載せられ、その浸透が図られた。しかしこの法令でも根本的解決をはかるものではないので、一揆は一旦鎮静しても、再び頻発することになった。

藩政改革と一揆

諸藩でも多くの問題が起きていた。宝暦元年（一七五一）に上総勝浦藩の植村恒朝《うえむらつねとも》が親族殺害の件で幕府に虚偽の報告をしたことから所領を没収され、宝暦五年に美濃加納藩の安藤信尹《あんどうのぶただ》が家中の不取締を理由に減封され、籠居となっている。

『久留米騒動記』によれば、宝暦四年に久留米藩では藩財政の困窮による税制の苛酷さと、大庄屋・豪農・御用達商人の横暴に抗して、農民十六万八千人が筑後川の八幡河原に集結して藩側と交渉して、要求をのませたという。諸藩では年貢増徴とは違う形で藩政の改革に取り組むようになっていて、宝暦二年から萩藩、七年から熊本藩や松代藩、十一年から徳島藩などが藩政改革を進めたが、それには困難が大きかった。

薩摩藩は享保七年（一七二二）の内検で八十六万石もあった大藩であるが、宝暦六年の家臣団の数が鹿児島士三千六百人と外城の郷士二万三百人と過大だったため、琉球貿易の利を得ても藩財政は常に窮乏にさらされていた。しかもそこに宝暦三年に幕府から御手伝普請として木曾三川の治水工事を命じられた。濃尾平野を流れる木曾・長良・揖斐の三川の流れを分流させ洪水を抑える工事であり、延享四年（一七四七）に二本松藩が始めたが、薩摩藩に継承され、その大改修工事は同五年に完成したが、出費の総額が四十万両、病死者が三十三人、割腹者が五十三人の犠牲者を出した。総奉行の平田勘解由《かげゆ》は責任をとって自刃した。

さらに幕閣をも巻き込んだのが美濃郡上《ぐじょう》藩で起きた郡上一揆である。郡上藩では延宝五年（一六七七）に領主遠藤氏の年貢増徴に反対して一揆が起きたことがあるが、宝暦四年八月には、領主金森氏が定免制《じょうめんせい》を廃し検見取《けみとり》による年貢増徴策を選んだことから、百姓が反対して一揆をおこした。この徴収法の変更には老中本多正珍《ほんだまさよし》が関わっていたこともあって一揆の要求は認められずに長引いた。長期化するとともに百姓の側にも徹底抗戦派「立者《たてもの》」と穏健派「寝者《ねもの》」の分裂が起き、同藩預り地である越前石徹白《いとしろ》社での社人間の争いも絡んで、幕府の評定所での審議となった。この結果、宝暦八年に百姓らの四人が獄門、不正に絡んでいたとして九月に本多正珍が老中を罷免され、若年寄の本多忠央《ただなか》が遠江相良藩を改易され、十二月に郡上藩主の金森頼錦《よりかね》も改易となった。

なお、幕府では郡上一揆の最中の宝暦八年に九月に将軍側衆の田沼意次《たぬまおきつぐ》が加増されて一万石の大名となり、「執政と同じく評定所に伺候して、訴訟うけ給はるべし」と将軍から命じられ、幕府評定に参加するようになり、これを契機に意次は勢力を広げていった。この年には将軍家重の次男重好が清水家をおこし、これにより「御三家」に次ぐ田安・一橋・清水の「御三卿」の家柄が生まれ、将軍家を守る体制が築かれて、二年後の宝暦十年に将軍職を長男の家治に譲った。

ロシアの南下

目を対外関係に向けると、元文四年（一七三九）五月二十五日に仙台藩領の牡鹿郡長浜に異国船が漂着した。「綱島沖異国船二艘見え候由、漁船を乗り出し見物いたし候処に、船形四角にて、三千程も積申すべき程に御座候」「船は黒塗の様に見え候、鉄をのべたるごとく丈夫に候。船の両脇は例のごとく大石火矢弓號を仕掛けこれ有り。一艘七十人程も乗組み申し候かと見え申し候」（『元文世説雑録《げんぶんせせつざつろく》』）という報告があった。

これはロシアのシュパンベルグを隊長とする日本探検隊による三隻の探検船のうちの二隻であって、ベーリングを隊長とする探検隊の別働隊だった。ベーリング探検隊は一七二八年の航海でユーラシア大陸とアメリカ大陸の間の海峡とカムチャッカ湾を発見し、一七四一年にはアラスカとアリューシャン列島を発見したが、その別働隊が千島列島のウルップ島まで南下し、島々を海図に記録して日本沿岸に到達したのである。

そのうち一隻は仙台湾に停泊して田代島や網地島の島民と船上で物々交換をしたので、黒船出現に驚いた仙台藩は数百人の藩兵を派遣して大騒動となった。もう一隻は房総半島まで南下して安房天津村に上陸し、井戸から水をくみ上げ、畑の大根とともに船に持ち帰ったという。

いずれもすぐに出帆したので争いは起きなかったが、幕府はこれらの報告を得て、六月に沿岸の領主・代官に対し、異国船来航時には、異国人が上陸したならば捕えおき、逃げたならば深追いはするなと命じた。なおシバンベルグ隊は一七四二年にもカムチャッカ半島から三隻の船で日本を目指したが、濃霧でたどりつくことはできなかった。

しかしロシアはこれを契機に千島列島（クリル列島）のうちウルップ島までの北千島を支配下に置くようになった。それとともにベーリング探検隊が発見したラッコからとれる毛皮を求めたロシアの毛皮商人が、千島列島に進出して来て、アイヌや和人と接触するようになっていた。

いっぽう延享《えんきょう》元年（一七四四）十一月に陸奥南部領北郡佐井村から出た船頭竹内伝兵衛ら十七名の乗る多賀丸が嵐で遭難し、六名が死亡、残りは北千島のオンネコタン島に漂着、伝兵衛は死去したが、五名がペテルブルグ、四名がヤクーツクに送られる事件がおきている。このように太平洋を航海して漂流した商人・漁師や、蝦夷地に向け交易を求めた商人、そして蝦夷地や千島列島に住むアイヌの人々と、南下するロシア人らとが頻繁に接触するようになって、やがて外交問題となる事件がおきてくる。

制度整備から改革へ

吉宗政権が進めた国家制度の整備は幕藩制として確立を見たので、国家は豊かになってきたが、その幕政の運営には軋《きし》みが生じ始めており、諸藩でも多難な事態に遭遇するようになって、百姓一揆が頻発し、外からも様々な動きが伝わってきた。新たな時代が始まりつつあった。この時期の動向について本多利明《ほんだとしあき》は、寛政十年（一七九八）の『経世秘策《けいせいひさく》』で次のように記している。

万民は農民より養育して、士農工商・遊民と次第階級立て釣合程よく、世の中静謐にありしを、国本たる農民餓死多き故に、不釣合と成て、種々様々の災害涌出、此方を防ぎ鎮《しずむ》れば彼方騒ぎ立つ。彼方を防ぎ鎮れば此方騒ぎ立つ。

ここで「士農工商・遊民と次第階級立て釣合程よく」とあるのが、制度として整っている状態であり、その後は制度が崩れてきている、と利明は考えていた。このことは、『西域物語《せいいきものがたり》』において「制度潔白に改革あらんかなれ共、左なき様に治るを良策とせん」と、今は制度の「改革」が必要だが、むしろそうではない治世が良策である、と指摘していることからもうかがえる。

利明は寛保三年（一七四三）に越後蒲原《かんばら》郡に生まれて十八歳で江戸に出てから、算学・天文学、蘭学を学んで各地を視察旅行しており、そこから得た知見に基づく指摘である。そこで利明は改革までは求めなかったが、時代は改革へと動いていて、『経世秘策』『西域物語』が書かれた寛政年間には「寛政の改革」が行われ、さらに「天保の改革」が行われてゆく。諸藩でも藩政改革へと動いていた。

そうした意味からすれば、制度の時代に続くのは改革の時代と言いたいところであるが、そう簡単ではなかろう。改革で何が求められていたのかを考えてゆく必要があろう。すでに富永仲基や安藤昌益の思想や食行身録の富士講信仰を始め、芸能の世界でも新たな動きが始まり、広がっていた。

史料と参考文献

【参考書類】

『国史大辞典』（全一五巻）吉川弘文館　一九七九～九七年
『日本史大事典』（全七巻）平凡社　一九九四年
『岩波日本史辞典』岩波書店　一九九九年
『日本史広辞典』山川出版社　一九九七年
『朝日 日本歴史人物事典』朝日新聞社　一九九四年
『対外関係史総合年表』吉川弘文館　一九九九年
『日本史総合年表』吉川弘文館　二〇〇一年
『新国史大年表』（全一〇巻）国書刊行会　二〇〇六～一五年
『日本歴史館』小学館　一九九三年
『日本美術館』小学館　一九九七年
『日本美術全集』（全二〇巻）小学館　二〇一二～一六年
『円空・木喰展』アートワン　二〇一五年
『特別展　京を描く――洛中洛外図の時代』京都文化博物館　二〇一五年

【史料類】

『大日本史料』（十二編）東京大学史料編纂所編　東京大学出版会
『大日本近世史料』（『細川家史料』『小倉藩人畜改帳』『肥後藩人畜改帳』）東京大学史料編纂所編　東京大学出版会
『徳川実紀』（全一五巻、『新訂増補国史大系』38～52）吉川弘文館　一九六四～六七年
『新訂　寛政重修諸家譜』（全二七冊）続群書類従完成会　一九六四～二〇一〇年
『徳川禁令考』（全一一冊）創文社　一九五九～一九六一年
『御触書寛保集成』岩波書店　一九三四年
『寛文朱印留』東京大学出版会　一九八〇年
『日本史史料』（3「近世」）岩波書店　二〇〇六年
『江戸幕府財政史料集成』（大野瑞男編）吉川弘文館　二〇〇八年
『土芥寇讎記』人物往来社　一九六九年
大田南畝『竹橋余筆』汲古書院　一九七六年
リチャード・コックス『イギリス商館長日記』（『東京大学史料編纂所報』一三～一七号）
『教令類纂』（『内閣文庫所蔵史籍叢刊』第二一～二七巻）一九八二～八三年
『談海』（『内閣文庫所蔵史籍叢刊』四四巻）一九八五年
田中休愚『民間省要』有隣堂　一九九六年
三井高利『宗竺遺書』（『三井事業史』資料編一）三井文庫　一九七三年
水雲子編『難波雀』大阪市史編纂所　一九一五年
草間直方『草間伊助筆記』（『大阪市史』巻五）大阪市史編纂所　一九一五年

寂本『四国徧礼霊場記』（村上護訳）教育社新書　一九八七年
如儡子『可笑記』（渡辺守邦訳）教育社新書　一九七九年

『日本思想大系』岩波書店
27『近世武家思想』（『黒田長政遺言』『明君家訓』『堀部武庸筆記』『赤穂義人録』）、28『藤原惺窩　林羅山』（『三徳抄』『本佐録』）、34『貝原益軒　室鳩巣』、35『新井白石』、36『荻生徂徠』、38『近世政道論』（『治国家根元』『温知政要』）、39『近世神道論　前期国学』（『国意考』）、『石門心学』（『斉家論』）、44『本多利明・海保青陵』（『西域物語』『経世秘策』）、59『近世町人思想』（『長者教』『町人嚢』『町人考見録』『百姓分量記』『六諭衍義大意』『生中心得身持分別致すべき事』）、61『近世芸道論』（『五輪書』『貞享四年義太夫段物集』『古今役者論語魁』）、62『近世科学思想　上』（『百姓伝記』『農業全書』）、67『民衆宗教の思想』（『三十一日の御巻』）

『日本古典文学大系』岩波書店
83『仮名法語集』（『万民徳用』）90『仮名草子集』（『竹斎』『浮世物語』）、92『近世俳句俳文集』、95『戴恩記　折たく柴の記　蘭東事始』、97『近世思想家文集』（『童子問』『都鄙問答』『翁の文』）

『新編日本古典文学全集』小学館
64『仮名草子集』（『かなめいし』『浮世物語』）、66～69『井原西鶴集』（1『好色一代男』『好色一代女』、2『西鶴諸国ばなし』『男色大鑑』、3『日本永代蔵』『世間胸算用』、4『武家伝来記』『新可笑記』）、70・71『松尾芭蕉集』（1「全発句」、2「紀行・日記編、俳文編、連句編」）、72『近世俳句俳文集』（近世俳句集　近世俳文集）、74～76『近松門左衛門集』（1『冥途の飛脚』『女殺油地獄』、2『曾根崎心中』『心中天の網島』）、88

『連歌論集　能楽論集　俳論集』（『去来抄』『三冊子』）

『日本の名著』中央公論社

11　山本武夫・伊東多三郎訳『中江藤樹　熊沢蕃山』（『翁問答』『集義和書』『集義外書』）、12　田原嗣郎訳『山鹿素行』（『配所残筆』『武教小学』『山鹿語類』）、13　貝塚茂樹編『伊藤仁斎』（『論語古義』『童子問』）、14　松田道雄訳『貝原益軒』（『大和俗訓』『和俗童子訓』『養生訓』）、15　桑原武夫・横井清訳『新井白石』（『折りたく柴の記』『読史余論』）、16　前野直彬・尾藤正英訳『荻生徂徠』（『弁道』『弁名』『政談』）、18　楢林忠男・石田瑞麿・加藤周一訳『富永仲基　石田梅岩』（『翁の文』『出定後語』『都鄙問答』）、19　野口武彦訳『安藤昌益』（『自然真営道』『統道真伝』）

『日本農書全集』農山漁村文化協会

4　土屋又三郎『耕稼春秋』、10　土居水也『清良記（親民鑑月集）』、12〜13　宮崎安貞『農業全書』、17　著者未詳『百姓伝記』、19　佐瀬与次右衛門『会津農書』、28　大畑才蔵『才蔵記』（地方の聞書）、67　奥貫友山『大水記』、浜地利兵衛『享保十七壬子大変記』

『日本庶民生活史料集成』三一書房

8『見聞集』（三浦浄心『慶長見聞集』）、28〜29　寺島良安『和漢三才図会』1〜2

岩波文庫　岩波書店

西川如見『町人嚢　百姓嚢　長崎夜話草』、黒川道祐『雍州府志』、中江藤樹『鑑草』、新井白石『折たく柴の記』、朝日重章『摘録 鸚鵡籠中記』上・下、安楽庵策伝『醒睡笑』上・下、貝原益軒『養生訓 和俗童子訓』、長谷川強『元禄世間咄風聞集』、『山上宗二記』、伊藤梅宇『見聞談叢』

東洋文庫 平凡社

人見必大『本朝食鑑』、寺島良安『和漢三才図会』、ケンペル『江戸参府旅行日記』、安楽庵策伝『醒睡笑』、荻生徂徠『政談』、フランソア・カロン『日本大王国志』、安藤昌益『稿本 自然真営道』、斎藤月岑『増訂 武江年表』、『本阿弥光悦行状記』、榎本弥左衛門『榎本弥左衛門覚書』、戸田茂睡『御当代記』

国立国会図書館デジタルコレクション

浅井了意『京雀』、水雲堂孤松子『京羽二重』、西村市郎右衛門『新板増補書籍目録』、同『広益書籍日録大全』、『佐渡年代記』

国文学研究資料館デジタルコレクション

藤田理兵衛『江戸物鹿子名所大全』

【講座・分野史】

児玉幸多ほか編『日本歴史大系3 近世』山川出版社 一九八八年
朝尾直弘ほか編『岩波講座 日本通史』11〜13(近世1〜3)岩波書店 一九九四年
藤井譲治ほか編『岩波講座 日本歴史』10〜12(近世1〜3)岩波書店 二〇一四年
服部幸雄ほか著『芸能史』(体系 日本史叢書21)山川出版社 一九九八年

芸能史研究会編『日本芸能史』（4～5）法政大学出版局　二〇〇九年
日野龍夫ほか編『岩波講座　日本文学史8』岩波書店　一九九六年
藤井譲治ほか編『政治社会思想史』（『新体系日本史』4）山川出版社　二〇一〇年
桜井英治ほか編『流通経済史』（『新体系日本史』12）山川出版社　二〇〇二年

【研究書・一般書】

荒野泰典編『江戸幕府と東アジア』（『日本の時代史』14）吉川弘文館　二〇〇三年
大石慎三郎『幕藩制の転換』（『日本の歴史』20）小学館　一九七五年
大石　学編『享保改革と社会変容』（『日本の時代史』16）吉川弘文館　二〇〇三年
大石　学『大岡忠相』（人物叢書）吉川弘文館　二〇〇六年
『徳川吉宗』（日本史リブレット人）山川出版社　二〇一二年
大野瑞男『松平信綱』（人物叢書）吉川弘文館　二〇一〇年
『江戸幕府財政史論』吉川弘文館　一九九六年
小鹿島果『日本災異誌』地人書館　一九六七年
笠谷和比古『近世武家社会の政治構造』吉川弘文館　一九九三年
『徳川吉宗』ちくま新書　一九九五年
『士（サムライ）の思想』日本経済新聞社　一九九三年
神奈川県県民部県史編集室編『神奈川県史　通史編2　近世』神奈川県　一九八一年
川村博忠『国絵図』（日本歴史叢書）吉川弘文館　一九九〇年
『江戸幕府の日本地図』吉川弘文館　二〇〇九年

北島正元『江戸幕府の権力構造』岩波書店　一九六四年
熊倉功夫『後水尾院』（朝日評伝選26）朝日新聞社　一九八二年
倉地克直『江戸文化をよむ』吉川弘文館　二〇〇六年
黒田日出男『江戸図屛風の謎を解く』角川選書　二〇一〇年
『江戸名所図屛風を読む』角川選書　二〇一四年
小池　進『保科正之』（人物叢書）吉川弘文館　二〇一七年
杉森玲子『近世日本の商人と都市社会』東京大学出版会　二〇〇六年
鈴木暎一『徳川光圀』（人物叢書）吉川弘文館　二〇〇六年
『国学思想の史的研究』吉川弘文館　二〇〇二年
杣田善雄『将軍権力の確立』（『日本近世の歴史』2）吉川弘文館　二〇一二年
高埜利彦編『元禄の社会と文化』（『日本の時代史』15）吉川弘文館　二〇〇三年
高埜利彦『天下泰平の時代』（シリーズ日本近世史3）岩波新書　二〇一五年
竹内　誠『江戸と大坂』（『大系日本の歴史』10）小学館　一九八八年
塚本　学『生類をめぐる政治』平凡社選書　一九八三年
『徳川綱吉』（人物叢書）吉川弘文館　一九九八年
辻　達也編『天皇と将軍』（『日本の近世』2）中央公論社　一九九一年
ノルベルト・R・アダミ（市川伸二訳）『遠い隣人――近世日露交渉史』平凡社選書　一九九三年
林　玲子編『商人の活動』（『日本の近世』5）中央公論社　一九九二年
『近世の市場構造と流通』吉川弘文館　二〇〇〇年
尾藤正英『元禄時代』（『日本の歴史』19）小学館　一九七五年

『日本の国家主義』岩波書店　二〇一四年
深井雅海『綱吉と吉宗』（『日本近世の歴史』3）吉川弘文館　二〇一二年
深谷克己『士農工商の世』（『大系日本の歴史』9）小学館　一九八八年
福田千鶴『酒井忠清』（人物叢書）吉川弘文館　二〇〇〇年
藤井譲治『戦国乱世から太平の世へ』（シリーズ日本近世史1）岩波新書　二〇一五年
『天下人の時代』（『日本近世の歴史』1）吉川弘文館　二〇一一年
『徳川将軍家領知宛行制の研究』思文閣出版　二〇〇八年
藤田　覚『江戸時代の天皇』（『天皇の歴史』06）講談社　二〇一一年
『近世の三大改革』（日本史リブレット）山川出版社　二〇〇二年
保坂　智『百姓一揆とその作法』（歴史文化ライブラリー）吉川弘文館　二〇〇二年
水本邦彦『村　百姓たちの近世』（シリーズ日本近世史2）岩波新書　二〇一五年
宮崎道生『新井白石』（人物叢書）吉川弘文館　一九八九年
山口啓二『鎖国と開国』岩波書店　一九九三年
山本博文『寛永時代』（日本歴史叢書）吉川弘文館　一九八九年
矢守一彦『都市図の歴史〈日本篇〉』講談社　一九七四年
横田冬彦『天下泰平』（『日本の歴史』16）講談社　二〇〇二年
吉田伸之『成熟する江戸』（『日本の歴史』17）講談社　二〇〇二年
『伝統都市・江戸』東京大学出版会　二〇一二年
若尾政希「近世前期の社会思想」（宮地正人ほか編『政治社会思想史』〈「新体系日本史」4〉山川出版社、二〇一〇年）

おわりに

戦国社会篇を終えて執筆にかかり始めてから約一年半、やっと書き上げた。中世史を専門対象とする私にとって、今回は多くの苦難が予想されたので、着手するのをためらっての執筆だった。何よりも果たして「文学で読む」という形での通史叙述が可能なのか、多くの出版物が刊行された近世において、それは大丈夫か、いくつもの障壁・障害が予想された。

古代史や中世史に関しては研究書や史料の多くが手元にあって、これまでにも多くの研究書や一般書を書いてきており、特に問題はなかったのであるが、近世史に至っては研究書も史料も極めて少ないことも気がかりだった。研究の細分化が著しいこの時代にどう向かいあえばよいのか、予想される作業量の膨大さを思って、執筆当初は何度もやめようかと思った。

しかし意を決して、一般書を手掛かりに研究書や研究論文、さらにその論拠・根拠となる史料類などを調べて読むうち、なかでも文学作品を読むなかで、「文学で読む」という方法がこの時代を考える上で最も妥当なように思えてきた。特に最初に読んだ近世初期の作品『醒睡笑』『慶長見聞集』を分析していて、博多の商人・島井宗室の遺訓に接した時に何とかなると思うようになり、それ以後は困難から解放され、楽しんで書くようになった。途中で思想史にまで踏み込むことになり、それもクリアしついに第四冊の誕生となったのである。

本書でキーワードとして提示した「所帯」「職業」「制度」の三つは、いずれも現代社会で一般的に使用されている言葉である。それが近世になって広く用いられ、社会形成に大きな役割を果たしていたことを知るに至ったのは、大きな驚きであった。この驚きがなかったならば、本書はならなかったであろう。

「百姓成立」や「本百姓体制」などと呼ばれてきた事象が、「所帯」の語で統合的に解釈でき、華やかな元禄文化が、「職業」の成立という面から明らかにでき、「享保の改革」という政治が、「制度」の整備に注目すこことで徳川国家の体制の確立期として捉えられたことなど、多くの理解が得られたのではなかろうか。

本書はできるだけ近世の社会の豊かさと面白さ、そして意外さを示したつもりであるが、その意図するところを伝えられたことであろうか。見落とした研究業績はなかったか、読み間違いはなかったかなど、気がかりになることは多いが、ひとまず世に問うことにしたのであった。それに手ごたえを感じたならば、次の近代社会篇へと進むことも可能になるのであるが、……。

なお本書刊行には、前書と同様に山川出版社の酒井直行氏の激励と原稿チェックに負うところが大きかった。記して感謝したい。また日頃の妻の支えにも記して感謝したい。

二〇一八年十二月二十日

五味文彦

『文学で読む日本の歴史』既刊書目次

◆古典文学篇

1 国づくり 『古事記』と『魏志』倭人伝
一 国づくりの原型　二 国づくり神話　三 大和の国づくり　四 外来の王

2 統合の仕掛け 『日本書紀』と『宋書』倭国伝
一 統治の構造　二 倭国平定の物語　三 倭の五王　四 擁立された王と統合の思潮

3 文明化の動き 『日本書紀』と『万葉集』
一 文明化への初発　二 仏教伝来　三 文明化の象徴　四 文明化と国内改革

4 制度の構築 『万葉集』と『懐風藻』
一 律令国家建設の歌声　二 律令の制定　三 制度化の進捗　四 制度化の到達と大仏開眼

5 習合の論理 『日本霊異記』と『続日本紀』
一 仏教信仰の深まり　二 神仏習合　三 習合の治世　四 習合の行方

6 作法の形成 『伊勢物語』と『竹取物語』
一 宮廷社会の形成　二 宮廷文化の展開　三 社会文化の新段階　四 宮廷文化の達成と作法の思潮

7 開発の広がり 『古今和歌集』と『今昔物語集』
一 大地変動と疫病　二 宮廷政治と文化の規範　三 富豪の輩と兵と　四 地方の反乱　五 開発の担い手とその思潮

8 風景を描く、映す 『枕草子』と『源氏物語』
一 宮廷社会の裾野の広がり　二 自然と人を見つめる　三 道長と女房文学の輝き　四 浄土への信仰　五 風景の思潮

◆中世社会篇

1 家の社会 『愚管抄』と『古事談』
一 国王の家　二 家形成の広がり　三 鳥羽院政と家の社会

2 家のかたち
一 家をめぐる葛藤　二 武者の世　三 武家権門と院政　四 家の思潮

3 身体への目覚め 『方丈記』と『吾妻鏡』
一 身体からの思考　二 内乱の始まり――合戦の身体　三 鎌倉幕府の成立――武家政権の身体　四 公武の政権

4　身体を窮める
一　仏教の革新——宗教者の身体　二　承久の乱——身体をかけて　三　混沌からの脱却　四　武家政権の骨格　五　身体の思潮

5　職能の自覚　『徒然草』と『太平記』
一　モンゴル襲来と交流する世界　二　列島の町の繁栄　三　職人群像　四　職人の言説　五　職能の思潮

6　職能の領分
一　家職の継承　二　後醍醐天皇の親政　三　建武政権と武家政権　四　動乱期の職能　五　芸能と職能

7　型を定める　『庭訓往来』と『風姿花伝』
一　政治の型　二　公武政権の型　三　「日本国王」への道　四　定まる型

8　型の追求
一　芸能の型　二　武家政権の整頓　三　町と経済の型　四　徳政と一揆　五　型の文化

◆戦国社会篇

1　自立の模索　『塵塚物語』と紀行文
一　応仁・文明の乱　二　自立への志向　三　都と鄙の東山文化　四　関東の戦乱　五　自立の場と思考

2　自立から自律へ　分国法と掟書
一　戦国大名への道　二　領国支配の進展　三　西国の領邦国家　四　畿内近国の秩序　五　東日本の領邦国家

3　天下と世間　『信長公記』と信長文書
一　天下布武へ　二　東国の国家編成　三　信長の領国支配　四　信長政権の展開　五　信長の天下構想と世間

4　世間の身体　『フロイス日本史』と秀吉文書
一　天下人の交替　二　秀吉政権の政策　三　関白秀吉の政権と栄華　四　全国一統への道　五　広がる世間

5　世間の型付け　『徳川実紀』と家康文書
一　太閤秀吉の死　二　大老から天下人へ　三　世間の賑わい　四　大御所政治　五　世間と道

人名索引

ア

青木昆陽　301, 310, 318
青山忠俊　41-42
阿形宗珍　137
赤塚善右衛門　91
秋山正重　52
浅井了意　125, 135, 150
安積澹泊　183
朝倉長治　224
浅野長晟　13
浅野長直　104
浅野長矩　207, 209
浅野長治　103
浅野幸長　123
朝日重章　206
浅見絅斎　243
朝山意林庵　125
足利義政　17
飛鳥井雅庸　40-41
阿部重次　53, 73-74, 100
阿部忠秋　53, 55, 57, 73-74, 101, 108, 117, 173
阿部正喬　236
阿部正次　69
天草四郎　69, 70, 72
雨森芳洲　124, 225
新井白石　111, 124, 185, 203, 209, 212, 214-215, 217-228, 233, 235-237, 252, 272
新井正済　215
荒木与次兵衛　165
嵐三右衛門　165
有栖川宮　176, 220
有馬氏倫　236, 251
有馬則維　291
有馬晴信　67
安藤重信　11
安藤重玄　204
安藤昌益　320-321, 328
安東省庵　124
安藤信尹　323
安楽庵策伝　16, 89

イ

井伊直孝　51, 81, 101
五十嵐道甫　20
生島新五郎　313
幾島丹後守　27
池田忠雄　119
池田光政　119, ☆-120 174
井沢為永　234, 247-248, 260
石谷貞清　103
石田梅岩　299-300
石橋源左衛門　103-104
泉屋平右衛門　90
伊勢市左衛門　136
惟然　156
板倉勝重　11, 15-16
板倉重種　177
板倉重矩　173-174
板倉重昌　69-71, 103
板倉重宗　15-16, 43, 69, 79, 81
市川海老蔵　164
市川團十郎　164-165
一条兼輝　200
一条兼良　227
一瀬調実　153
市村羽左衛門　166
逸然性融　157
伊藤仁斎　135, 151, 227
伊藤信徳　154
糸屋十右衛門　89, 137
伊奈忠順　213
稲次正誠　291
稲葉正勝　42, 51-52
稲葉正則　117, 173-174

稲葉正休　187
稲生若水　185, 302, 318
井上政重　52, 98, 109
井上正就　11, 42
井上正岑　204
井原西鶴　146-147, 149, 152, 159-161, 163, 169, 269, 271
今村正長　53
岩佐又兵衛　65, 95
隠元　157

ウ

上坂政形　309
上島鬼貫　159
上田宗箇　22
植村左平次　245, 302
植村恒朝　323
宇治加賀掾　162
内田正信　100
梅村家次　66

エ

絵島　313
榎本其角　154, 167
榎本弥左衛門　78, 81, 94
江馬益庵　223
円空　157-158
役行者　157

オ

王圻　228
王陽明　123, 124
大石内蔵助良雄　208
大岡清相　222
大岡忠相　236, 239-240, 248, 260, 265-266, 301, 308-309, 313, 316-317
大岡忠光　316
正親町公通　162
大久保忠増　213
大坂屋伊兵衛　189
太田資宗　53, 74
大田南畝　309
大畑才蔵　133, 234
大村純信　54
大村純頼　47
大村彦太郎　138
大淀三千風　152-153, 157, 160
小笠原忠真　104
小笠原長矩　109
岡田心斎　96
岡田俊惟　250
岡田俊陳　250
尾形宗柏　20
岡西惟中　152
小川笙船　242
荻野沢之丞　165
荻生徂徠　164, 184, 227, 250-255, 257, 260-263, 267, 285, 292-293, 302, 319-320
荻生方庵　251
荻生鳳鳴　251
荻原重秀　201, 203, 220-221
奥貫友山　306
奥山大学　174
小栗美作　175-177
小栗了雲　299
刑部国次　66
織田信長　17, 73
遠近道印　167
オニビシ　143
小幡景憲　103, 104

カ

貝原益軒　124, 133-135, 243
荷兮　155
香西哲雲　96
梶川与惣兵衛　207
春日局　45, 52
荷田春満　310, 318
荷田在満　318
片木勘兵衛　137
加藤明成　83
加藤枝直　301
加藤忠広　13, 51, 69
加藤盤斎　24

加藤正次　13
加藤光広　51
加藤嘉明　83
金井半兵衛　102
金森宗和　158
金森頼錦　324
金屋勝右衛門　137
金屋源右衛門　136
金屋長兵衛　146
加納久通　236
狩野永真　136
狩野永徳　24
狩野左京　66
狩野山楽　24
狩野孝信　25
狩野守信（探幽）　25
狩野吉信　16
狩野良信　204
釜屋弥右衛門　20
神屋徳左衛門尉　31
鴨長明　227
賀茂真淵　318
蒲生秀行　12
烏丸光広　23, 89
カロン，フランソワ　43, 74
河合曾良　153, 155-156, 181
河合友水　183
河村瑞賢　96, 141
神尾春央　305, 307, 316
神尾元勝　54
神沢杜口　162
観世左近　29, 136
上林春松　17

キ

祇園南海　225
北野屋加右衛門　154
北村季吟　24, 136, 161, 181, 319
喜多村弥兵衛　27
紀海音　314
木下菊潭　237
木下順庵　124, 134, 136, 180-181, 185, 198, 215, 224-225, 257
木下長嘯子　89, 169
久昌院　182
姜沆　123
京極高国　174
玉室宗珀　45
吉良上野介義央　207

ク

クーケバッケル，ニコラス　68, 71
草間直方　294
九条忠栄　15, 41
久隅守景　169
薬屋播磨　20
久世広之　108, 117, 173
朽木稙綱　74
工藤祐経　315
久保寺喜三郎　91
熊沢蕃山　120, 124, 151, 180, 227
栗本源左衛門　132
黒川道祐　134
黒田忠之　75
黒田長政　38
黒田光之　133
桑山一尹　177

ケ

桂昌院　179, 198-199, 211
契沖　183
月光院　233, 313
ケンペル　210

コ

幸阿弥長重　65
公慶　199
河野権右衛門　118
鴻池正成　280
高力隆長　115
高力忠房　75
後光明天皇　115
後西天皇　115, 181
コックス，リチャード　11, 12, 14

後藤源左衛門　65
後藤縫殿助　136
後藤光次　28
小西行長　67
近衛信尹　20
近衛信尋　15, 89
近衛基熙　199-200, 303
小堀遠州政一　22, 43, 89
五味豊直　79
後水尾天皇　14-15, 43-46, 116, 175
小宮山昌世　247, 251
後陽成院　15
コレア，ドアルテ　68
金地院崇伝　12, 49, 56

サ

斎藤一泉　186
斎藤月岑　150
酒井忠勝　52, 57, 73, 78, 81, 101, 108
酒井忠清　108, 117, 142, 173-177, 316
酒井忠重　52
酒井忠利　41-42
酒井忠世　11, 41-42, 46, 52, 55, 108
酒井忠寄　317
坂井伯元　112
榊原篁洲　225
榊原職直　54, 72
坂田市左衛門　163
坂田藤十郎　163-165
嵯峨天皇　235
佐久間左京　66
桜町天皇　303-304, 316
笹山梅庵　243
佐瀬与次右衛門　128
佐竹義宣　43
佐々宗淳　183
佐渡島正吉　27
里村昌琢　147
里村紹巴　23
里村昌陸　136
真田信利　177
沢村宗十郎　315
三条西公福　185
三条西実枝　22-23
三条西実隆　22
三田浄久　159
杉風　156

シ

食行身禄（伊藤伊兵衛）　297
支考　156
宍喰屋次郎右衛門　96
七文字屋正春　136
シドッティ　217
柴田鳩翁　300
柴田外記　174
渋川春海　181
島井宗室　31, 38, 330
島津家久　11, 12, 51, 54-55
島津綱貴　197
下川元宜　183
下河辺長流　184
下田師古　310
シャクシャイン　142-143
寂本　273
朱舜水　182, 227
シュパンベルグ　325
遵誉貴屋　106
松雲元慶　157
松花堂昭乗　20
尚豊　55
白井次郎右衛門　132
白河天皇　195, 235

ス

水雲堂孤松子　136
末次平蔵　49, 53
菅野谷高政　152
杉九兵衛　85, 96, 163
杉岡能連　221, 308
杉森信義　161
鈴木正三　126
鈴木清風（道祐）　155, 276
角倉素庵　21, 134

角倉了以　21, 134
住吉具慶　181
住吉如慶　181

セ

関一政　13
関孝和　134, 244
関正成　65
千宗旦　22
千利休　17, 22, 156
仙石久隆　55

ソ

宗義成　56, 63
崇雪　153
曾我五郎　315
曾我古祐　53

タ

大国屋長左衛門　28
大黒屋徳左衛門　137
醍醐天皇　112, 182
泰澄　157
多賀朝湖　168
高倉嗣良　15
鷹司房輔　199
高野平右衛門　155
高間伝兵衛　296-297
沢庵宗彭　45
竹内伝兵衛　326
竹島幸左衛門　165
竹島幸兵衛　165
竹田出雲　314
竹中重義　53
武野紹鷗　17
竹内式部　317
竹腰正武　291
建部賢弘　244
竹前小八郎　247
竹本義太夫　162
竹本筑後掾　314
太宰春台　292-293, 318-319
田代松意　152
立花忠茂　174
立花立斎　75
辰岡久菊　315
伊達綱宗　174
伊達綱村　174, 196
伊達政宗　12, 43, 51, 54, 65-66, 69, 89, 101, 174
伊達宗勝　174-175
伊達宗重　174
田中丘隅　249, 251, 259-260
田中常矩　152
田中桐江　319
田中兵庫　259
谷時中　122, 124-125
田沼意次　325
田安宗武　305, 315-316, 318
樽屋藤左衛門　27, 115
俵屋宗達　20
単伝士印　45

チ

近松門左衛門　161, 163, 314
筑紫門右衛門　194
筑前屋作右衛門　272
茶屋四郎次郎　20, 136
澄禅　273
千代姫　65

ツ

津軽信政　197-198
辻守参　236, 249
津田勘兵衛　136
津田長玄　180
津田永忠　120
土御門泰重　21, 42
土屋数直　108, 173
土屋利直　215

テ

鄭成功　99
手島堵庵　300

鉄眼道光　157
寺沢堅高　67
寺沢広高　67
寺島良安　228
天英院　233

ト

土居清良　127
土居水也　127
土井利勝　11, 42, 46, 51-52, 57, 73
東源慧等　45
東水　275
藤堂高虎　14-15
東福門院　14-15
土岐与左衛門　102
常盤潭北　256
徳川家継　221-223, 233, 313
徳川家綱　100-101, 105, 107-109, 117, 119, 173, 175-176, 198, 206, 220, 285
徳川家宣　111, 211, 213-215, 220-222, 225-226, 228, 233, 303
徳川家治　325
徳川家光　41-43, 45-46, 50-56, 59, 61-63, 65-67, 74, 78, 81, 86, 95, 100-101, 104, 109, 123, 175, 178, 250, 317
徳川家康　11-12, 14-15, 20-21, 25, 27, 39-40, 44, 50, 56, 65, 86, 100, 103, 108, 118, 123-124, 144, 226, 234-235, 239, 250, 290, 317
徳川重好　325
徳川忠輝　50
徳川忠長　50-51, 61, 125, 205
徳川継友　233, 289, 291
徳川綱豊（家宣）　211, 215, 225-226
徳川綱教　211, 233
徳川綱吉　124, 173, 175-181, 183, 186-188, 190-191, 194-196, 198-200, 202-208, 210-211, 213-216, 220, 222, 226, 233, 235, 250-252, 316
徳川秀忠　11-15, 22, 25, 34, 37, 40-48, 50-52, 56, 81, 87, 144, 179, 233
徳川和子　13-15, 45, 116
徳川光圀　120, 133, 182, 184, 196
徳川光貞　233
徳川光友　65, 101
徳川宗武　→ 田安宗武
徳川宗尹　→ 一橋宗尹
徳川宗春　289-291
徳川義直　50, 65, 123
徳川吉通　221, 233
徳川頼宣　13, 50, 101, 124, 181
徳川頼房　50, 101, 120
徳川頼職　233
徳大寺公城　317
土佐光則　181
戸田政次　205
戸田茂睡　205
鳥羽屋彦七　96
土芳　156
富永徳通　319
富永仲基　319-321, 328
友野与右衛門　131
豊竹若太夫　314
鳥居忠恒　69

ナ

内藤清次　41-42
内藤丈草　156
内藤信正　13, 96
直仁親王　220
永井尚庸　109
永井尚政　11, 42
中江藤樹　124, 223
中川浅之助　189
長崎屋源右衛門　302
中西立佐　136
中院通勝　21, 23
中院通村　46
永見大蔵　176-177
中御門天皇　286, 303-305
中村勘三郎　150, 166
中村清五郎　313
中村平五　290
中山時春　236

鍋島勝茂　72, 75
奈良屋市右衛門　27
成安道頓　96, 162, 165
成島道筑　237, 251, 254, 259
成瀬重治　129
那波活所　123-124
南部南山　225

ニ

西川如見　257, 260, 274, 320
西川甚五郎　28
西洞院時慶　89
西山宗因　146-147, 152, 224, 275
日奥　118
日樹　118
日乾　118
日紹　118
如儡子（斎藤親盛）　76, 125
丹羽正伯　185, 245, 302

ヌ

沼沢又左衛門　276
ヌルハチ　49

ノ

野口在色　152
野沢凡兆　156
能勢頼相　204
野田市郎右衛門　132
野中兼山　122-123, 125, 224, 233-234, 237-238
野々村仁清　158-159
野呂元丈　245, 318

ハ

萩原美雅　221
芭蕉　134, 153-160, 169, 181, 186, 207, 224, 275-276
長谷川藤正　49
支倉常長　47, 69
八条宮智仁　23
蜂須賀至鎮　12
八文字屋善兵衛　136
服部寛斎　225, 237
服部嵐雪　154
英一蝶　168-169, 206
馬場重久　278
浜地正幹　294
林海洞　112
林鵞峰　99, 108, 110-112, 133, 151, 173
林春益　198
林信篤（鳳岡）　112, 179-180, 198, 215, 229, 236, 301, 310
林羅山　23, 56, 63, 74, 108, 112, 123-125, 132, 227
原田甲斐　174
播磨屋長右衛門　137
張屋久兵衛　278
張屋頼兵衛　278
伴伝兵衛　28
笵鉱　242
幡随院長兵衛　111

ヒ

東山天皇　200, 207, 219
菱川師宣　161, 165-168
菱屋五兵衛　136
一橋宗尹　305
人見竹洞　180
人見必大　270
人見友元　112
日野資勝　46
ビベロ，ロドリゴ・デ　28
平田正家　104
平野藤次郎　49, 96
平山常陳　47
広橋兼勝　15, 44

フ

福島忠勝　13
福島正則　12-13
藤田小平次　165
藤田理兵衛　139
藤本箕山　161

藤原吉左衛門　166
藤原惺窩　23, 123-124
布施松翁　300
筆屋妙喜　20
古内志摩　174
古田織部　17, 20, 22
古林見宜　135

ヘ

ベーリング　325-326
別木庄左衛門　102

ホ

宝山湛海　157
北条氏如　244
北条氏長　103-104, 244
保科正光　50
保科正之　50, 69, 83-84, 101, 119-120, 173, 181, 184
細川ガラシャ　69
細川忠興　12, 51
細川忠利　34, 51, 69, 71, 75, 101, 104
細川光尚　103
細川幽斎　22-23, 124
堀田正俊　176-178, 180, 187, 208, 215, 224
堀田正仲　224
堀田正盛　53, 55, 57, 73, 83, 100, 178
穂積甫庵　183
骨屋庄右衛門　163
堀杏庵　123
堀直寄　82
堀主水　83
堀流水軒　243
堀江芳極　305
本阿弥光悦　20-21
本阿弥光二　20
ホンタイン　49
本多忠央　324
本多忠政　13, 104
本多利明　307, 327
本多正純　42
本多政利　177
本多正信　34, 41
本屋新七　21

マ

前田綱紀　121, 184-185, 187, 198
前田利常　51, 121-122, 124, 184, 185
前田正甫　273
前田光高　184
牧野成貞　180, 187
益田四郎時貞　→ 天草四郎
益田甚兵衛　69-70
升屋七左衛門　91
松浦霞沼　225
松江重頼　21, 89, 147-148
松倉勝家　67
松倉重政　67
松下見林　134-135
松平定政　101-102
松平定行　69, 99
松平重良　204
松平忠明　13, 95
松平忠周　214
松平忠直　50
松平忠吉　100
松平綱賢　175
松平輝貞　207, 214
松平輝綱　103
松平信綱　53, 55, 57, 63, 70-73, 99, 101, 108, 130
松平乗邑　291, 305, 307-309, 315-316
松平乗寿　101
松平秀康　50
松平光長　175, 177
松平康重　13
松永尺五　123-124, 134, 185
松永貞徳　23-24, 55, 89, 124, 147, 152, 181, 275
松永永種　23
松野助義　236
松前公広　55
松浦隆信　47

曲直瀬正純　123
間部詮房　214-215, 222, 233
丸橋忠弥　101-103

ミ

三浦浄心　25, 29, 30, 36
三浦正次　53, 74
水木辰之助　165
水野勝成　13, 70
水野十郎左衛門　111
水野忠清　83
水野忠之　236, 246, 289
水野守信　52
三井高利　146, 278-279
三井高治　278
三井高平　278-280
三井高房　89, 136, 146, 280
南村梅軒　125
宮井道節　224
三宅観瀾　225
三宅石庵　243
宮崎安貞　133, 153
宮本伊織　104
宮本武蔵　36, 104, 127

ム

夢庵　17
向井去来　134, 156
向井元升　134, 257
向井滄洲　225
向山誠斎　244, 249
村上義明　13
村田珠光　17
村山左近　27
村山又三郎　133, 150
室鳩巣　124, 181, 185, 209, 224-225, 233, 237, 243, 246, 251, 255, 304

メ

明正天皇　46, 115

モ

毛利重能　134
毛利秀元　65
桃園天皇　316
森田庄太郎　146
文徳天皇　226

ヤ

柳生宗矩　52
野水　155
安井算哲　181
柳川調興　56
柳川文左衛門　189
柳沢安忠　202
柳沢吉保　187, 195, 202-203, 207-208, 210-211, 213-214, 250-251, 252, 319
野坡　156
山内修理　109-110
山内忠豊　122
山内忠義　122
山岡元隣　161
山鹿素行　104, 119, 197-198, 255
山口素堂　154
山崎闇斎　119, 125, 151, 317
山下京右衛門　165
山田右衛門作　75
山上宗二　17
山村長太夫　313
山本勘助　103
山本兵部　103-104
山脇玄修　318

ユ

由比正雪　101-104
宥弁真念　273

ヨ

吉川惟足　180-181, 197
芳沢あやめ　165
吉田兼雄　317
吉田勘兵衛　131

吉田順庵　243
吉田光由　134
四辻公遠　15
四辻季継　15
四辻与津子　15
淀屋个庵　96

ラ

楽常慶　20
落月庵西吟　160

リ

李時珍　132
陸象山　123
李旦　49
隆光　180, 198-199, 211
亮賢　180, 198

レ

霊元天皇　116, 199, 207, 229, 303

ワ

和気伯雄　229
渡辺忠　205
渡辺綱貞　177
渡辺蒙庵　318

五味文彦（ごみ・ふみひこ）

一九四六年生まれ。東京大学文学部教授を経て、現在は東京大学名誉教授。放送大学名誉教授。『中世のことばと絵』（中公新書）でサントリー学芸賞を、『書物の中世史』（みすず書房）で角川源義賞を受賞するなど、常に日本中世史研究をリードしてきた。近年の著作に『文学で読む日本の歴史』古典文学篇、『同』中世社会篇、『同』戦国社会篇（山川出版社）、四部作となる『後白河院―王の歌』（山川出版社）、『西行と清盛―時代を拓いた二人』（新潮社）、『後鳥羽上皇―新古今集はなにを語るか』（角川書店）、『鴨長明伝』（山川出版社）のほか、『日本の中世を歩く―遺跡を訪ね、史料を読む』（岩波書店）、『躍動する中世』（小学館）、『『枕草子』の歴史学』（朝日新聞出版）、『人物史の手法 歴史の見え方が変わる』（左右社）など多数。共編に毎日出版文化賞を受賞した『現代語訳 吾妻鏡』（吉川弘文館）など。

文学《ぶんがく》で読《よ》む日本《にほん》の歴史《れきし》 近世社会篇《きんせいしゃかいへん》

二〇一九年二月　十五日　第一版第一刷印刷
二〇一九年二月二十五日　第一版第一刷発行

著　者　五味文彦
発行者　野澤伸平
発行所　株式会社　山川出版社
東京都千代田区内神田一―一三―一三
〒一〇一―〇〇四七
振替〇〇一二〇―九―四三九九三
電　話　〇三(三二九三)八一三一(営業)
〇三(三二九三)一八〇二(編集)
企画・編集　山川図書出版株式会社
印刷所　半七写真印刷工業株式会社
製本所　牧製本印刷株式会社
https://www.yamakawa.co.jp/

造本には十分注意しておりますが、万一、乱丁・落丁本などがございましたら、小社営業部宛にお送りください。送料小社負担にてお取替えいたします。
定価はカバーに表示してあります。

ISBN 978-4-634-15148-2

文学で読む 日本の歴史

五味文彦 著

古典文学篇

「思潮」とは時代を映し出すものの見方や考え方。万葉集・古今和歌集ほか多くの古典文学を通して、新しい時代区分を試み、「思潮」を浮き彫りにして、時代の全体像を明らかにする。

四六判 376頁 本体1800円（税別）

中世社会篇

独自の構想で切り拓く、新しい中世史像。歴史書、軍記物、絵巻、日記、紀行文などにより中世社会に通底する「思潮」を抽出し、さらなる考察を深めた書。

四六判 520頁 本体2000円（税別）

戦国社会篇

細川、山名の対立で始まった応仁の乱は、京都の支配をめぐる戦いへと変わっていった。応仁の乱がもたらしたものと、応仁の乱のその後が、日本の礎をどのように造りだしたのかを記した画期的な書。

四六判 480頁 本体2000円（税別）

五味文彦 文学で読む 日本の歴史 戦国社会篇

応仁の乱 元和偃武 豊臣秀吉

戦国乱世に立ち向かった秀吉は、刀狩・検地・富の分配により、近代に繋がる国家秩序と社会基盤の礎を築いた。

応仁の乱から日本は平安（平安で一生えた変らぬ……）

山川出版社